A cultura alimentar paulista
Uma civilização do milho?
(1650–1750)

Rafaela Basso

A cultura alimentar paulista
Uma civilização do milho?
(1650–1750)

Copyright © 2014 Rafaela Basso

Grafia atualizada segundo o Acordo Ortográfico da Língua Portuguesa de 1990, que entrou em vigor no Brasil em 2009.

Edição: Joana Monteleone/Haroldo Ceravolo Sereza
Editor assistente: João Paulo Putini
Assistente acadêmica: Danuza Vallim
Projeto gráfico, capa e diagramação: Gabriel Patez Silva
Assistente de produção: Ana Lígia Martins
Revisão: Zélia Heringer de Moraes
Imagens de capa e contracapa: <sxc.hu>

Este livro foi publicado com o apoio da Fapesp.

CIP-BRASIL. CATALOGAÇÃO NA PUBLICAÇÃO
SINDICATO NACIONAL DOS EDITORES DE LIVROS, RJ

B323c

Basso, Rafaela
A CULTURA ALIMENTAR PAULISTA :
UMA CIVILIZAÇÃO DO MILHO? (1650-1750)
Rafaela Basso. - 1. ed.
São Paulo : Alameda, 2014
222 p.

Inclui bibliografia
ISBN 978-85-7939-277-1

1. Alimentos - São Paulo (Estado) - História.
2. Nutrição - Brasil - História. I. Título.

14-12825   CDD: 641.300981
                       CDU: 641.300981

ALAMEDA CASA EDITORIAL
Rua Treze de Maio, 353 – Bela Vista
CEP 01327-000 – São Paulo – SP
Tel. (11) 3012-2403
www.alamedaeditorial.com.br

Sumário

Prefácio 7

Introdução 11

Capítulo 1: História e alimentação em São Paulo colonial (1650-1750) 19

A alimentação em São Paulo colonial: uma breve análise historiográfica 19

Os alimentos na economia de abastecimento paulista 32

O milho no abastecimento das expedições sertanistas e das regiões recém-descobertas 51

Capítulo 2: A comida e o modo de vida dos paulistas 67

O milho no interior dos domicílios 67

Os outros *pães da terra*: a presença do trigo e da mandioca na alimentação cotidiana dos paulistas 91

Nas veredas do sertão: o consumo de milho e sua farinha na faina sertanista e na ocupação de novos territórios 113

Capítulo 3: A cultura do milho: um estudo de caso 137

Usos e práticas alimentares do milho na São Paulo dos séculos XVII e XVIII 137

Aguardente de milho e outras bebidas 160

Do pilão ao monjolo: as transformações nas técnicas 178
de processamento do milho

Considerações finais 193

Fontes e Bibliografia 203

Anexo: Tabela de conversão de medidas e valores 217

Agradecimentos 219

Prefácio

Quando se pensa em culinária regional no Brasil, o repertório de ingredientes e de pratos que vem à nossa mente é bastante extenso e variado. Do churrasco gaucho ao pato no tucupi do Pará, passando pelo barreado paranaense ou o vatapá baiano, os sabores se revezam na memória gustativa nacional. No caso de São Paulo, o *cuscuz paulista*, feito à base de farinha de milho, é uma das lembranças mais frequentes da cozinha local. Mas se atentarmos às suas múltiplas receitas notaremos que, em muitos casos, a farinha de mandioca participa da preparação juntamente com a farinha de milho. Esta presença de ambas as farinhas na elaboração do cuscuz é extremamente interessante, pois desde os tempos coloniais elas compartilharam as mesas paulistas, conforme enfatizado no livro de Rafaela Basso, o qual tenho a satisfação de apresentar ao público.

A cultura alimentar paulista: uma civilização do milho? (1650-1750) tem como objetivo principal analisar as práticas alimentares na São Paulo colonial e, embora centrado no milho, o estudo destaca também a importância da mandioca e do trigo nas refeições dos paulistas. Tal evidência acaba por relativizar a famosa ideia de Sergio Buarque de Holanda de que ao contrário do que sucedia nas demais capitanias -- onde o alimento básico seria a mandioca -- em São Paulo consumia-se essencialmente milho. Trata-se de argumento fortemente reiterado pela historiografia de São Paulo, ao longo do século XX, o qual Rafaela problematiza apoiada em amplo conjunto de fontes e em um dos mais importantes instrumentos de análise à disposição do historiador: o tempo. Afinal, produtos e consumos variaram de um período ao outro em função de circunstâncias históricas específicas. A comida dos bandeirantes na mobilidade, não necessariamente seria a mesma na estabilidade de suas casas de sítio ou na vila, segundo nos ensina esta jovem e talentosa historiadora. Uma problemática, aliás, muito bem abordada e exemplificada que dá densidade à análise empreendida.

Mas se o debate sobre a especificidade alimentar dos paulistas é de certa forma o fio condutor do livro, outras questões relativas à alimentação da época vem à tona a partir de uma leitura cuidadosa e criativa das Atas da Câmara de São Paulo, a qual revela aspectos do abastecimento da cidade, bem como do comércio com outras capitanias. É, porém, nos capítulos dedicados ao consumo do milho e às suas formas de preparação que a originalidade e a contribuição historiográfica do estudo se revelam intensamente. Com base em uma pesquisa sistemática nos Inventários e Testamentos de São Paulo, aliada à leitura de cronistas e relatos sertanistas, Rafaela transporta o leitor pelo interior da Colônia, investigando os carregamentos e farnéis dos bandeirantes. Em outros momentos, adentra os domicílios, visita os quintais, as despensas e as cozinhas paulistas em busca de alimentos, utensílios de mesa, instrumentos de trabalho e demais registros que possam dar pistas sobre as práticas alimentares e a vida sócio econômica em São Paulo, nos séculos XVII e XVIII. É portanto, enquanto prática cultural e ao mesmo tempo categoria explicativa que a alimentação desponta no livro de Rafaela Basso. Uma abordagem afinada com os estudos mais recentes da História da Alimentação, cujo campo de estudos se expande e se fortalece na historiografia brasileira há quase duas décadas.

Creio que não é difícil compreendermos as razões do grande interesse que a alimentação desperta atualmente na sociedade em geral, e nas Ciências Humanas em específico. Afinal, entre as transformações culturais dos últimos tempos, a alimentação talvez seja uma das práticas cotidianas que mais mudou a partir de meados do século XX, afetando a vida de indivíduos de todos os segmentos sociais quer no que comem, quer na forma como comem e processam seus alimentos. A industria alimentar é um setor fundamental da economia mundial e responsável pela sobrevivência de milhões de pessoas. Daí a atenção que os historiadores têm dedicado à alimentação, explorando suas múltiplas possibilidades de abordagens e de temas de estudo. No que toca o presente livro, a autora acompanha uma abordagem recorrente na historiografia que tende a centrar o olhar em um único produto, no caso o milho. Por meio deste, a autora nos aproxima do cotidiano dos habitantes de São Paulo colonial e de seu sistema alimentar.

A escolha do milho como objeto de estudo, por sua vez, foi extremamente pertinente, já que é considerado uma planta natural da terra, com a qual os índios da América portuguesa faziam muitas preparações alimentícias. Embora os portugueses já conhecessem o milho miúdo (painço) antes de chegarem à América, utilizando-o na confecção da "boroa" ou broa -- o pão consumido pelos mais pobres, no norte do país -- eles aderiram ao milho americano (milho graúdo) consumindo-o em grão, na forma como aprenderam com os índios, isto é, assado na brasa ou cozido. Posteriormente, esse foi usado também como farináceo: o conhecido fubá, mas esteve sempre associado à alimentação indígena e por isso foi um tanto desprestigiado, o que pode estar na origem da sua tardia aceitação em alguns países da Europa.

Em certas regiões da América portuguesa, contudo, o milho desfrutou de uma melhor posição, notadamente na capitania de São Paulo e nas suas áreas de influência, como em Minas Gerais, por exemplo, onde até hoje é bastante presente na culinária. É sobre esse produto tão importante na alimentação brasileira que Rafaela Basso se debruçou ao longo de quase cinco anos, realizando uma pesquisa de fôlego que resultou no presente livro.

Acompanhei e me encantei com o trabalho desde o seu início e o considero uma contribuição significativa para a historiografia sobre São Paulo colonial, além de uma leitura fascinante para todos aqueles que se interessam pela história da alimentação, a gastronomia ou a culinária dos nossos antepassados. Ao longo do livro, o leitor se deparará com personagens famosos da história de São Paulo, mas será apresentado a outros que entraram para a posteridade sem o saber ou desejar, simplesmente porque realizaram um testamento ou tiveram os bens inventariados após sua morte, os quais foram arquivados e disponibilizados para consulta pública. Tomando emprestado o titulo do livro de Ernani Silva Bruno -- um dos expoentes da historiografia de São Paulo -- pode-se dizer que o leitor tem em mãos uma deliciosa *viagem ao país dos paulistas*.

Leila Mezan Algranti

fevereiro de 2014

Introdução

A alimentação é uma das necessidades básicas da humanidade e, por ser intrínseca à própria existência do homem, o acompanha desde os tempos mais remotos. Muito além de uma necessidade biológica, o comer é um ato social e compreende, por isso, uma gama de significados sociais, políticos, religiosos, estéticos etc.[1] Tendo em vista tal pluralidade, a alimentação ocupa um papel de destaque na produção e reprodução da vida material de qualquer sociedade tornando-se, por isso, um campo fértil e promissor para a pesquisa histórica. Seu estudo nesta área, de acordo com Ulpiano Bezerra Meneses e Henrique Carneiro, vem se desenvolvendo desde o início do século passado, mas somente com as propostas de renovação da escola dos *Annnales*, na década de 60, ganhou uma fisionomia definitiva e se consolidou como um campo de trabalho para os historiadores.[2]

Como mostra Leila Algranti, o interesse pela alimentação está diretamente vinculado aos estudos que surgiram com a criação do conceito de vida material pelo historiador Fernand Braudel.[3] Na obra *Civilização Material, Economia e Capitalismo Séculos XV- XVIII*, Braudel argumenta que a economia das civilizações possui duas dimensões. A que costuma ser comumente descrita, é a denominada economia de mercado, isto é, "os mecanismos da produção e da troca

---

1   Carlos Roberto A. Santos. "A alimentação e seu lugar na história: os tempos de memória gustativa". *Revista História, Questões e Debates – dossiê História da Alimentação*, Curitiba, Editora UFPR, n° 42, jan./jun. 2005, p. 12.

2   Ulpiano T. Bezerra de Meneses & Henrique Soares Carneiro. "A história da alimentação: balizas historiográficas". *Anais do Museu Paulista*, São Paulo, Universidade de São Paulo, vol. 5, jan./dez. 1997, p. 28.

3   Leila Mezan Algranti. "História e historiografia da alimentação no Brasil (séculos XVI-XIX)". In: Adriana Pereira Campos *et al* (org.). *A cidade à prova do tempo: vida cotidiana e relações de poder nos ambientes urbanos*. Vitória: GM Editora; Paris: Université de Paris-Est, 2010, p. 133.

ligados às actividades rurais, às lojas, às oficinas, aos estabelecimentos, às bolsas, aos bancos, às feiras e, naturalmente, aos mercados".[4] Ao lado dessa dimensão, que Braudel caracteriza como nítida e transparente, está outra – pertencente a uma zona de opacidade –, que é a atividade elementar de base: "uma outra metade informal da actividade econômica, a da auto-suficiência, da troca dos produtos e dos serviços num raio muito curto".[5] Tal atividade se encontra presente por toda parte e ele a denomina de *vida material* ou *civilização material*. A vida material relaciona-se aos hábitos, às práticas e às escolhas longínquas e envolve os aspectos mais imediatos da sobrevivência e da reprodução humana, como a habitação, o vestuário e a alimentação.[6]

Com este impulso inicial, Braudel abriu espaço para que o tema da alimentação ganhasse fisionomia definitiva, consolidando-se na historiografia europeia. Apesar disso, este campo ainda é muito recente e pouco explorado no Brasil. Não obstante a existência de poucos trabalhos na historiografia brasileira sobre o tema, este quadro vem sofrendo mudanças significativas desde a década passada, quando a alimentação foi incorporada à *agenda dos historiadores brasileiros*.

Tendo em vista a ideia de que é possível apreender, a partir da comida, uma multiplicidade de informações sobre os mais diversos aspectos da existência humana, este livro pretende se aproximar de algumas práticas alimentares dos habitantes do Planalto do Piratininga, no período compreendido entre a segunda metade do século XVII e a primeira do XVIII.[7] Ao buscar nossa compreensão sobre o sistema alimentar dos paulistas, não perderemos de vista entender como se estabeleceram os intercâmbios culturais entre colonos e indígenas na região.[8]

---

4   Fernand Braudel. *Civilização material, economia e capitalismo (séculos XV – XVIII)*. Trad. Telma Costa. São Paulo: Martins Fontes, 1995, p. 8.

5   *Loc. cit.*

6   Ulpiano T. Bezerra de Meneses; Henrique Soares Carneiro. *Op. cit.*, p. 29.

7   É importante ressaltar que o livro que ora se apresenta foi concebido como resultado da minha dissertação de Mestrado, orientada pela professora Dra. Leila Mezan Algranti e apresentada ao Instituto de Filosofia e Ciências Humanas da Universidade Estadual de Campinas em fevereiro de 2012.

8   Buscamos como protagonistas do presente trabalho os moradores do Planalto do Piratininga, região que até o inicio dos Setecentos incluía a vila de São Paulo e as regiões à ela subordinadas – não só do ponto de vista político-administrativo, mas econômico – tais como a vila de Santana de Parnaíba, de Itu e de Carapicuíba. Vale notar, que tal região sofreu mudanças administrativas ao longo do recorte proposto. Em 1709, com o descobrimento das minas e a colonização de novas regiões, sob a influência paulista foi criada a capitania de São Paulo e das Minas Gerais que

No entanto, apesar de trabalharmos a cultura alimentar como um todo, pretendemos, de maneira mais específica, estudar o papel desempenhado pelo milho na alimentação dos paulistas. Ou seja, a partir do estudo dos hábitos e técnicas envolvidos nos usos e processamentos deste produto, visamos aprofundar nosso conhecimento em torno dos significados econômicos e culturais da chamada "civilização do milho" paulista, nos dizeres de Sérgio Buarque de Holanda. Cabe lembrar que nosso interesse inicial sobre este alimento em específico se justifica pelo fato de grande parte da historiografia, que abordou o tema da alimentação paulista, ter destacado o predomínio deste alimento enquanto produto básico e indispensável no cardápio daqueles indivíduos.

Embora autores como Alcântara Machado e Ernani Silva Bruno tenham apontado a relevância da gramínea indígena na alimentação dos paulistas, foi somente com os trabalhos de Sérgio Buarque de Holanda que essa ideia se consagrou enquanto uma visão cristalizada sobre a cozinha de São Paulo colonial e suas áreas de influência. Para este autor, a importância do milho e de suas técnicas para a vida sociocultural paulista era tamanha que ele chegou a dedicar um capítulo em específico, em seu famoso estudo *Caminhos e Fronteiras*, para analisar o papel que este produto desempenhou na cultura alimentar dos paulistas.[9] O milho, de acordo com Sérgio Buarque de Holanda, era responsável por fornecer certa especificidade à cozinha de São Paulo, diferentemente do que acontecia nas demais partes da Colônia Portuguesa na América, onde a mandioca assumia lugar de destaque no repertório culinário cotidiano dos habitantes. No Planalto, por sua vez, as condições de solo e clima eram favoráveis às diferentes espécies de milho, o que, segundo ele, garantia à população um alimento que se produzia sem trabalho excessivo e que também podia ser usado na alimentação das criações domésticas. Ademais,

---

englobava, além da região atual de São Paulo, o que hoje são os estados de Goiás, Mato Grosso, Mato Grosso do Sul, Minas, Paraná, Rio Grande do Sul e Santa Catarina. Vale notar que o termo paulista será, frequentemente, usado ao longo das páginas seguintes para designar os habitantes da região do Planalto de Piratininga, apesar do uso desta palavra para designá-los, conforme demonstrou Milena Maranho, só ter aparecido no início do século XVIII na documentação histórica (Milena Fernandes Maranho. *Vivendas paulistas: padrões econômicos e sociais de vida em São Paulo de meados do século XVII (1648-1658)*. Monografia (Bacharelado em História) – Unicamp, Campinas, 1997. Publicado pela Gráfica do IFCH/Unicamp, 2003, p. 13).

9   Sérgio Buarque de Holanda. "Uma civilização do milho". In: *Caminhos e fronteiras*. 3ª ed. São Paulo: Companhia das Letras, 1994.

a principal contribuição do milho para a dieta dos paulistas é explicada pela simplicidade das técnicas usadas na confecção de seus produtos: "Tomadas quase sem alteração aos antigos naturais da terra, essas técnicas acomodavam-se mais facilmente à vida andeja e simples de parte notável da população do planalto".[10]

Mas, deve-se ressaltar que nosso interesse em estudar a alimentação paulista e o papel desempenhado pelo milho dentro da mesma não é recente, já que este trabalho surgiu com o intuito de darmos prosseguimento às duas pesquisas de *Iniciação Científica* anteriormente desenvolvidas sobre o tema, intituladas, respectivamente, "Alimentação e sociedade: a vila de São Paulo no século XVII" e "O milho e a cultura alimentar paulista (1650-1680)".[11] Tais pesquisas, para além de fornecerem respostas prontas, acabaram revelando a existência de questões em aberto que mereciam ser melhor aprofundadas, com a introdução de novos indícios e novas fontes documentais. Durante os dois anos de duração da pesquisa, o trabalho de amostragem desenvolvido com a documentação dos *Inventários e Testamentos* e das *Atas da Câmara Municipal,* referentes à segunda metade do século XVII, nos permitiu apreciar que, neste período, embora o milho fizesse parte do cardápio dos moradores de São Paulo colonial, ele não tinha uma preponderância em relação às outras espécies alimentares e, muito menos, uma presença tão fundamental a ponto de lhe ser concedido o papel definidor de sua cultura alimentar, como apregoaram os principais representantes da historiografia colonial paulista.

Frente a tais resultados, como explicar a ideia, tão difundida na bibliografia, da indispensabilidade deste alimento na época colonial, a ponto de Sérgio Buarque de Holanda denominar São Paulo como uma "civilização do milho"? Será que o milho tinha um papel tão fundamental na produção e no consumo desta sociedade, a ponto de ser visto como uma particularidade de sua cozinha? E se tinha este papel, quando ele se estabeleceu? Foi a partir destes questionamentos que elaboramos nossa proposta de pesquisa. O que significa que a problemática norteadora da tessitura deste livro não surgiu apenas do diálogo travado com a historiografia, fundamentando-se também em pesquisas anteriormente realizadas.

---

10 *Ibidem,* p. 188.
11 O primeiro projeto, denominado *Alimentação e sociedade: a vila de São Paulo no século XVII*, foi desenvolvido entre agosto de 2006 e julho de 2007 com o financiamento do CNPq. Já o segundo, *O milho e a cultura alimentar paulista (1650-1680)*, foi realizado entre os meses de novembro de 2007 e julho de 2008, com o financiamento do SAE/Unicamp.

Assim, os marcos cronológicos (1650-1750) podem ser justificados na medida em que procuramos não só aproveitar o trabalho realizado em nossas pesquisas anteriores, mas, principalmente, porque objetivamos ampliá-lo em busca de novos indícios. Não podemos deixar de mencionar que em nossas pesquisas de *Iniciação Científica*, tínhamos trabalhado com fontes que nos forneceram dados para o estudo da cultura do milho, essencialmente, *dentro dos domínios da vila*. No presente trabalho, ao desejarmos visualizar se sua importância estava relacionada à mobilidade, achamos necessário buscar em outros tipos de fontes, como *os relatos de viagens*, indícios sobre a dieta posta em prática, seja nas bandeiras rumo ao descobrimento de metais e pedras preciosas, seja na ocupação de novos territórios.

O período compreendido entre a segunda metade do século XVII e a primeira do século seguinte, portanto, torna-se palco relevante para esta pesquisa, na medida em que possibilita estudar os paulistas em constante mobilidade para regiões cada vez mais longínquas, onde muitos deles sedentarizaram-se, expandindo as bases de sua cultura alimentar a estes locais. Ademais, tendo em vista que nosso interesse também é captar o momento em que o milho se firmou como produto fundamental daquela sociedade, o trabalho com um período maior de tempo se torna necessário. Isto nos permite visualizar as mudanças e/ou permanências ocorridas no plano dos hábitos alimentares que, como foi dito por Fernand Braudel, operam de uma maneira muito lenta e quase que imperceptivelmente, podendo ser captadas apenas na duração do tempo longo.[12]

Ainda em termos metodológicos, este trabalho se inspira nas possibilidades de investigação abertas pela História da Alimentação, na qual o alimento constitui uma categoria histórica, já que, de acordo com Carlos Roberto Antunes, "os padrões de permanências e mudanças dos hábitos e práticas têm referências na própria dinâmica social".[13] Mas, não podemos perder de vista, como nos mostra o historiador Henrique Carneiro, que existe uma infinidade de possibilidades de abordar a comida enquanto objeto histórico. Sob a abordagem econômica, por

---

12 A alimentação, assim como a vida cotidiana, o corpo, a família são "alguns dos temas que emergem à tona das profundezas aparentemente congeladas dos tempos para se revelarem na dialética da sua transformação e da sua permanência como noções plásticas, sujeitas a mudanças, mesmo que elas apareçam como imperceptíveis para os próprios protagonistas" (Ulpiano T. Bezerra de Meneses e Henrique Soares Carneiro. *Op. cit.*, p. 28).

13 Carlos Roberto A. Santos. *Op. cit.*, p. 12.

exemplo, pode-se visualizar a dinâmica envolvida desde a produção até o consumo dos alimentos. A abordagem social, por sua vez, permite o estudo da estratificação social nos acessos aos produtos. Já a abordagem cultural, possibilita o trabalho com os aspectos simbólicos dos alimentos, as práticas alimentares e os costumes à mesa.[14] Deve-se ressaltar que essas são apenas algumas das abordagens possíveis do tema e as destacamos, pois todas são, de certa forma, por nós contempladas.

Apesar disso, damos maior ênfase à abordagem cultural, através da qual estudamos os hábitos e as práticas domésticas referentes aos usos dos alimentos e à questão do contato que se estabeleceu em terras paulistas entre indivíduos de culturas distintas (indígenas e portugueses), utilizando a alimentação, conforme sugere Leila Algranti, como uma chave explicativa deste contato e das trocas culturais advindas do mesmo.[15]

Para atingir os objetivos propostos, utilizamos uma variada e extensa quantidade de fontes neste trabalho. Para adentrarmos os recintos da vida cotidiana dos colonos paulistas, bem como de suas cozinhas, por exemplo, fazemos uso dos *Inventários* e *Testamentos*. Tais fontes nos trazem vestígios referentes à cultura material dos moradores de São Paulo, fundamentais para analisarmos e compreendermos os seus hábitos e costumes domésticos.[16] Diante disso, elas nos são essenciais, na medida em que indicam quais gêneros alimentares estavam sendo produzidos e quais estoques eram consumidos e vendidos para outras regiões. Além disso, pode-se encontrar nelas dados sobre a quantidade e o valor dos mesmos, bem como sobre quais equipamentos e utensílios estavam envolvidos na produção, no preparo e no consumo de determinados gêneros.

---

14 Henrique Soares Carneiro. "As fontes para os estudos históricos sobre a história da alimentação". Disponível em: <http://www.mcb.sp.gov.br/docs/ernani/pdf/As_Fontes_para_Estudos_Hist%C3%B3ricos_sobre_a_Alimenta%C3%A7%C3%A3o.pdf>, p. 6. Acesso em: 23 ago. 2007.

15 Leila Mezan Algranti. *Op. cit.*, 2010, p. 131.

16 O inventário, segundo Milena Maranho, corresponde ao levantamento de bens de uma pessoa após a morte, "visando uma exata demonstração da situação econômica a fim de serem apurados os resultados que irão ser objeto da partilha". Nele, encontramos informações referentes aos bens móveis que são os utensílios, as roupas, os móveis etc., e aos bens imóveis que correspondem às casas, terrenos e roças. Já o testamento, "elaborado antes da morte do inventariado, corresponde às últimas designações em vida sobre o destino dos bens, de seus índios, a enumeração de alguns bens e dívidas e o principal: sua disposição após a morte" (Milena Fernandes Maranho. *A opulência relativizada: níveis de vida em São Paulo do século XVII (1648-1682)*. Bauru: Edusc, 2010, p. 30).

Já nas *Crônicas, correspondências e relatos de viagens* encontram-se descrições sobre os hábitos alimentares dos paulistas desenvolvidos, não só no interior dos domicílios, mas principalmente para além deles – nos deslocamentos rumo ao sertão, nos pousos improvisados e nas regiões recém-descobertas. Tais fontes, por serem habitualmente utilizadas pelos pesquisadores que trabalham no âmbito da História da Alimentação, não podem ficar de fora de nossa pesquisa.

Entretanto, como não dispomos de muitos relatos para o período compreendido entre os marcos temporais (1650-1750), é necessário lançar mão de alguns textos redigidos anteriormente, o que inclui textos quinhentistas, de autores como Hans Staden, Pero de Magalhães Gandavo e Gabriel Soares de Sousa.[17] Com efeito, as obras desses cronistas se apresentam como fundamentais para os pesquisadores que pretendem se dedicar ao estudo dos hábitos alimentares desenvolvidos em qualquer parte da Colônia Portuguesa, haja vista que nestes documentos encontram-se descrições minuciosas não só sobre o meio físico da América, como também dos usos e costumes de seus habitantes e, o que nos interessa em especial, seu repertório alimentar. E, por isso, tais registros são utilizados, quando necessário, como documentação auxiliar.

As *Atas da Câmara Municipal de São Paulo*, por sua vez, ao testemunharem os problemas da vila, nos ajudam a refletir sobre as tensões ocorridas na esfera mercantil, fornecendo informações sobre as atividades comerciais desenvolvidas no plano do abastecimento alimentar. Desta forma, elas são fundamentais, pois apontam o papel de determinados gêneros na economia, indicando quais eram destinados ao consumo interno e aqueles que serviam para o comércio com outras regiões da Colônia.

Por outro lado, algumas informações presentes neste corpo documental – tais como as reclamações por parte da população a respeito da carestia de determinados gêneros, bem como a postura da Câmara tentando sanar o problema da exorbitância dos preços – podem ser indicativas de alguns produtos que faziam parte do cardápio paulista, nos propiciando até mesmo a visualização daqueles que constituíam a alimentação básica e diária da vila. Todas essas informações fornecidas são fundamentais para entendermos o lugar que o milho ocupava naquela sociedade.

---

17 Deve-se ressaltar que, não obstante alguns desses cronistas jamais terem estado em Piratininga, nos seus relatos encontramos descrições sobre a região e sobre os usos e costumes de seus habitantes que, provavelmente lhes foram fornecidas por algum informante que por lá esteve durante os primórdios de sua existência.

Com relação à organização do presente livro, mantivemos a estrutura da dissertação que lhe deu origem, dividindo-o em três capítulos. No primeiro, intitulado "História e Alimentação em São Paulo Colonial (1650-1750)", é apresentada uma breve análise historiográfica acerca da alimentação paulista durante o período colonial, atentando para as principais ideias que se cristalizaram enquanto visão dominante em torno deste objeto de estudo. Num segundo momento, analisamos a esfera da cultura alimentar mais pública, acompanhando a dinâmica envolvida desde a produção, circulação, até o consumo dos três principais gêneros alimentícios presentes nas lavouras das propriedades paulistas: o trigo, a mandioca e o milho. Isso nos permite visualizar a relevância específica destes alimentos na economia de abastecimento da vila, sendo imprescindível para pensarmos a posição que o milho assumia neste âmbito. Ainda nesta mesma perspectiva de trabalho, buscamos estudar a presença do milho no abastecimento das expedições sertanejas e dos territórios recém-descobertos.

No segundo capítulo, "A comida e o modo de vida dos paulistas", a proposta é trabalhar num âmbito mais privado, com o intuito de nos aproximarmos das práticas *domésticas* referentes aos usos e costumes dos paulistas dentro de seus domicílios, nas incursões sertanistas e na ocupação de novos territórios, não perdendo de vista entender a importância ocupada pelo milho na subsistência de tais indivíduos nos diferentes contextos, bem como da farinha de milho. É para o estudo deste produto que voltamos nossa atenção no último item deste capítulo, já que, como será visto, ele parece ter sido o alimento por excelência dos paulistas nos deslocamentos e nas áreas povoadas por eles.

Por fim, o terceiro capítulo, "A cultura do milho: um estudo de caso" tem como proposta chegar a um quadro mais definido sobre os hábitos e técnicas envolvidos nos usos e processamentos do milho na São Paulo dos séculos XVII e XVIII. Procuramos investigar as práticas envolvidas em sua cultura: as principais formas de preparo e consumo, as técnicas e os utensílios utilizados em seu processamento alimentar, atentando às possíveis diferenças na destinação dada aos vários produtos fabricados do milho pelos diferentes grupos sociais e culturais presentes em São Paulo e em suas áreas de expansão. O estudo deste produto se torna ainda um instrumento para refletirmos sobre as trocas culturais no âmbito da alimentação que ocorrera em São Paulo entre os séculos XVII e XVIII.

Capítulo 1
História e alimentação em São Paulo colonial (1650-1750)

A alimentação em São Paulo colonial: uma breve análise historiográfica

Há um consenso entre os principais representantes da historiografia sobre São Paulo colonial de que a região, durante o período em questão, apresentava características sociais, econômicas e culturais específicas que a marcaram definitivamente, a ponto de diferenciá-la de algumas regiões presentes na América portuguesa.[1] Tais especificidades englobariam os mais diversos aspectos da sociedade paulista, incluindo desde a economia de abastecimento, o fenômeno das bandeiras até mesmo a presença marcante dos indígenas.[2] No caso dos

---

1   Embora seja possível verificar a existência de diferenças entre a região de São Paulo e as demais pertencentes à Colônia, tais diferenças devem ser inseridas nos contextos regionais que compunham as possessões portuguesas na América. As particularidades de cada região, como apregoou Milena Maranho, tornam-se compreensíveis dentro de um contexto maior, em que se entrelaçavam várias tramas econômicas, sociais e históricas, sendo que "as relações entre essas tramas (...) constituem elementos que vão ao encontro da pretendida finalidade essencial dessa conjuntura de colonização" (Milena Fernandes Maranho. *O moinho e o engenho: São Paulo e Pernambuco em diferentes contextos e atribuições no Império Colonial Português (1580-1720)*. Tese de doutorado – FFLCH-USP, São Paulo, 2006).

2   Ao longo das páginas seguintes, lançaremos mão da palavra bandeira para se referir as expedições sertanistas empreendidas pelos paulistas com o intuito de buscar cativos indígenas ou metais preciosos, entre os séculos XVII e XVIII. Apesar disso, como chamou atenção John Monteiro, foi somente no século XVIII que tal termo emergiu na documentação colonial. Antes disso, tais atividades eram descritas como entradas, tropas ou armações. Assim, utilizaremos o termo bandeira, ao longo desse trabalho, mesmo se tratando de um período anterior ao seu surgimento, para facilitar a argumentação. Essa ressalva se aplica ao termo bandeirante, já que ele foi utilizado, pela primeira vez, apenas no século XIX (John Manuel Monteiro. Verbete *"Bandeiras"*. In: Maria B. Nizza da Silva (org.). *Dicionário da história da colonização portuguesa no Brasil*. Lisboa: Verbo, 1994, p. 96-99).

costumes de seus habitantes, a situação não teria sido diferente e, neste ponto, a alimentação surgia nas obras dos principais representantes da historiografia paulista, como um dos principais aspectos responsáveis pela diferenciação da região, em relação a outras capitanias. Embora a ideia remonte à década de 1920 e tenha como seus principais idealizadores Alcântara Machado e Ernani Silva Bruno, foi somente com os trabalhos de Sérgio Buarque de Holanda que ela de fato se consolidou tornando-se referência para todos que continuaram a endossá-la, para os estudos posteriores.

Sérgio Buarque de Holanda, porém, não foi o único autor da historiografia clássica que contemplou, em sua síntese sobre a sociedade colonial, o tema da alimentação em terras paulistas. O tema também esteve presente nas interpretações de dois outros estudiosos da sociedade colonial: Gilberto Freyre e Caio Prado Júnior. Tal como mostra a historiadora Leila Algranti em seu artigo a respeito da historiografia da alimentação na América Portuguesa,[3] estes três autores consolidaram algumas ideias acerca dos hábitos alimentares dos colonos que, acreditamos estarem em consonância com a historiografia clássica sobre São Paulo colonial. Assim, antes de nos atermos à presença do tema na historiografia de São Paulo colonial, é necessário nos reportarmos às ideias por esses autores trabalhadas sobre os hábitos alimentares dos paulistas principalmente, devido à influência que exerceram sobre as visões cristalizadas acerca da alimentação paulista.

Na obra, *Casa Grande e Senzala*, escrita em 1933, Gilberto Freyre dedicou várias passagens à temática da alimentação. Essa se encontra, na maioria das vezes, conforme apontado por Leila Algranti, relacionada à interpretação do sociólogo a respeito do caráter da colonização portuguesa, na qual ele destacou a capacidade de aclimatação do colonizador à nova terra.[4] Para ele, o sucesso do empreendimento colonial português no Brasil deveu-se, entre outras coisas, à sua grande capacidade de adaptação à cultura local. No que diz respeito à culinária, o autor defendeu a ideia de que o adventício mudou quase que

---

3 Neste sentido, o esquema de análise desta historiadora será fundamental na condução de nossa discussão bibliográfica (Leila Mezan Algranti. "História e historiografia da alimentação no Brasil". *Op. cit.*, p. 131-154).

4 Leila Mezan Algranti. "História e cultura da alimentação na América Portuguesa – tradição e mudanças (uma análise historiográfica)". *I Colóquio de história e cultura da alimentação: saber e sabor – história, comida, identidade,* Universidade Federal do Paraná, ago. 2007, p. 4. Texto cedido pela autora.

radicalmente seu regime alimentar em favor da adoção de produtos e hábitos dos naturais da terra.[5] Ademais, o tema da alimentação integrou o modelo analítico de Gilberto Freyre acerca da economia monocultora, no qual ele argumentou que o sistema escravocrata e latifundiário de produção acabaria trazendo consequências negativas para a dieta alimentar da maioria da população colonial. A economia latifundiária desenvolvida em torno da lavoura de cana-de-açúcar e o consequente abandono da policultura, além das condições geológicas e metereológicas acabariam marcando o regime alimentar dos colonos brasileiros pela instabilidade, deficiência e escassez.[6]

Na obra em questão, Gilberto Freyre também teceu algumas considerações sobre a alimentação dos paulistas que, acreditou, se diferenciaria daquela presente na sociedade patriarcal do Nordeste. Isso porque, para Gilberto Freyre, a tentativa fracassada de instalar a lavoura de cana em São Paulo acabou levando os habitantes da região a se dedicarem ao cultivo diversificado de gêneros agrícolas. Assim, argumenta que diferença da alimentação de São Paulo, se explicaria pelo fato de terem atuado nesta localidade, condições um tanto diversas das predominantes nas demais partes da América Portuguesa. Primeiramente, físicas e geológicas que, segundo Gilberto Freyre, acabaram favorecendo o cultivo de uma série de produtos destinados à alimentação. Ao lado dessas, o autor destacou outras de origem social que:

> não sendo gente das mesmas tradições e tendências rurais nem dos mesmos recursos pecuniários dos colonizadores de Pernambuco, mas na maior parte ferreiros, carpinteiros, alfaiates, pedreiros, tecelões, entregaram-se antes à vida semi-rural e gregária que à latifundiária e de monocultura. E ainda econômicas, por terem prevalecido no Planalto paulista a concentração das duas atividades, a agrícola e a pastoril, em vez da divisão quase balcânica em esforços separados e por assim dizer inimigos, que condicionou o desenvolvimento da Bahia, do Maranhão, de Pernambuco, do Rio de Janeiro.[7]

---

5   Gilberto Freyre. *Casa grande e senzala*. 21ª ed. Rio de Janeiro/Brasília: Livraria José Olympio Editora, 1981.
6   *Ibidem*, p. 32.
7   *Ibidem*, p. 42-43.

No ano de 1942, Caio Prado Júnior publicou *Formação do Brasil Contemporâneo*, obra em que elaborou uma interpretação sobre a organização da sociedade brasileira que romperia com as versões vigentes até então. Para tanto, se reportou ao início da colonização que foi entendida, pelo autor como uma vasta empresa comercial, destinada a explorar os recursos naturais da América em proveito do comércio europeu.[8] Desta forma, a produção da grande lavoura voltada para o mercado externo teve lugar de destaque em sua interpretação. Ela representava o nervo da agricultura colonial e foi sobre ela que a sociedade brasileira se organizou. No que diz respeito à lavoura de subsistência, como mostrou Leila Algranti, Caio Prado defendeu que essa ocupava um lugar secundário na economia colonial.[9] Seguindo a mesma linha de interpretação de Gilberto Freyre, Caio Prado argumentou que a produção dos produtos de exportação acabou consumindo todos os esforços dos colonos, relegando a produção dos gêneros de subsistência para um segundo plano. Isto gerou um dos problemas mais sérios que a população colonial teve de enfrentar:

> Refiro-me ao abastecimento dos núcleos de povoamento mais denso, onde a insuficiência alimentar se tornou quase sempre a regra (...). Na maioria das regiões da colônia, há um verdadeiro estado crônico de carestia e crise alimentar que frequentemente se tornam em fome declarada e generalizada. Isto ocorre sobretudo nos momentos de alta de preços dos produtos da grande lavoura, quando as atividades e atenções se voltam inteiramente para ela e as culturas alimentares são desleixadas e abandonadas.[10]

Por fim, Caio Prado Júnior também afirmou existir uma dada singularidade da alimentação paulista, se comparada a outras regiões do Brasil. Esta diferença estaria assentada em sua comparação a respeito da disseminação de duas culturas alimentares distintas: da mandioca e a do milho. Para o autor, diferentemente do que aconteceu em grande parte do território colonial, sobretudo, nas regiões Norte e Nordeste, onde a mandioca predominara absoluta na mesa dos colonos,

---

8 Caio Prado Júnior. *Formação do Brasil contemporâneo*. 18ª ed. São Paulo: Brasiliense, 1983. p. 31
9 Leila Mezan Algranti. *Op. cit.*, 2007, p. 5.
10 Caio Prado Júnior. *Op. cit.*, p. 163.

em São Paulo isto não podia ser vislumbrado, pois o milho era considerado nestas terras e nas áreas de influência paulista, o verdadeiro "pão da terra".

Ao lado desses dois trabalhos, as obras *Monções* (1945) e *Caminhos e Fronteiras* (1956) de Sérgio Buarque de Holanda foram fundamentais para a consolidação de algumas visões sobre os hábitos alimentares dos colonos e, de maneira mais específica, dos paulistas. Na primeira obra, ao analisar sob diversas óticas – cultural, social, econômica – as expedições denominadas de monções, o autor mostrou como a ação colonizadora entre os paulistas se desenvolveu com mais liberdade através de uma contínua adaptação às condições do meio, o que não excluiu o fato de que lentamente os portugueses foram impondo suas técnicas, tradições e costumes. Assim, o autor abarcou as contribuições de ambos os lados para a formação da alimentação paulista, tanto nas técnicas de plantio ou preparo dos alimentos como no uso de espécies animais e vegetais. Porém, não é de se estranhar que neste processo de ajustamento às asperezas do meio, Sérgio Buarque de Holanda tenha realçado a importância indígena para a constituição do modo de ser dos paulistas e, que por sua vez, teria imprimido certa peculiaridade a estes indivíduos. Neste aspecto, este trabalho foi inovador na medida em que trouxe à tona para os estudos sobre São Paulo colonial, um tema novo e pouco explorado pela historiografia até então, que diz respeito ao processo de contato cultural estabelecido entre europeus e indígenas na região do Planalto Paulista.

Já em *Caminhos e Fronteiras*, o autor deu prosseguimento às suas investigações sobre o processo de entrelaçamento dos costumes europeus e indígenas em Piratininga, e escolheu a vida material como porta de entrada para estudar os intercâmbios ocorridos entre as duas culturas em questão. Para elucidar como as práticas alimentares nos primeiros séculos da colonização foram fruto do intercurso entre as duas culturas em questão, é contemplado no livro as "iguarias de bugre", o trigo, o uso do mel e, especialmente, o *complexo do milho*, ao qual Sérgio Buarque de Holanda dedicou um capítulo, a fim de analisar a importância deste produto e de suas técnicas para a vida sociocultural paulista. No entender do autor, o milho acabaria marcando certa especificidade à cozinha local, diferentemente do que acontecia nas demais regiões da Colônia, onde a mandioca teria assumido lugar de destaque na alimentação cotidiana dos habitantes. Em terras paulistas, por sua vez, as condições de solo e clima eram favoráveis a diferentes espécies de milho, o que, segundo ele, garantia à população um alimento que se produzia sem trabalho excessivo, o qual também poderia ser usado na alimentação das criações domésticas.

Ao tratar da abordagem que os três autores supracitados dedicam ao tema, Leila Algranti, argumenta que eles consolidaram na historiografia brasileira algumas ideias a respeito dos hábitos alimentares dos colonos, que são as seguintes:

> a importância das influências indígena e africana na dieta cotidiana dos conquistadores; a adaptação dos portugueses a um novo regime alimentar condicionado aos produtos disponíveis; bem como a má alimentação, a carestia, e até mesmo a fome devido ao predomínio da monocultura na economia colonial.[11]

Neste sentido, podemos propor que esses três autores estabeleceram um diálogo com a historiografia clássica sobre São Paulo colonial, na medida em que reafirmaram algumas ideias por ela anteriormente trabalhadas, e influenciaram tantas outras que viriam ser elaboradas posteriormente, a nível regional. Isso porque as imagens apresentadas acima, sobre os hábitos alimentares dos paulistas, também apareceram nas obras dos principais representantes da historiografia clássica sobre São Paulo colonial. A saber, a especificidade de cultura alimentar, a pobreza da mesma no que tange a escassez de mantimentos ou de utensílios ligados à mesa e à cozinha, a adoção dos hábitos indígenas e a presença do milho.

Em 1926, Alfredo Ellis Júnior redigiu a obra *Raça de Gigantes*, onde abordou a história de São Paulo através de uma perspectiva determinista, outorgando à alimentação um papel fundamental na sua formação social.[12] Para o autor, a atuação em solo paulista de fatores como o bandeirismo e a mestiçagem teriam sido responsáveis pela superioridade da população do Planalto frente às demais regiões da Colônia. Apesar Alfredo Ellis Jr. tecer sua tese pautada na ideia do determinismo racial, de importante para nós é que o autor foi um dos primeiros a defender a especificidade da sociedade de São Paulo, como fruto do intercâmbio do português com o indígena. A miscigenação entre as duas "raças" em questão teria sido a principal causa da eugenia paulista.[13] Além disso, o autor abordou

---

11 Leila Mezan Algranti. *Op. cit.*, 2007, p. 5.
12 Alfredo Ellis Júnior. *Raça de gigantes: a civilização paulista no planalto*. São Paulo: Hélios, 1926.
13 Como bem pontuou John Monteiro, Alfredo Ellis em sua obra desenvolveu uma teoria sobre a influência do papel da mestiçagem para a formação social, intelectual e psicológica dos paulistas.

as condições sociais que teriam contribuído para a distinção cultural das gentes do Planalto e, neste ponto, a alimentação teve seu lugar de relevo. A nutrição, segundo ele, teria sido:

> Muito equilibrada, além de farta, nos primeiros séculos quanto aos seus elementos químicos, pois não só tinham eles em abundância a proteína, da carne dos seus rebanhos de bovinos, como também lhes sobrava a carne de porco, que é rica em matérias gordurosas de grande valor, (...) além de copiosa variedade na alimentação cerealífera, como o trigo, a mandioca, o milho, o feijão, cujas plantações semeavam as redondezas paulistanas.[14]

O fenômeno do bandeirismo surge também como um aspecto importante para a diferenciação cultural dos paulistas. As dificuldades da vida em trânsito, como a fome e as precariedades do sertão, teriam também agido na constituição do caráter paulista, selecionando os mais fortes e resistentes.[15] O autor ressaltou que, apesar da mobilidade não ser uma constante na vida desses indivíduos, ela teria acarretado profundos abalos no equilíbrio e na abundância alimentar, aos quais eles estavam acostumados em seus sítios ou casas da vila. Nas asperezas do sertão, além da matalotagem levada, os habitantes recorriam à caça, à pesca, à coleta, à pilhagem, bem como à plantação de roças de subsistência para sobreviver. Todavia, tais recursos "nem sempre chegavam para a alimentação de toda a gente componente das bandeiras, e nem sempre as zonas atravessadas eram fartas nesse material nutritivo, de modo que um dos suplícios mais tormentosos do

---

Tal como demonstra o autor, "Ellis Jr. ambientou o bandeirante, e, sobretudo a mestiçagem, num contexto cientificista tão emaranhado quanto à densa mata penetrada pelos mesmos sertanistas. Lançando mão de uma floresta de pressupostos evolucionistas, no que pesavam as teorias abraçando o papel determinista da raça e do meio físico, Ellis esforçou-se para mostrar as bases científicas e históricas da especificidade do caráter paulista" (John Manuel Monteiro. "Caçando com gato: raça e mestiçagem na obra de Alfredo Ellis Jr". *Novos Estudos Cebrap*, São Paulo, nº 38, 1994).

14 Alfredo Ellis Júnior. *Op. cit.*, p. 337.

15 Lembremos que nas três primeiras décadas do século XX, os principais expoentes da historiografia paulista se voltaram para o passado colonial, para estabelecer as bases históricas da especificidade de São Paulo e a legitimidade para o poderio econômico exercido pela região durante os anos iniciais da República, justificando, ao mesmo tempo, seus anseios autonomistas. Sobre as produções que exaltavam a distinção cultural dos paulistas, ver, além do supracitado artigo de John Monteiro, o capítulo de Milena Maranho sobre a historiografia de São Paulo no século XVII: "Percursos da história". In: Milena Fernandes Maranho. *Op. cit.*, 2010, p. 37-62.

bandeirante foi sem dúvida o da fome".[16] Ainda que houvesse a predominância de uma alimentação farta, a relação dicotômica entre privação e excesso de alimento esteve sempre presente na cultura alimentar da São Paulo colonial.

Alcântara Machado, utilizando a documentação dos *Inventários e Testamentos*, elaborou em 1929, um estudo pioneiro acerca da história de São Paulo, intitulado *Vida e Morte do Bandeirante*, já introduziu temas como cotidiano e mentalidades, inéditos nas analises históricas até então. A partir de fragmentos da vida material, o autor buscou desvelar os valores culturais, econômicos e sociais presentes no cotidiano dos moradores da vila, no século bandeirista, onde a pobreza econômica e material dos habitantes daquela região possuía lugar de destaque. Alcântara Machado defendeu que esta situação teria influenciado a parcimônia das refeições diárias, que, em grande parte, eram compostas de alimentos nativos, sobretudo, o milho. Para o autor, os paulistas tinham como base de suas refeições, "a canjica ensinada pelo índio, o angu de fubá ou de farinha de milho e de mandioca. Isso porque o angu e a canjica dispensavam o sal, que naquele tempo era escasso. "[17] Mesmo defendendo a ideia de pobreza generalizada, o autor apresentou em seu livro algumas imagens vangloriando as potencialidades da terra. Dentro dos limites de sua propriedade, um fazendeiro tinha "a carne, o pão, os cereais que o alimentam; o couro, a lã, o algodão que o vestem; o azeite de amendoim e a cera que à noite lhe dão claridade; a madeira e a telha que o protegem contra as intempéries; os arcos que servem de broquel. Nada lhe falta".[18]

Em 1953, outro grande expoente da historiografia clássica sobre São Paulo colonial, Ernani Silva Bruno, no livro *História e Tradições da Cidade de São Paulo*, também se empenhou na recuperação da história de São Paulo, através do estudo do cotidiano e cultura material. Neste sentido, dedicou um capítulo especialmente ao tema da alimentação: "Mantimentos da terra e do reino". Nele, o autor oferece um excelente panorama sobre os comportamentos alimentares dos paulistas, reforçando a ideia da diferenciação da alimentação local, mais variada em relação à dos habitantes das cidades litorâneas, onde havia o

---

16 Alfredo Ellis Júnior. *Op. cit.*, p. 340.
17 Alcântara Machado. *Vida e morte do bandeirante*. São Paulo: Livraria Martins Editora, 1943.
18 *Ibidem*, p. 57.

predomínio da monocultura de açúcar.[19] No entanto, apesar da fertilidade dos campos de Piratininga, a alimentação parece nunca ter atingido um nível satisfatório, principalmente por causa da pobreza dos moradores. Aliado a esta ideia, o autor elenca como causa da parcimônia alimentar dos paulistas o abandono do cultivo de mantimentos, devido ao despovoamento provocado pelas constantes idas ao sertão. Tais fatores, como Alcântara Machado também defendeu, impuseram à população uma dieta parca à base de produtos apropriados da cultura local, tais como a mandioca e, principalmente, o milho. Este alimento, ao lado do feijão, devido à constante mobilidade dos moradores, teria se firmado como um prato caracteristicamente regional do habitante de São Paulo. Além disso, havia também o hábito de se utilizar na alimentação produtos da caça e da pesca e todos aqueles presentes nas roças dos índios ao longo dos caminhos percorridos.[20]

Alguns anos mais tarde, mais precisamente em 1964, Antonio Candido, influenciado pelas ideias de Sérgio Buarque de Holanda, desenvolveu em *Os Parceiros do Rio Bonito* um estudo sobre os meios de vida do caipira paulista, no qual dedicou à alimentação um espaço privilegiado. Na verdade, ela é usada como uma chave para o entendimento das relações de um agrupamento de "caipiras" com seu meio físico.[21] A alimentação foi escolhida, pois estaria intrinsecamente relacionada às necessidades mais elementares destes indivíduos, que organizavam sua vida social em torno dela. Embora seja um trabalho de cunho sociológico, Antonio Candido recorreu também à metodologia histórica para buscar as origens da cultura caipira. A partir disso, o autor permite que se veja o caipira como descendente direto do mameluco paulista e, desse modo, herdeiro de duas tradições distintas: a indígena e a europeia. Assim, tal como Alfredo Ellis Jr, não é de se estranhar que para o autor a alimentação paulista fosse profundamente marcada pela fusão entre hábitos e técnicas das duas culturas em questão e, muito menos, que ela estivesse

---

19 Tal como demonstra Milena Maranho, nesta obra podem ser encontradas várias imagens que se cristalizaram acerca da especificidade dos paulistas e de São Paulo. A saber: o isolamento geográfico, a carência de recursos e o fenômeno do bandeirismo (Milena Fernandes Maranho. *Op. cit.*, 2010, p. 40-41).

20 Ernani Silva Bruno. *História e tradições da cidade de São Paulo: arraial dos sertanistas* (1554-1828). 3ª ed. São Paulo: Hucitec, 1984, p. 254.

21 Por caipira, o autor entende um conjunto de indivíduos que compartilham de uma cultura específica, tributável ao mameluco paulista e, por isso, historicamente herdeira de tradições nômades e mestiças (Antonio Candido. *Os parceiros do Rio Bonito: estudo sobre o caipira paulista e a transformação dos seus meios de vida*. 3ª ed. São Paulo: Livraria Duas Cidades, 1975, p. 35).

condicionada ao improviso e à rusticidade, procedentes das atividades sertanistas, tão presentes em São Paulo em tempos coloniais.

De um modo geral, na perspectiva do autor, toda a vida social e cultural dos paulistas teria sido condicionada pela mobilidade à qual estes indivíduos estavam constantemente sujeitos e, no caso da alimentação, não teria sido exceção. A dieta dos paulistas era caracterizada por um *mínimo vital*, constituído apenas pelo suficiente para a sobrevivência, típica de sociedades cujo processo de obtenção dos meios de vida não ultrapassaria "o equilíbrio mínimo mantido graças à exploração de recursos naturais por meio das técnicas rudimentares, a que correspondem formas igualmente rudimentares de organização".[22] Além disso, essa fundamentava-se em produtos nativos, tais como o feijão, a mandioca e o milho. Com relação a este último, Antonio Candido destacou sua predominância no repertório alimentar paulista, realçando que sobre este alimento recaiu grande parte das operações culturais de invenção e adaptação que se empreenderam na culinária paulista. O caso do milho seria exemplificativo da associação de um produto nativo com as técnicas adventícias, uma vez que apesar de defender a acomodação do colono paulista ao modo de vida rudimentar dos indígenas, o autor argumentou que ele empreendeu uma elaboração original das heranças que recebeu.[23] Se por um lado, grande parte do repertório paulista era constituído de produtos nativos, por outro, as técnicas de preparo e de consumo foram provenientes da Europa.

Passados algumas décadas no ostracismo, o tema da alimentação em terras paulistas vem encontrando novamente lugar de destaque na agenda dos especialistas que se aventuram no estudo desta sociedade há alguns anos. Tal interesse acompanha o traçado intelectual da historiografia brasileira, que nas duas últimas décadas tem voltado sua atenção para as práticas cotidianas e os rituais da vida doméstica. A partir de então, a ação do sujeito, seus usos e representações, encontra lugar de destaque na agenda dos pesquisadores que se aventuram por esta área há alguns anos.

Este é o caso do mestrado de Paula Pinto e Silva, *Entre tampas e panelas – por uma etnografia da cozinha do Brasil*. Neste trabalho, a antropóloga, ao estudar a formação da culinária brasileira, teceu breves considerações sobre a alimentação

---

22 *Ibidem*, p. 27.
23 *Ibidem*, p. 53.

paulista, uma vez que esta exemplificaria um modelo específico surgido no contexto da expansão portuguesa em território americano. Não obstante a autora atentar para a presença de outros dois sistemas alimentares distintos, na América – Lusa, além do paulista, sua maior preocupação foi ver como eles confluíram para a formação de uma dieta particular ao longo do período colonial.[24] Fruto de combinações que se procederam entre culturas distintas ao longo de um processo histórico, essa dieta se pautaria em um tripé alimentar formado pela farinha, a carne seca e o feijão, que, para além de simples alimentos, constituem categorias de "um sistema alimentar nascido no bojo da sociedade colonial e refletem a forma peculiar pela qual ela se desenvolveu, marcada pela dicotomia, pela hierarquia, pela diversidade e pela fome".[25]

Embora, Paula Pinto e Silva defenda que estas mesmas categorias tenham sido preponderantes na formação da culinária paulista, ao mesmo tempo não consegue se desvencilhar da imagem da diferenciação da alimentação local, como os demais autores supracitados. Para ela, tal fato estaria ligado à economia de subsistência e à adoção de produtos, hábitos e técnicas dos naturais da terra. O uso pelos bandeirantes dos produtos e das maneiras de se alimentar dos nativos teria sido fundamental para manter sua sobrevivência, tendo em vista os constantes problemas de fome que os assolavam nestas expedições. Porém, mesmo tendo isso em vista, não se pode excluir o fato de que para a autora, os hábitos e os conhecimentos adventícios, em Piratininga, também marcaram presença. A cozinha paulista, por isso, é vista por Paula Pinto e Silva como fruto dos ajustes e combinações dos hábitos ibéricos associados às práticas alimentares autóctones. Ademais, tal como as obras precedentes, a antropóloga aponta o consumo generalizado do milho pelos habitantes de São Paulo, fato que, segundo ela, não acontecia em nenhuma outra parte da Colônia.

Ao lado de Paula Pinto e Silva, Leila Algranti e Laura de Mello e Souza também abordaram, sob uma ótica cultural, a alimentação em terras paulistas. A primeira trouxe uma contribuição muito original ao tema no artigo "À mesa com os paulistas". Ao buscar compreender os hábitos alimentares dos moradores de São Paulo, a historiadora insere-os no domínio da transmissão

---

24 Paula Pinto e Silva. *Entre tampas e panelas: por uma etnografia da cozinha do Brasil*. Dissertação de mestrado – FFLCH-USP, São Paulo, 2001, p. 11.

25 *Ibidem*, p. 88.

de conhecimentos e práticas culturais na América Portuguesa. Para nós, o que chama atenção em seu trabalho, é que a historiadora busca se desvencilhar de algumas imagens que se consagraram sobre os hábitos alimentares dos paulistas, como a de pobreza, preocupando-se mais com "a capacidade de inventar formas de cozinhar e de produzir alimentos para atenderem a certas necessidades básicas da vida, como o comer e o beber e, sobretudo, de constituir saberes e técnicas culinárias que se expressam em seus ritos cotidianos".[26]

A partir disso, a autora argumenta, diferentemente de grande parte da historiografia, que a alimentação em São Paulo colonial, não difere muito das demais existentes na América Portuguesa.[27] Por outro lado, não negligencia o fato de que, conforme se dava o avanço da colonização, alguns fatores reverberaram em certas diferenças locais: o contato assíduo com os indígenas, as atividades sertanistas, bem como os problemas de abastecimento. Sobre este último ponto, Leila Algranti dedicou atenção especial, uma vez que para ela as dificuldades em manter um abastecimento regular, não só de produtos locais, mas principalmente de produtos advindos do Reino, tiveram seus efeitos nos padrões alimentares dos moradores da região, fazendo com que as roças e os quintais dos colonos se tornassem os principais fornecedores de alimentos para as refeições cotidianas. Ademais, tais fatores, acrescidos da convivência estreita que os paulistas mantiveram com os indígenas, favoreceram as trocas culturais que ocorreram entre os produtos e hábitos europeus com aqueles utilizados e transmitidos pelos naturais da terra: "Com estes, os adventícios apreenderam, por exemplo, a retirar o veneno da mandioca brava e a espremer seu caldo para a confecção da farinha. Na falta de sal, os colonos moqueavam as carnes e peixes ou as secavam ao sol para melhor preservá-las".[28] Contudo, isso não significou para a historiadora que tivesse ocorrido, por parte do colono, uma abdicação da sua bagagem cultural, pois em momento algum ele abandonou seus hábitos alimentares, mantendo-os sempre que possível.

Sob este mesmo viés do universo privado, o tema da alimentação dos paulistas também foi abordado por Laura de Mello e Souza em seu artigo sobre

---

26 Leila Mezan Algranti. "À mesa com os paulistas: saberes e práticas culinárias (séculos XVI-XIX)". *XXVI Simpósio Nacional de História*: ANPUH: 50 anos, Universidade de São Paulo, jul. 2011, p. 1-2.

27 *Ibidem*, p. 2.

28 *Ibidem*, p. 8.

a vida cotidiana nos caminhos, nas fronteiras e nas fortificações.[29] No entanto, diferentemente de Leila Algranti que prioriza o espaço doméstico, Laura de Mello e Souza, de modo inovador, trata dos hábitos alimentares paulistas em suas jornadas pelo sertão. A mobilidade, para a autora, teria tido um papel fundamental na constituição da identidade do paulista que, desde os primórdios de sua sociedade, mantinha constante contato com o sertão. Na verdade, para esta historiadora, grande parte da colonização da América Portuguesa se passou nos espaços abertos dos sertões ignóbeis, longe dos domínios estáveis das grandes propriedades litorâneas. Com o intuito de entender como os colonos conseguiram sobreviver neste contexto, Laura de Mello e Souza busca em Sérgio Buarque de Holanda sua maior inspiração: Se nos primeiros tempos, a adoção de um modo de vida indígena é a principal estratégia de sobrevivência posta em prática, conforme o processo colonial avançava, dava-se o surgimento de hábitos compósitos até que, por fim, ocorreu a adoção de hábitos europeus.[30]

Desta forma, para a autora, o desenvolvimento de hábitos alimentares próprios, sobretudo, herdados dos negros da terra foi fundamental para a sobrevivência dos paulistas: a caça, a pesca, a coleta, a pilhagem, além da plantação de roças de subsistência – especialmente de milho e de feijão – foram as maneiras encontradas para se alimentar. Quando nenhuma destas alternativas se mostrava possível, eles comiam animais que a princípio podiam parecer repugnantes ao paladar europeu, tais como cobras, lagartos, formigas etc. Mas, mesmo nas lonjuras do sertão, os paulistas buscavam manterem-se fiéis aos hábitos que tinham em condições normais, principalmente os de origem europeia. Para temperar o peixe, por exemplo, "lastimavam a falta de azeite e do vinagre, retidos com o carregamento que não chegava, e buscavam novos atrativos para o paladar".[31] Assim, o que nos salta aos olhos no trabalho em questão é a ideia de que desde os primeiros anos de vivência na America Lusa, os colonos tentavam reproduzir os hábitos cotidianos, aos quais estavam acostumados na intimidade de sua vida doméstica.

---

29   Laura de Mello e Souza. "Formas provisórias de existência: a vida cotidiana nos caminhos, nas fronteiras e nas fortificações". In: Laura de Mello e Souza (org.) *Cotidiano e vida privada na América Portuguesa*. São Paulo: Companhia das Letras, 1997 (Coleção *História da Vida Privada no Brasil*, v. 1).

30   *Ibidem*, p. 46.

31   *Ibidem*, p. 59.

Enfim, percebe-se através desta breve análise historiográfica que algumas ideias se consolidaram acerca dos hábitos alimentares dos paulistas. Dentre essas, merece destaque especial a diferenciação da alimentação local, que por sua vez está relacionada com a produção policultora, com a incorporação empreendida pelos paulistas da cultura alimentar indígena, com a mobilidade e, por último, com a presença da cultura do milho. Diante disso, nossa proposta é estudar as práticas alimentares dos paulistas, com o intuito de aprofundarmos nosso conhecimento em torno dessas "imagens cristalizadas". Apesar de trabalharmos a cultura alimentar como um todo, não podemos perder de vista que nosso principal objetivo é chegar a um quadro mais definido sobre os significados econômicos e culturais do complexo do milho.[32] Assim, se desejamos entender qual o papel ocupado por este alimento na cultura alimentar paulista, se faz imprescindível estudá-lo não só no âmbito da subsistência doméstica, mas também no processo de mercantilização da economia de abastecimento, visto que seria esta a função da vila dentro da economia colonial. Será sobre este ponto que voltaremos nossa atenção agora.

Os alimentos na economia de abastecimento paulista

Há um consenso entre os principais representantes da historiografia de São Paulo colonial que a região apresentava características sociais, econômicas e culturais específicas que a marcaram definitivamente, a ponto de diferenciá-la das demais da América Portuguesa. Segundo Sérgio Buarque de Holanda, apesar de as diferenças atribuídas à sociedade paulista terem um caráter relativo e delas não ser permitido tirar nenhuma conclusão definitiva, a especificidade atribuída à região estava relacionada em grande parte ao contato íntimo que se estabeleceu em seus domínios entre adventícios e população nativa. Para o autor, a ação colonizadora pôde se desenvolver com mais liberdade através de uma contínua adaptação às condições do meio. Lentamente, os portugueses impuseram seus costumes, técnicas e tradições, porém segundo as próprias palavras do autor: "com a consistência do couro, não a do ferro ou do bronze, dobrando-se,

---

32 De fato, o milho nos permitiu aprofundar nosso conhecimento em torno de tais imagens, uma vez que o estudo de sua cultura perpassa necessariamente pelos temas da mobilidade, do intercâmbio cultural e da economia "policultora".

ajustando-se, amoldando-se a todas as asperezas do meio".[33] Ademais, para o mesmo autor, a vocação paulista, diferentemente do que acontecia nas demais capitanias da Colônia, estaria no caminho que convida ao movimento e não no sedentarismo característico dos indivíduos que viviam circunscritos dentro dos domínios das grandes propriedades rurais.[34] A mobilidade, para Sérgio Buarque de Holanda, tão característica do povo do Planalto paulista, estava condicionada em grande parte a certa insuficiência do meio em nutrir os ideais de vida estável: "distanciados dos centros de consumo, impossibilitados, por isso, de atrair em grande escala os negros africanos, deverão eles se contentar com o braço indígena, com os negros da terra; para obtê-los é que serão obrigados a correr os sertões inóspitos e ignorados".[35]

Trabalhos posteriores sobre São Paulo colonial[36] fizeram ressalvas acerca da ideia, tão recorrente, da carência de recursos enquanto um dos principais motivos que impulsionaram as atividades sertanistas. Seus autores apontam que, desde a primeira metade do século XVII, apesar das diferentes alternativas econômicas oferecidas aos moradores, a vila de São Paulo encontrava-se em um período de desenvolvimento econômico, articulando-se cada vez mais com outras partes da América Portuguesa através da produção e comercialização de alimentos. Além disso, a vida sertanista, com as constantes idas ao sertão, também é questionada em favor da ideia de uma sociedade sedentária, assentada em torno das atividades da lavoura comercial. Muitos bandeirantes, ao retornarem ao planalto, diminuíam ou mesmo abandonavam suas carreiras de sertanistas para se dedicar às atividades agrícolas e de criação de animais.[37] Durante os seus dois primeiros séculos de existência, há relatos que apontam a existência de uma

---

33 Sérgio Buarque de Holanda. *Monções*. 3ª ed. São Paulo: Brasiliense, 1990, p. 16.

34 *Loc. cit.*

35 *Loc. cit.*

36 Ver John Manuel Monteiro. *Negros da terra: índios e bandeirantes nas origens de São Paulo*. São Paulo: Companhia das Letras, 1994; Ilana Blaj. *A trama das tensões: o processo de mercantilização de São Paulo colonial (1681-1721);* Tese de doutorado – FFLCH-USP, São Paulo, 1995; Milena Fernandes Maranho. *A opulência relativizada, op. cit.* e a tese de doutorado O *Moinho e o engenho, op. cit.*

37 John Manuel Monteiro. "O guarani e a história do Brasil meridional séculos XVI-XVII". In: Manuela Carneiro da Cunha (org.). *História dos índios no Brasil*. São Paulo: Companhia das Letras/ Secretaria Municipal da Cultura, 1992, p. 494.

diversificada produção alimentar nos campos de Piratininga, fato que saltava aos olhos dos viajantes:

> é regaladíssimo este país de muitas flores e frutas de Portugal, das quais fazem aqueles moradores diversas conservas, e dos marmelos as mais finas marmeladas e já de presente excelente geleia. Abunda de muitos gêneros de mimosas carnes e caças gostosíssimas; cultiva no seu termo muitas quintas deliciosas; tem no seu recôncavo e nos de algumas das suas vilas grandes searas de trigo, cujo grão é maior e mais alvo que o de Europa.[38]

Para além do caráter laudatório da edilidade dos campos de Piratininga, deve-se ressaltar que o relato nos dá subsídios para pensarmos a fertilidade das terras que os colonos encontrariam nas regiões do Planalto e que teriam se tornado ambiente propício para o desenvolvimento de uma lavoura voltada para o mercado. Mesmo aqueles historiadores que apregoaram a pobreza econômica de São Paulo seiscentista, não deixaram de atentar para a abundância daquelas terras e dos víveres nelas produzidos. São visíveis os esforços feitos tanto pelos colonos, como pela própria metrópole, desde o início do estabelecimento da ocupação portuguesa naquela região, para que a produção extrapolasse os limites da mera subsistência local. Entretanto, para que houvesse a expansão da base produtiva e, por conseguinte, a constituição de uma empresa colonial na região de Piratininga, desde cedo os paulistas perceberam que um fator seria essencial: a colaboração de um grande contingente de mão obra indígena. Esta necessidade foi inicialmente suprida através de alianças estabelecidas com grupos tupis locais. Porém, de acordo com John Monteiro, o fato de estes indígenas fornecerem cativos e provisões apenas de maneira limitada e esporádica teria sido um dos principais motivadores da marcha da expansão europeia em direção a escravidão destes povos. Assim, com o intuito de obter cativos para serem empregados nas mais diversas atividades no Planalto, os paulistas, desde fins do XVI, lançaram-se em expedições rumo ao sertão.[39]

---

38 Sebastião Rocha Pita. *História da América Portuguesa (1730)*. Belo Horizonte: Itatiaia; São Paulo: Edusp, 1976, p. 69.

39 John Manuel Monteiro. *Op. cit.*, 1994a, p. 57-58.

De acordo com John Monteiro, a sociedade luso-americana presenciou, no alvorecer do XVII, um rápido desenvolvimento da economia açucareira nas regiões litorâneas que, por conseguinte, "fez surgir nas zonas secundárias oportunidades para criadores de gado e produtores à demanda do emergente circuito comercial, direcionando sua economia para atividades ligadas ao abastecimento alimentar".[40] Durante os primeiros tempos, apesar da ampla diversidade de plantações que vicejavam nos arredores da vila, onde se associavam gêneros nativos aos adventícios, em especial os últimos se destacavam na comercialização com as regiões litorâneas. Várias foram as espécies europeias aclimatadas em São Paulo, tais como a vinha, o marmelo, as figueiras, dentre tantas outras frutas e legumes. No entanto, uma em especial, mereceu os esforços dos colonos: o trigo.

Embora nas três primeiras décadas do XVII, este cereal já marcasse presença na agricultura paulista, foi somente no período compreendido entre os anos 1630-1680, que sua lavoura teria encontrado o auge de seu desenvolvimento. Segundo John Monteiro, tal fato explicar-se-ia pela alta concentração de escravos indígenas neste período, que permitiram não só que a produção se desenvolvesse em larga escala, mas que fosse transportada para outras partes da América Portuguesa. De fato, o desenvolvimento das searas de trigo não encontrou muitos empecilhos, se levarmos em consideração que as técnicas de cultivo do cereal eram simples e não representavam grandes mudanças em comparação com as já utilizadas pelos indígenas. Elas requeriam em específico apenas o uso das foices de segar, que eram inventariadas na documentação por um preço muito baixo. A média em que estas ferramentas eram inventariadas girava entre 20 a 40 réis como testemunham, por exemplo, os inventários de João de Godois Moreira, Amador Giram e Francisco Rodrigues.[41]

---

40 *Ibidem*, p. 100.

41 Inventário e Testamento João de Godois (1651), v. 43, p. 199; Inventário e Testamento de Amador Giram (1659), v. 43, p. 13 e Inventário e Testamento de Francisco Rodrigues (1652), v. 42, p. 39. In: *Inventários e Testamentos: documentos da seção do Arquivo Histórico*. São Paulo: Divisão do Arquivo do Estado de São Paulo. Embora ao trabalharmos esses documentos, não objetivamos privilegiar nenhum grupo social em específico, acabamos selecionando os inventários de pessoas mais abastadas, onde estão arrolados uma maior quantidade de bens, como móveis, utensílios de mesa e cozinha, mantimentos, plantações e animais. A opulência presente nestes inventários, mesmo que 'aparente', direcionou nossa escolha, já que a chance de encontrarmos neles bens referentes ao universo de mesa e cozinha e alimentos seria ainda maior. De acordo com um estudo realizado por Milena Maranho sobre os níveis de vida em São Paulo do século XVII, a opulência de alguns inventários

A produção em larga escala não requeria muita aplicação de capital, se não fosse pela necessidade de mão de obra indígena. Seja no aumento da produção, ou no transporte para outras regiões, a existência de um vasto plantel de cativos era o que vetava os produtores de atingir os grandes mercados, pois segundo John Monteiro, "das searas aos moinhos e dos moinhos às vilas, o transporte inteiro ficava basicamente por conta de carregadores índios e canoas".[42] Nos inventários em que encontramos trigo sendo produzido em larga escala, este gênero estava associado à presença de uma larga quantidade de ferramentas e de um grande plantel de escravos. É o caso de Maria Bicudo, moradora de Santana de Parnaíba, que possuía 23 foices de segar trigo em seu inventário e declarava ter créditos a receber da venda de carregações de farinha para outras regiões, inclusive de seu filho. A estes indícios de produção, acrescente-se um plantel de aproximadamente 100 cativos.[43] Se pensarmos que uma grande fazenda produtora podia ter arrolado de 25 a 40 enxadas, este número de foices específicas

---

pertencentes aos paulistas pode ser relativizada mediante a análise das dívidas presentes nestes documentos. Tais dívidas, cobradas no momento em que o inventário era realizado, diferenciavam o valor dos bens do valor do espólio final. De acordo com a autora, tal diferenciação foi constatada a partir da ideia de que "no valor do espólio final, todos os gastos citados eram descontados ou acrescentados ao montante, mesmo que as dívidas a receber só fossem pagas ao inventário tempos depois. A inclusão desses itens na soma do inventário mudava o perfil econômico do montante, inicialmente caracterizado pela soma do valor dos bens". Ainda de acordo com a autora, se as dívidas fossem pagas enquanto o inventariado estivesse vivo, "sua condição econômica, marcada de forma aparente pela opulência ou pela quantidade de bens, estaria definitivamente desvendada". (Milena Fernandes Maranho. *Op. cit.*, 2010, p. 73-74). De qualquer forma, nosso trabalho com esta documentação consistiu primeiramente em visualizar se os indivíduos desenvolviam ou não atividades ligadas à produção agrícola ou à criação de animais. Num segundo momento, pretendemos discernir, a partir dos indícios sobre a produção, quais alimentos eram consumidos e quais eram destinados à comercialização. No entanto, devido à falta de referências claras, tivemos que nos ater às descrições relativas às quantidades dos produtos presentes e das ferramentas utilizadas em seu cultivo. Ao lado deste, outro fator que usamos como demonstrativo do destino da produção é a análise do valor dos produtos. As descrições de negócios encontradas nesta documentação, principalmente no item referente às dívidas e suas quitações, também nos apontam caminhos para aferirmos a importância ocupada por cada gênero no processo de mercantilização da economia de abastecimento. A partir das descrições dos mantimentos, das plantações e também dos utensílios arrolados foi possível obter informações sobre o consumo e a produção dos moradores do Planalto e, neste sentido, dos alimentos que estavam sendo cultivados tanto para sua própria subsistência, como também para a comercialização.

42 John Manuel Monteiro. *Op. cit.*, 1994a, p. 117 e 122.
43 Inventário de Maria Bicudo (1660), v. 14. In: *Inventários e Testamentos, op. cit.*, p. 64.

para o trabalho de trigo parece relevante. Outro exemplo da dependência entre a produção e a mão de obra indígena é sugerido pelo inventário de Marcelino Camargo, onde encontramos, na fazenda em Tremembé, a presença de um moinho associado a um grande número de escravos – 127 índios e 14 negros.[44] A indispensabilidade dos índios na viabilização do transporte ao longo do XVII é atestada também pela documentação das *Atas da Câmara Municipal*, em que são de fato recorrentes as menções aos carregamentos feitos por escravos que partiam de São Paulo para os mais diversos destinos, desde o litoral até às regiões interioranas. Com relação ao abastecimento dessas últimas regiões, nos deparamos com requerimentos feitos pela Coroa, solicitando índios para transportar matalotagem, como no dia 23/08/1686, data em que os oficiais da Câmara se reuniram a pedido do Governador Dom Rodrigo de Castel Blanco para "tratar de ajuntar os índios que estivessem livres da peste que de presente corre para comboiarem trigo que é pedido a terra nova e a volta trazerem a fábrica necessária para o descobrimento de prata de que mandaram fazer este termo".[45]

A farinha de trigo foi a grande protagonista das transações comerciais durante os vinte primeiros anos contemplados por nossa pesquisa (1650-1670). Sua confecção para fins comerciais necessitava, entretanto, da presença do moinho de água, equipamento de origem europeia, utilizado na moagem do cereal. De acordo com Sérgio Buarque de Holanda, a partir do segundo quartel do Seiscentismo, o florescer da triticultura é sugerido pelo número significativo de concessão de licenças aos paulistas para a instalação de moinhos na vila e em seus arredores.[46] Na documentação por nós consultada, entretanto, este equipamento

---

44 Inventário de Marcelino Camargo (1684), v. 2 In: *Inventários e Testamentos, op. cit.*, p. 481.

45 *Actas da Câmara da Vila de São Paulo*, v. 7. São Paulo: Publicação Official do Archivo Municipal de S. Paulo, 1915, p. 66. Devemos informar que o trabalho com este corpo documental consistiu na leitura, bem como no fichamento e na coleta de informações referentes a todas as sessões ocorridas ao longo dos 100 anos do nosso recorte temporal. Tais informações foram fundamentais para o trabalho aqui desenvolvido, na medida em que apontaram o papel de determinados gêneros na economia, indicando quais alimentos eram destinados ao consumo interno e aqueles que serviam para o comércio com outras regiões do território luso-americano. A importância ocupada por alguns alimentos na economia de abastecimento da vila e na subsistência da população pôde ser inferida a partir das seguintes informações que essas fontes encerram: pedidos de envios de mantimentos para socorro de outras localidades, ações dos camaristas visando sanar a carestia de determinados gêneros e, por fim, reclamações do povo sobre a falta dos mesmos.

46 Sérgio Buarque de Holanda. *Op. cit.*, 1994, p. 176.

se fez presente em apenas cinco inventários consultados. A baixa frequência com que nos deparamos com os moinhos em nossa documentação se explica pelo fato de que as licenças para a sua instalação eram concedidas pela Câmara Municipal apenas a alguns homens de grosso cabedal, que obtinham o privilégio do próprio donatário da capitania de São Vicente. Depois de recebida a licença, além do investimento na obtenção da aparelhagem, os proprietários dos moinhos tinham que arcar anualmente com o tributo pelo funcionamento do mesmo, o que tornava o custo muito alto para aqueles que o possuíam, sendo, por isso, pouco vantajoso nos sítios das roças, nos quais não houvesse produção em larga escala que permitisse seu uso regular e constante.[47]

Devido a tais restrições, os produtores que não tinham acesso à moagem eram obrigados a fazer a debulha e a limpeza do cereal em seus próprios sítios, enviando-o depois para algum fazendeiro que possuía o equipamento, pagando, assim, pelo serviço.[48] Além disso, os produtores tinham a opção de vender o trigo *in natura* para os comerciantes que o levavam para regiões litorâneas. Provavelmente, o agricultor Francisco Pedroso Xavier teria escolhido uma dessas duas opções, pois em seu inventário, datado de 1680, encontramos "uma tulha de trigo em palha em sua avaliação que terá cento e trinta alqueires",[49] mas ele, por sua vez, não possuía em sua propriedade o equipamento para proceder a moagem desta grande quantidade de grãos.

Não é de se estranhar que a cultura do trigo tenha sido a grande responsável por transformar São Paulo, nas palavras de John Monteiro, no verdadeiro *celeiro do Brasil*. De fato, durante os anos de 1650-1680, sua lavoura ainda estava em alta e a comercialização do trigo foi a que mais se destacou na descrição de negócios nos *Inventários e Testamentos* consultados. Assim verificamos no testamento de Antonio Bicudo de Brito, no qual ele declarou ter a receber créditos da venda de trigo no Rio de Janeiro, para onde ele enviara:

> 50 cargas de farinha de trigo em duas carregações, a saber: uma de 90 e pouco mais ou menos destas se venderam a

---

47 Ibidem, p. 178.
48 De acordo com Milena Maranho, o valor podia variar bastante, porém, em 1619, os camaristas acordaram que os senhores de moinho não deviam receber mais que um alqueire para cada oito alqueires de grãos moídos (Milena Maranho. *Op. cit.*, 2006, p. 161).
49 Inventário de Francisco Pedroso Xavier (1680), v. 20. In: *Inventários e Testamentos, op. cit.*, p. 291.

dois cruzados a arroba. Da última carregação que foram 64 cargas, ao preço de 5 tostões a arroba, e tudo está em poder de Manuel da Silva Salgado, do qual recebi de toda esta carregação o valor de 147.000 em fazenda.[50]

O principal destino da produção das searas paulistas eram as regiões litorâneas, para onde o trigo era enviado com o objetivo de atender não só às "necessidades" das elites que nelas habitavam, mas também das frotas marítimas.[51] Com este intuito, o trigo foi requisitado diversas vezes pelo governo metropolitano ao longo do período estudado, como se pode observar no dia 31/12/1679, em que os oficiais se reúnem para "conseguir as diligências que o príncipe ordena; entre as quais se encontram os pedidos de 3 mil alqueires de farinha de trigo, 300 arrobas de carne e 100 alqueires de feijão".[52] Devido à grande quantidade de alimentos requerida pelas autoridades, pode-se imaginar que a região já estivesse acostumada a atender as necessidades da população colonial, sendo a primeira opção das autoridades coloniais quando havia necessidade. O fato de recair sobre São Paulo o dever de socorrer com mantimentos as demais regiões da América Portuguesa, ajuda-nos a entender a recorrência com que encontramos estes pedidos na documentação, e, por conseguinte, os esforços dos camaristas para atendê-los:

> Sobre as farinhas de trigo se fixarão quartéis e passarão precatórias na vila de Santana de Parnaíba para que outrossim com 1500 alqueires e no distrito desta vila com outros tantos que fazem quantia de 3 mil alqueires para se passarão quartéis e se mandarão fixar nas ermidas e capelas distantes 5 léguas desta vila nos bairros onde se lavram trigo para que seja acudida em tempo limitado.[53]

Apesar de o trigo ter sido o maior responsável pela mudança da paisagem econômica da região, ao lado dele, outros produtos tiveram papéis imprescindíveis

---

50 Inventário e Testamento de Antonio Bicudo de Brito (1687), v. 26. In: *Inventários e Testamentos, op. cit.*, p. 185.

51 Apesar de encontrarmos menções às cidades de Rio de Janeiro e Bahia como destino das carregações, Santos foi sem dúvida o principal destino dos carregamentos de mantimentos. Deste porto, eles eram repassados para as outras capitanias, através dos núcleos litorâneos.

52 *Actas da Câmara da Vila de São Paulo*, v. 6, *op. cit.*, p. 496.

53 *Loc. cit.*

no comércio com as demais localidades da América Lusa. Desses, de importância também cabal, temos a farinha de mandioca.[54] Segundo mantimento mais registrado na documentação consultada, o produto foi constantemente arrolado na descrição de negócios, na cobrança ou no pagamento de dívidas advindas de seu comércio, em nível interno e externo. Sobre o primeiro, muitos inventários consultados foram elucidativos.[55] Por exemplo, no de Ana da Costa, encontramos várias menções à comercialização da farinha de mandioca na região. Uma dessas foi feita pelo filho da inventariada, Gaspar Borges, que declarou a venda de 50 arrobas de farinha (a 600 réis a arroba), o que contabilizou um montante de 30.000 réis para a falecida.[56] No que tange ao comércio com outras regiões, o testamento de André Mendes nos ofereceu informações, pois o testador pediu que se entregassem 15 alqueires de farinha em Cubatão que tinha sido vendida a Luis da Costa.[57] A análise do inventário de Lucrécia Leme também nos permitiu perceber que os destinos de grande parte da produção eram as regiões litorâneas, pois consta no rol de dívidas a receber um crédito de 90.000 de umas farinhas vendidas em Santos.[58]

A referência a toda uma série de apetrechos ligados ao beneficiamento da mandioca, como a prensa e a roda de ralar, aponta para uma produção que extrapolava a esfera da mera subsistência doméstica. Ambos os equipamentos, de procedência europeia, foram transportados para o novo continente e passaram a ser utilizados no lugar dos instrumentos indígenas, como era o caso do tipiti e dos raladores, respectivamente. Por meio da análise dos inventários e testamentos do século XVII, percebemos que tanto a prensa quanto a roda de ralar aparecem discriminadas em inventários, cujo destino da produção extrapolaria o mero âmbito da subsistência familiar. Em muitos domicílios em que encontramos a presença das prensas é perceptível que o destino da farinha era a comercialização, tal o caso de Sebastiana Leite da Silva que possuía em seu sítio da roça em Juquiri, uma prensa de lagar e no rol de rendimentos da fazenda várias somas

---

54 Milena Fernandes Maranho. *Op. cit.*, 2006, p. 83.
55 Inventário de André Mendes Ribeiro (1652), v. 45 p. 23; Inventário de João de Godois Moreira (1650), v. 43, p. 199; Inventário de Fernando de Oliveira (1653), v. 45, p. 140 e, por fim, Inventário de Ana da Costa (1651), v. 42, p. 13. In: *Inventários e Testamentos, op. cit.*
56 Inventário de Ana da Costa (1651), v. 42. In: *Inventários e Testamentos, op. cit.*, p. 19.
57 Inventário de André Mendes Ribeiro (1652), v. 45. In: *Inventários e Testamentos, op. cit.*, p. 51.
58 Inventário de Lucrecia Leme (1681), v. 26. In: *Inventários e Testamentos, op. cit.*, p. 128.

provenientes do comércio de farinha de guerra.⁵⁹ Esta sugestão é potencializada quando a prensa se encontrava inventariada junto com a roda de ralar ou com ralos de cobre. Dessa forma, apareceu no inventário de Catarina do Prado, onde foram encontrados nove ralos *para ralar mandioca* (1 de latão e 8 de cobre) além de duas prensas *com seus aviamentos*, ambos associados a outros indícios de produção de mandioca em larga escala.⁶⁰

Não podemos esquecer que a confecção da chamada farinha de guerra para o comércio demandava menos investimentos se comparada com a do trigo, sendo uma alternativa para aqueles produtores que desejavam inserir-se no rentável circuito mercantil de cultivo de mantimentos – carro chefe da economia paulista colonial – mas não tinham tanto cabedal, nem as prerrogativas necessárias para se lançarem à empresa da triticultura. Além dos empecilhos existentes para obtenção de licenças para a instalação dos moinhos, temos que levar em consideração que as alfaias ligadas ao processamento da mandioca tinham um preço bem mais baixo. O valor médio de uma prensa era 1200 réis e de uma roda girava em torno de 2560 réis.⁶¹ Já os preços atribuídos ao moinho variavam mais, e dos cinco equipamentos por nós encontrados, o valor médio era de 32.000 réis. Esse foi o preço pelo qual foi inventariado o equipamento do sertanista Domingos Jorge Velho.⁶²

O papel importante que a farinha de guerra ou farinha de mandioca seca assumia tanto no comércio local, como naquele desenvolvido com outras localidades, fazia com que a população sofresse constantemente com sua carestia. Os oficiais da Câmara de São Paulo se reuniram numerosas vezes para tratar desse problema, como no dia 08/02/1653, em que foi proibida a venda da farinha de guerra para outras capitanias sob pena de multa de seis mil réis para aqueles que o fizessem. Podemos supor que mesmo a existência de posturas como estas não impediram que, desde o começo do século XVII, as farinhas fossem comercializadas nas regiões litorâneas, fato que exigiu a articulação, segundo Ilana Blaj, de todo "um sistema de produção e distribuição não apenas para o porto paulista, mas

---

59 Inventário de Sebastiana Leite da Silva (1670), v. 17. In: *Inventários e Testamentos, op. cit.*, p. 289.
60 Inventário de Catarina do Prado (1649), v. 15. In: *Inventários e Testamentos, op. cit.*, p. 88.
61 Inventário de Francisco Rodrigues (1652), v. 42. In: *Inventários e Testamentos, op. cit.*, p. 39.
62 Inventário de Domingos Jorge Velho (1671), v. 18. In: *Inventários e Testamentos, op. cit.*, p. 30.

também para outras capitanias, inclusive para a região do Prata".⁶³ A proibição da venda para outras localidades não foi a única estratégia utilizada pelos oficiais para acabar com os problemas advindos do abastecimento de gêneros alimentícios, pois encontramos ações direcionadas para sanar a exorbitância do valor de venda da farinha através da fixação de preços. Assim, no dia 14/10/1651, os camaristas se reuniram para tratar dos preços dos mantimentos que se vendiam e acordaram que fossem notificados a todos os que vendiam farinhas e mais coisas da terra que não o vendessem acima do valor estipulado. O dito procurador do conselho "requereu aos ditos senhores oficiais mandam chamar o almotacel que pusesse nestas vendas que se vendesse e desse as *coisas de comer* pelos preços que eram justos".⁶⁴ Podemos propor que a própria fixação dos preços pela Câmara acabava por acentuar o problema, uma vez que a farinha e outros mantimentos alcançavam preços mais altos nas demais regiões da Colônia, já que podiam fugir das medidas de almotaçaria que eram praticadas em São Paulo.

Como mostrou Ilana Blaj, estes exemplos de tensões ocorridas em torno do abastecimento de gêneros alimentícios foram indicativos de toda uma produção que estava cada vez mais integrada a uma economia de mercado. Tal tese surge de seu trabalho desenvolvido com a documentação da Câmara Municipal, instituição que tinha como função executar as medidas enviadas do Reino e resolver problemas cotidianos locais. Os problemas relativos aos alimentos eram recorrentes nas reuniões dos camaristas, protagonizando grande parte dos litígios ocorridos entre eles e a população. A falta de víveres, a carestia de determinados gêneros e as ações dos comerciantes e atravessadores ao se aliarem à escassez de alimentos e equipamentos presentes nos *Inventários Testamentos*, abriram espaço para que a ideia de pobreza generalizada perdurasse por muito tempo nos estudos a respeito da alimentação em São Paulo colonial.⁶⁵ No entanto, trabalhos como os de John Monteiro e de Ilana Blaj procuraram atenuar tais ideias, revisitando essas duas fontes clássicas para o estudo da vida material dos paulistas.

Seguindo os passos destes historiadores, ao olharmos com mais atenção para as tensões ocorridas a nível mercantil, percebemos que a falta de determinados

---

63 Ilana Blaj. *Op. cit.*, p. 80.
64 *Actas da Câmara da Vila de São Paulo*, v. 5, *op. cit.*, p. 487. Grifo nosso.
65 Leila Mezan Algranti. *Op. cit.*, 2011, p. 1.

alimentos produzidos na vila, bem como sua carestia, não decorriam da inexistência de uma produção local, mas sim estavam ligadas ao contexto inflacionário gerado pela comercialização com outras regiões que, por sua vez, deixava a vila perecendo com a falta deles, tal como visualizamos na sessão de 15/10/1686, onde:

> foi dito pelo procurador do conselho Lopo Roiz Ulhoa ao vereador mais velho pelo qual foi dito que mandassem botar um bando para que todos acudissem com seus mantimentos a esta vila e vendendo-os pelo que puder visto haver falta de mantimentos e perecer o povo na vila o que visto tudo concordaram todos que era bem de que fiz este termo em que se assinarão eu Jerônimo Pedroso D'oliveira, escrivão da Câmara.[66]

Embora este problema fosse uma constante durante todo o Seiscentismo, ele parece ter piorado a partir do último quartel deste século, por causa das expedições, cujo objetivo era a busca de metais preciosos e que consequentemente culminaram no descobrimento de minas na região do atual estado de Minas Gerais, ainda no crepúsculo do século XVII. Neste período, destacaram-se também as expedições de repressão a inimigos indígenas no norte da Colônia. Ambos os empreendimentos emergiram num contexto de esgotamento das expedições apresadoras e foram também protagonizados pelos paulistas, que contavam com a anuência, e por vezes, com o próprio financiamento da Coroa Portuguesa, para colocá-las em prática. Por esse mesmo motivo, as autoridades régias, pelo que se pode observar da leitura das *Atas*, recorreram aos moradores de São Paulo para socorrer com alimentos tais expedições. Um caso ilustrativo desta situação ocorreu no dia 29/04/1673, quando o procurador do senado requereu aos oficiais: "se desse comprimento as ordens que vieram do provedor da fazenda real da Vila de Santos pelas precatórias que vieram, mais requereu que se mandasse botar pelo porteiro, que qualquer pessoa que tiver milho e feijão o traga a esta Vila para se lhe comprar e mandar à cidade da Bahia".[67]

A leitura deste requerimento permite que se vislumbre uma situação que passou a ser cada vez mais frequente a partir da segunda metade do século XVII: a presença do milho em pedidos de envio de mantimentos, principalmente,

---

66 *Actas da Câmara da Vila de São Paulo*, v. 7, *op. cit.*, p. 311.
67 *Actas da Câmara da Vila de São Paulo*, v. 6, *op. cit.*, p. 304.

quando requisitado em situações de emergência, *para ser levado ao socorro* de expedições ou para regiões recém descobertas. Se até o início da década de 1670, não tínhamos encontrado nenhuma informação nas *Atas* acerca deste produto, nem sobre o seu consumo e muito menos sobre sua comercialização, a partir deste momento, elas começaram a aparecer de maneira mais significativa. Assim, o aumento das referências ao milho nas *Atas da Câmara de São Paulo* estava relacionado ao pedido deste mantimento pelos oficiais da Câmara para ser comprado pelas autoridades régias e enviado às expedições sertanistas ou às demais partes da América Portuguesa que, estivessem passando por grande dificuldade. Neste sentido, incluímos o aprovisionamento de tropas em regiões que estivessem passando por algum tipo de conflito. Tal teria sido o caso do pedido supracitado, o qual se direcionaria ao sustento de expedições que se dirigiam aos inóspitos sertões da Bahia, cujo objetivo era fazer guerra ao 'gentio bravo'.

Não obstante o pedido em questão relacionar-se a um projeto maior da Coroa, ele parece não ter surtido o efeito esperado, uma vez que semanas depois, nenhum morador ainda tinha comparecido com os ditos mantimentos nas dependências da Câmara. Isso fez com que os camaristas voltassem a se reunir em 06/05/1673, quando pelo procurador do conselho, "foi dito que de novo requeria, pois não tinha conseguido milho e feijão que se havia pedido aos moradores para se lhe pagar e remeter a vila de Santos e novamente se botasse bando para que os moradores acudirão com os ditos mantimentos".[68]

Embora a recorrência de pedidos como estes possa significar que o milho era produzido pela maioria dos moradores em seus próprios domicílios, para além da mera subsistência, ela está longe de significar a orientação comercial desta lavoura. Acreditamos que a produção de milho em São Paulo nunca chegaria se estabelecer como um empreendimento mercantil, aos moldes como sucedeu com a triticultura, anos antes. E o próprio conteúdo do documento acima nos permite fazer esta assertiva, uma vez que o pedido não estava direcionado aos produtores rurais ou comerciantes, que possuíssem excedentes agrícolas, mas sim aos moradores comuns, que deveriam levar à Câmara os alimentos que produzissem em suas roças. Se caso houvesse uma produção em larga escala, parece

---

68 *Ibidem*, p. 305.

crível que os oficiais não precisassem recorrer às roças ou aos quintais que eram destinadas ao consumo próprio.

O fato é que não devemos nos precipitar frente ao aumento da incidência do milho nas *Atas*, sem antes voltarmos nossa atenção aos *Inventários e Testamentos*. E nesta documentação encontramos apenas duas menções claras à sua comercialização.[69] Estes foram o caso do inventário de Ana da Costa (1651) no qual consta uma dívida de mais de 2 mil e 200 réis referente a compra de milho e o inventário de Lourenço Castanho Taques (1671), no qual ele declara que algumas pessoas estão a lhe dever dinheiro da venda de mantimentos, entre os quais estavam inclusos o milho e o feijão.

Nos dois casos em questão, temos razões para acreditar, com o respaldo dos próprios inventários, que o cereal americano estava sendo comercializado apenas em esfera local. As duas dívidas, seja da compra do milho (Ana da Costa) ou de sua venda (Lourenço Castanho Taques), foram feitas apenas entre os moradores da vila. Infelizmente, exceto por estas informações, tais inventários não forneceram mais dados que nos mostrem o destino dado ao milho. De modo geral, parece ter sido uma tendência destas fontes, silenciar detalhes a respeito deste produto. Percebe-se que elas se limitavam apenas em registrar os grãos que estavam nas roças, sendo difícil avaliá-los sem antes terem sido colhidos. Assim, discernir o quanto da produção era consumida e o quanto foi destinada à comercialização, não foi fácil. Muitas plantações, além de não conterem muitas especificações a respeito das quantidades produzidas ou do valor das mesmas, apareciam apenas sob a denominação genérica de milharais ou milharada.

Cabe dizer que essa não foi uma regra e, eventualmente, tivemos referências a algumas roças de milho avaliadas nos inventários. Como no de Clemente Alveres, datado de 1641, cuja propriedade lista 300 mãos de milho, no valor de 2400 réis. Ainda assim, para avaliarmos o valor que tais roças assumiam frente à economia paulista, foi imprescindível compará-las em relação aos valores que foram atribuídos aos demais cultivos nas propriedades rurais da região. Trata-se de uma tarefa difícil, visto ser necessário fazermos a equivalência das medidas de superfície. Era costume da época, a produção de trigo encontrar-se avaliada nos inventários em alqueires, a mandioca em pedaços e o milho em mãos. Contudo, em algumas situações, este

---

69 Inventário de Ana da Costa (1651), v. 42, p. 13 e Inventário de Lourenço Castanho Taques (1671), v. 18, p. 69. In: *Inventários e Testamentos, op. cit.*

trabalho era facilitado, quando os mantimentos apareciam discriminados sob a denominação de roças. Por exemplo, ao compararmos, num mesmo período, uma roça de milho com uma de mandioca, observamos que o valor máximo atribuído à primeira, nunca alcançava a metade do valor da segunda. Assim, encontramos no inventário de Maria de Oliveira, em que a única roça de milho, não chega a valer nem a metade de qualquer uma das quatro roças de mandioca arroladas.[70]

Conforme se desenrolava o processo de monetarização da economia paulista, os registros dos preços dos milharais no arrolamento dos bens foram se tornando cada vez mais escassos. A partir de meados do século XVII, percebemos que só eram dignos de menção e, sobretudo especificações, os produtos que tinham um alto valor de mercado. Isso encobriria os gêneros comezinhos, considerados de uso ordinário pela população, como consideramos que o milho era. O laconismo referente a este alimento nesta documentação, antes de significar a ausência de sua produção, demonstra seu baixo valor comercial e, consequentemente, sua pouca relevância na economia paulista. Na verdade, este silenciamento tinha relação com o fato de ser um alimento de consumo básico, responsável pelo sustento do dia a dia.

Ainda no âmbito da produção agrícola, outro indício presente nos inventários, que nos indica a pouca orientação comercial da lavoura de milho em São Paulo, foi a baixa incidência de equipamentos e utensílios ligados à fabricação ou ao processamento deste alimento nos inventários pesquisados. Nem é preciso dizer que ao lado da grande quantidade de mão de obra indígena, um dos fatores que viabilizava a produção de qualquer gênero agrícola em larga escala, era certamente a posse de um grande número de ferramentas relacionadas ao trabalho com a terra. Percebeu-se que quando encontradas em grande quantidade nas propriedades paulistas, a produção extrapolava os limites da mera subsistência doméstica. Tal teria sido o caso da mandioca e do trigo, mas não do milho.

Ao lado disso, outra causa explicaria a baixa incidência das ferramentas ligadas à cultura do milho na documentação: o fato de seu cultivo não requerer muito trabalho ou mesmo técnicas específicas. De ferramenta básica era necessário apenas o chuço, espécie de bastão de pau, usado para abertura de buracos na terra onde seriam lançadas as sementes de milho. Carlos Borges Schmidt em *O Milho e O Monjolo*, refere-se à simplicidade das técnicas agrícolas usadas no cultivo do milho:

---

70   Inventário de Maria de Oliveira (1628), v. 13. In: *Inventários e Testamentos, op. cit.*, p. 149.

> Depois da derrubada e queima da mata, a semeadura com o auxílio de um pau de ponta, para abrir os buracos onde são lançadas as sementes, o desgaste, quando já alcançado, certo desenvolvimento pelas plantinhas; o dobramento da extremidade superior da planta para que a espiga vire de ponta para baixo, bem assim a maneira de colher e depositar as espigas nos paios construídos de forma determinada são processos já desde muito estabelecidos.[71]

Do ponto de vista do estudo de Carlos Borges Schmidt, o processo agrícola acima descrito deve ser entendido como sobrevivência de técnicas muito antigas, herdadas dos primeiros habitantes americanos. No caso de São Paulo colonial, a lavoura do milho teria que esperar até o Setecentismo para sofrer modificações significativas, momento este que os paulistas abdicaram da herança tupi-guarani e promoveram a *translocação* de técnicas e equipamentos europeus para cultivo e processamento do milho em gênero alimentício. Dos 134 documentos analisados, apenas dois inventários fizeram referência ao pilão. O primeiro deles é o de Mathias Rodrigues da Silva, datado de 1710, no qual encontramos 02 pilões arrolados no valor de 320 réis cada um. O segundo é o de Gaspar de Matos (1735) cujo inventário lista 1 pilão *de pilar milho* inventariado junto aos bens da roça, no valor de 960 réis.[72] Já com relação ao monjolo, não encontramos menção a este aparato nos inventários das propriedades paulistas por nós analisados.

Desse modo, antes de tirarmos qualquer conclusão sobre a pouca referência aos utensílios ou técnicas referentes ao milho na agricultura paulista, temos que levar em consideração o fato de que até o inicio do século XVIII, não tivemos notícias na documentação histórica por nós trabalhada, da transposição de equipamentos europeus ao seu complexo. Assim, a ausência das alfaias ligadas à sua cultura significaria, antes de tudo, que o milho, em grande parte, continuou sendo cultivado, preparado e consumido do mesmo modo que os indígenas o faziam, antes do contato.

Já no que diz respeito aos monjolos, de acordo com Sérgio Buarque de Holanda, as suas primeiras aparições em documentos coloniais remontam ao início do século XVIII, momento que esse teria sido transposto para terras brasileiras

---

71 Carlos Borges Schmidt. *O milho e o monjolo*. Rio de Janeiro: Ministério da Agricultura, 1967, p. 24.
72 Inventário de Mathias Rodrigues da Silva (1710), v. 25. In: *Inventários e Testamentos, op. cit.*, p. 229 e *Inventário e Testamento manuscrito* de Gaspar de Matos, ord. 528, cx. 51, Arquivo Público do Estado de São Paulo.

para o beneficiamento do milho. A principal razão de não termos referências anteriores a tal tecnologia, pode ser explicada pelo pouco uso que a farinha de milho tinha entre os primeiros colonos. Como pretendemos demonstrar nos capítulos que se seguem, acreditamos que os paulistas mantiveram no consumo deste alimento as práticas apreendidas com os indígenas. Ou seja, comiam-no assado, cozido, cru ou sob a forma de *cauim,* bebida feita da fermentação do milho. Seria somente no limiar dos Setecentos que este quadro mudaria definitivamente e, juntamente com o milho, sua farinha adquiriria uma maior importância naquela sociedade, tornando-se indispensável no abastecimento das expedições que partiriam para o interior do continente e no processo de ocupação das regiões recém--descobertas. Neste novo capítulo da faina paulista, como se verá adiante, a farinha de milho assumiria lugar de destaque e, consequentemente, o monjolo.

À medida que o século caminhava pra seu fim, vemos que o milho passa, gradativamente, a ocupar um lugar *modesto e específico* na economia de abastecimento da vila. Modesto, em comparação com outras atividades produtivas desenvolvidas no Planalto, tais como a pecuária e, sobretudo, a triticultura, cujo comércio foi o carro-chefe da economia de mercado que se desenvolveu em São Paulo por quase meio século. Devido ao número ínfimo de vestígios encontrados em nossa pesquisa documental sobre sua produção e comercialização, acreditamos que jamais a lavoura de milho tenha chegado às proporções que a do trigo tivera no processo de mercantilização econômica da vila. E, quando dizemos isso, estamos nos referindo em grande medida ao valor de mercado relativamente baixo se comparado aos demais gêneros produzidos localmente.

Específico, no que diz respeito ao contexto ao qual o milho estava envolvido, direcionado ao abastecimento de expedições ou de regiões recém povoadas pelos paulistas. Dito de outro modo, na incumbência de alimentar indivíduos que estivessem passando por situações específicas de vida provisórias. De qualquer forma, a maior visibilidade que o milho teria na virada do século não pode ser desvinculada das mudanças que se abateram sobre a economia de São Paulo a partir da reorientação das atividades agrícolas, na qual o trigo foi perdendo o seu lugar de destaque para dar espaço a outros produtos, tais como as carnes, o fumo, a aguardente, o feijão e o milho. O declínio da lavoura de trigo, segundo Sérgio Buarque de Holanda, se explicaria pelo déficit de mão de obra que afligiu a região do Planalto em fins do século XVII devido ao seu escoamento para as áreas mineratórias.[73] Na sessão da Câmara ocorrida no dia 04/03/1703 podemos perceber como este problema estava afetando o bem comum do povo. Dada início a reunião, surgiu o administrador dos índios, o capitão-mor Izidoro Inácio de Sá, e declarou que era

> informado que muitas pessoas levavam índios para as minas contra uma ordem do tenente general Artur de Sá e Meneses em que proíbe que nenhuma pessoa leve índios para as minas sem licença especial desta câmera (...) mandarão se fizesse a diligência com a pessoas que levassem índios para as minas por ser em utilidade deste povo e convir ao serviço de sua majestade.[74]

As constantes reclamações por parte da população sobre o realocamento dos cativos incitaram toda uma série de diligências por parte das autoridades tentando impedir sua saída o que, no entanto, não evitou o problema em questão. Para agravá-lo, deve-se acrescentar a decadência das expedições apresadoras, responsáveis pelo fornecimento de mão de obra e, portanto, fundamentais para o desenvolvimento de uma agricultura comercial em larga escala. Ademais, por volta de 1670, devido ao desgaste das terras, decorrente dos sucessivos anos de plantio, as fazendas responsáveis pela produção de trigo já estavam situadas cada vez mais distantes do núcleo principal da vila.[75] Tal situação dificultava ainda mais a manutenção da mercantilização desta lavoura, uma vez que ela só compensaria aos produtores que "possuíam grande plantéis, ou que, pelo menos, tivessem recursos suficientes para arcar com o crescente custo do transporte".[76] Posto que o transporte ficava a cargo dos cativos indígenas, podemos imaginar como a sua diminuição não repercutiu no aumento dos custos da produção.

Portanto, as mudanças que se abateram nos rumos da agricultura paulista após descobrimentos auríferos, se acarretaram, por um lado, um baque nas

---

73 Sérgio Buarque de Holanda. *Op. cit.*, 1994, p. 178.
74 *Actas da Câmara da Vila de São Paulo,* v. 8, *op. cit.*, p. 47.
75 Fernand Braudel já atentou para o fato de que o trigo não podia ser cultivado dois anos em uma mesma terra sem grandes danos: "Na Europa, onde quer que se cultive, o trigo é deslocado de um ano para outro. Tem que ter à sua disposição um espaço duplo ou triplo da superfície que ocupa, conforme pode voltar aos mesmos solos de dois em dois ou de três em três anos" (Fernand Braudel. *Op. cit.*, p. 90).
76 John Manuel Monteiro. *Op. cit.*, 1994a, p. 126.

atividades dantes praticadas, abriram, por outro, novas oportunidades de negócios, relacionadas à nova função que coube à São Paulo no circuito mercantil colonial: prover de produtos e alimentos os indivíduos que se lançaram ao descobrimento de metais e pedras preciosas. No que tange a produção de alimentos, como aponta John Monteiro, restaram aos agricultores, apenas duas opções: "A primeira (...) residia na reorientação da produção para mercadorias cujo valor compensava o alto custo do transporte. A segunda envolvia a organização de unidades agrícolas nas imediações das próprias minas".[77] É preciso ter claro que houve mudanças nos produtos envolvidos nas transações comerciais. Produtos como aguardente, fumo, gado, bem como gêneros molhados provenientes do Reino (vinho, vinagre, azeite) passaram a ganhar cada vez mais espaço nas transações comerciais, pois além de extremamente necessários, o alto valor destas mercadorias compensaria os custos no transporte, que eram vertiginosamente inflacionados por conta das longas distâncias até os núcleos mineratórios e da escassez de cativos indígenas.

Seja como for, como bem pontuou John Monteiro, as expressivas modificações que se abateram sobre o comércio de alimentos na virada do XVII, nunca chegaram a redundar num total abandono da policultura pelos paulistas, uma vez que alguns produtores rurais ainda continuaram neste ramo. Os que permaneceram no Planalto situaram-se em lugares mais afastados do núcleo principal da vila. Contudo, a esmagadora maioria estabeleceu-se em paragens ao longo dos caminhos ou ao redor das Minas. Nestes locais, plantavam quase que exclusivamente milho para vendê-lo aos colonos que passavam diariamente pela região ou que por lá se fixavam. Daí, neste contexto, o silêncio que antes envolvia os gêneros da terra é posto de lado, em favor do aumento da incidência tanto do milho quanto do feijão na documentação histórica. Para entendermos tal mudança de foco, temos que levar em consideração o caráter das culturas nativas em questão, sobretudo a da primeira. Sua lavoura atendia às necessidades de deslocamento rápido e a adaptação a um novo meio que a corrida para as minas requeria. A julgar pela presença disseminada do milho nas crônicas, correspondências e relatos de viagens parece crível a maior rentabilidade e viabilidade que ele veio a ocupar na sociedade paulista no alvorecer do século XVIII.

---

77 *Ibidem*, p. 225.

A partir deste momento, é provável que a lavoura de milho se apresentasse aos olhos dos produtores rurais como a opção mais viável frente aos demais cultivos. Primeiramente, porque o milho era uma planta pouco dispendiosa, não exigia uma grande área de cultivo, muito menos um alto investimento de capital em sua produção, em termos técnicos ou de mão de obra. Ao mesmo tempo, era um alimento fácil de transportar, podendo ser levado em grãos, não ocupando, por isso, muito espaço nos carregamentos. O fato de não requerer muita mão de obra ou maiores cuidados no transporte, traduzir-se-ia em menores custos financeiros, que por sua vez, tornava-o mais acessível no comércio estabelecido com as novas localidades. Entretanto, as mesmas características rústicas que não exigiam muito gasto ou cuidado nesta lavoura, restringiam o seu valor de mercado, diminuindo as perspectivas de ganho.

Não resta dúvida que isso jamais esmoreceu o papel estratégico ocupado pelo milho na subsistência ordinária da população. As características imanentes à sua cultura, tomada quase sem nenhuma alteração dos antigos naturais da terra, nos ajudam a entender porque o milho se mostrou marcante nos pedidos de mantimentos relacionados a situações de emergência e, especialmente, nos caminhos que nossos protagonistas percorreram rumo a regiões cada vez mais longínquas. Diante disso, cabe agora nos voltarmos para os vestígios da presença do milho no abastecimento dessas tropas num contexto de mobilidade, onde acreditamos ter residido a importância deste gênero na economia de abastecimento paulista.

O milho no abastecimento das expedições sertanistas e das regiões recém-descobertas

Como visto anteriormente, a maior visibilidade que o milho parece ter adquirido, a partir das últimas décadas do século XVII, estaria relacionada não só com as mudanças que se abateram sobre a lavoura comercial, mas principalmente com o aumento das expedições que partiram ao descobrimento das minas.[78] Não podemos perder de vista que já em *Monções* e *Caminhos e Fronteiras*

---

78 Embora a fase de exploração aurífera nas possessões portuguesas tenha sido inaugurada, a partir de 1693, com a descoberta por Antônio Rodrigues Arzão de jazidas significativas de ouro no território do atual estado de Minas Gerais, o projeto de busca de pedras e metais preciosos pode ser

tínhamos encontrado pistas que apontavam nesta direção. Nestas obras, Sérgio Buarque de Holanda defendeu a ideia de que a gramínea indígena teria se firmado como base da alimentação dos paulistas, principalmente por causa da mobilidade advinda das expedições sertanistas. No entanto, para fundamentar sua hipótese, o autor usou sobremaneira de informações referentes ao início do Setecentismo, as quais o autor, por conta do laconismo característico da documentação seiscentista, acabou transpondo para o período anterior.

Além das brechas encontradas na tese buarqueana, contribuíram para a formulação de nossa hipótese, os testemunhos presentes em crônicas e nos relatos de viagens que apontaram para um aumento significativo da presença do milho a partir da segunda metade do século XVII. Frente a tal quadro, uma pergunta nos vem à tona: "Se o milho era considerado o principal alimento levado nos mais diversos empreendimentos sertanistas, e se estes já marcavam sua presença em São Paulo desde a primeira metade do Seiscentismo, como explicar o maior destaque que o grão indígena parece ter tido apenas nas expedições dos anos finais do XVII?". A resposta para esta indagação pode ser buscada nas mudanças que se abateram sobre o sertanismo, que a partir da metade deste período tomou novos rumos, seja em termos de orientação geográfica, seja em termos organizativos. Como nos mostra John Monteiro, a partir desta data, a vasta maioria dos empreendimentos passou a ser de pequeno porte, mas com destino a regiões cada vez mais distantes e articulavam-se a dois projetos mais amplos envolvendo a própria Coroa portuguesa: "a repressão de grupos indígenas rebelados no norte da Colônia e a busca de pedras e metais preciosos".[79]

Embora seja possível remontar ao início dos Seiscentos as primeiras bandeiras dedicadas à procura de metais e pedras preciosas, foi somente a partir da década de 1680, no contexto de declínio da economia açucareira, que a Coroa Portuguesa direcionou seus esforços para os empreendimentos prospectivos. E, neste capítulo da história colonial, não há como deixar de mencionar o lugar de

---

remontado ainda ao primeiro século da colonização. Neste sentido, uma das iniciativas mais representativas da Coroa Portuguesa, no período, foi o de Francisco de Sousa. Segundo John Monteiro, "quando governador do Brasil, entre 1591-1601, d. Francisco dedicou-se com afinco à busca de metais e pedras preciosas, devidamente estimulada pela lenda tupiniquim de Itaberaba-açu" (John Manuel Monteiro. *Op. cit.*, 1994a, p. 58-59).

79 Idem. Verbete "*Bandeiras*". *Op. cit.*, p. 98.

destaque de São Paulo. Foi aos paulistas que a Coroa primeiramente recorreu para pôr em prática o bandeirismo de prospecção. As autoridades coloniais queriam valer-se da experiência deles na convivência com o sertão, sobretudo de suas técnicas de sobrevivência. Neste sentido, é indiscutível que para tais expedições terem êxito, devido às distâncias percorridas, foi necessário, mais do que nunca, uma alimentação que se adequasse à mobilidade que estas atividades requeriam e que fosse, ao mesmo tempo, substanciosa. E mais uma vez, as ideias presentes em *Caminhos e Fronteiras* foram imprescindíveis ao trabalho que estamos desenvolvendo. Para o autor, a principal causa de o milho ter se firmado como base da alimentação dos paulistas deveria ser buscada na simplicidade e na rusticidade das técnicas relativas à sua lavoura e elaboração de seus produtos. Não sem razão, estas mesmas características explicariam a centralidade que o milho assumiria na vida sertanista, tão frequente para os habitantes da vila entre os séculos XVII e XVIII.[80]

Entretanto, para entendermos a predominância que o milho assumiria no abastecimento dessas expedições sertanejas, temos que, primeiramente, levar em consideração que os primeiros colonos que se aventuraram nesta empreitada estavam constantemente sujeitos à falta de mantimentos e à exorbitância dos preços que eram vendidos. Em relação a este último problema, podemos encontrá-lo no relato feito pelo mestre de Campo José Rebello Perdigão sobre o descobrimento das Gerais, no qual aponta como uma das principais consequências da desenfreada corrida para minas, o inflacionamento dos preços dos alimentos: "e foi tanta a gente, que concorreu que no ano de 1697, valeu o alqueire de milho sessenta e quatro oitavas, e o mais a proporção".[81] Não é mera coincidência que o sertanista utilize como parâmetro o caso do milho: ele era o principal produto consumido nestas ocasiões e, por isso, o primeiro a ser afetado pela alta dos preços. Ao compararmos o valor do alqueire de milho fornecido por José Rebello Perdigão ao valor de 240 réis que ele atingira em uma compra feita pelas autoridades coloniais, no ano de 1680, podemos ter a dimensão do problema que se abateu sobre os sertanistas no limiar do século XVII para o XVIII.[82]

---

80 Sérgio Buarque de Holanda. *Op. cit.*, 1994, p. 188.
81 "Notícia da 3ª prática que dá ao R. P. Diogo Soares o mestre de campo José Rebello Perdigão, sobre os descobrimentos das Minas Gerais de ouro". In: *Relatos sertanistas*. Introdução, coletânea e notas de Afonso E. Taunay. Belo Horizonte: Itatiaia; São Paulo: Edusp, 1981, p. 173.
82 *Actas da Câmara da Vila de São Paulo*, v. 7, *op. cit.*, p. 75.

Pela mesma época, com o aumento do sertanismo de prospecção, a Coroa respondeu com a criação de uma série de medidas que visavam cuidar dos aspectos organizativos das expedições, em especial àqueles relacionados ao abastecimento das tropas. Isto, pois era comum a notícia de que inúmeros indivíduos abortavam suas expedições por medo de padecer com a falta ou com a inflação dos preços dos alimentos. Com o propósito de evitar que situações como estas se tornassem um empecilho para as atividades exploradoras, visualizamos em 13 de agosto de 1679, a criação do Regimento Dom Rodrigo de Castelo Branco. Esse documento integrava parte da política de incentivo às entradas rumo ao descobrimento das minas e previa a obrigatoriedade dos indivíduos que se lançassem nesta empreitada de plantar roças itinerantes ao longo dos caminhos. Sobre este ponto, visualizamos a seguinte disposição: "Toda pessoa de qualquer qualidade que seja que for ao sertão a descobrimentos será obrigado a levar milho, feijão e mandioca, para poder fazer plantas e deixá-las plantadas, porque com esta diligência se poderá penetrar os sertões, que sem isso é impossível".[83] Podemos supor que o estabelecimento das roças visava garantir uma maior segurança às expedições, para que elas não fracassassem pela falta de provisões alimentares. Assim, no *Regimento*, ainda podemos encontrar a seguinte disposição:

> Algumas pessoas devido a muita falta de mantimentos e gente de lavrar se retiraram e deixaram de suas Minas, as poderão dar as ditas a pessoa que as possam lavrar que tenham fabricas e mantimentos para que com isso não fique o quinto real sem se dar, esse perca por falta de diligência.[84]

Outro exemplo do cuidado que as autoridades coloniais tiveram com o abastecimento das bandeiras pode ser visto através dos recorrentes esforços dos agentes da Câmara de São Paulo tentando disponibilizar aos comboios todos os provimentos necessários: ferramentas, roupas, escravos e mantimentos, sobretudo milho e o feijão. Com este propósito, no dia 30/09/1680, os oficiais da Câmara se reuniram para acertar o envio de suprimentos à recém descoberta colônia de Sacramento. Em secção, foi requerido pelo procurador do conselho aos vereadores

---

83 Pedro Taques de Almeida Paes Leme. *Informação sobre as minas de São Paulo (1772)*. São Paulo: Melhoramentos, (19 -?). p. 130.

84 *Ibidem*, p. 134.

que "mandassem suas mercês botar bando que todos os moradores desta vila mandassem a ela carnes e milho que tivessem para vender para socorrer a Dom. M^el Lopo com os mantimentos que pede, o que tinham recebido mais sem mil reis em dinheiro (…) o que tudo se deu cumprimento".[85] Três meses depois, parece que tal solicitação tinha sido atendida, uma vez que os juízes e vereadores reuniram-se para acertar as contas dos mantimentos comprados dos moradores e que foram enviados às terras novas. Neste rol estavam inclusos cerca de 142 alqueires de milho e mais de 200 arrobas de carne de porco que juntas somaram 171.905 réis.[86]

A partir do final do XVII, tanto nas ordenações régias, como nos carregamentos enviados aos núcleos mineratórios, percebe-se que o milho foi disparadamente o alimento de que mais se teve notícia nas fontes históricas que versam sobre o deslocamento dos bandeirantes para o interior do continente. No relato de José Peixoto da Silva Braga, por exemplo, encontramos indícios da proeminência do milho no abastecimento das primeiras jornadas que rumaram ao descobrimento das Gerais. Ao descrever o dia a dia da incursão de que era integrante, o sertanista nos mostrou como os problemas referentes à alimentação sempre estiveram no horizonte de preocupações do bandeirante. Da leitura de seu relato, foi possível visualizar que, embora o grupo tivesse partido com estoque considerável de milho em sua matalotagem, ele parece não ter sido suficiente para sustentar o comboio durante os vários meses que estiveram embrenhados nas matas em busca de veios auríferos. Para a obtenção de alimentos, vimos que ele e seus companheiros lançaram mão das mais variadas estratégias, entre as quais esteve em primeiro lugar a plantação de roças de subsistência. Eis aqui um trecho que nos parece exemplificativo: "Aqui desconfiamos de todo persuadidos, que o Anhanguera nos queria acabar no meio daqueles matos, e alguns houve que se resolviam a ficar, lançando roças, e plantando alguns poucos pratos de milho que tinham ainda para o seu sustento".[87] Passados alguns dias de marcha, novamente nos deparamos com os expedicionários plantando milho para salvaguardar sua sobrevivência:

---

85 *Actas da Câmara da Vila de São Paulo*, v. 7, op. cit., p. 71.
86 *Ibidem*, v. 7, p. 74-75.
87 "Notícia da 1ª prática que dá ao P. M. Diogo Soares o Alferes José Peixoto da Silva Braga, do que passou na primeira bandeira, que entrou ao descobrimento das Minas do Guayases até sair na cidade de Belém do Grão-Pará". In: *Relatos sertanistas, op. cit.*, p. 127.

> Da meia ponte de distância de viagem, se deixou ficar Fr. Antônio com animo de lançar roça com 10 negros, um seu sobrinho e um mulato com outro branco paulista que consigo tinha. Sentiu toda a tropa naquela noite a falta do dito religioso, deu-se parte ao Anhanguera, mandou-o este persuadir a que voltasse e marchasse adiante, como faziam os mais. Mas teve por resposta visto que a falsidade que S.M^{ce} tinha usado com todos, faltando a tudo, o que lhes tinha prometido em S. Paulo, lhe não era possível o podê-lo acompanhar, que ele determinava plantar algum milho, com que pudesse recolher a povoado.[88]

O relato de José Peixoto da Silva Braga, além de nos apontar indícios a respeito da predominância da cultura do milho na itinerância, acabou nos relegando um valioso testemunho de como podia ser organizado o abastecimento alimentício das tropas. No caso da bandeira em questão, vimos que o capitão da expedição Bartolomeu Bueno da Silva foi o responsável por resguardar as provisões alimentares e distribuí-las entre os componentes quando houvesse necessidade. Ao que tudo indica esta era uma das obrigações que lhe cabia enquanto comandante, tendo sida acordada meses antes da tropa partir de São Paulo. Não obstante esta fosse sua tarefa, ele parece não tê-la cumprido direito e as constantes reclamações do autor do relato são a maior prova disto. Parte considerável dos expedicionários estava quase sem nenhum suprimento alimentar, tendo que recorrer ao assalto de algumas roças de gentios que se deparava nas rotas para se alimentar. Isto porque o jovem Anhanguera teria privilegiado na distribuição dos mantimentos apenas os integrantes de sua comitiva:

> Aqui nos detivemos três meses sem neles dar cabo milho algum, reservando-o todo para si só, e para a sua comitiva, desculpando esta sua tirania com dizer-nos lhe era preciso para as Bandeiras, que havia de lançar, mas suposto lançou duas, nem por isso foi muito o milho, de que as proveu não faltou este, nem farinha aos seus cavalos, e a sua comitiva. Eu só tive a fortuna de me darem 17 espigas, e se tive mais algum milho o devo ao trabalho, e perigo, com que recolhi das roças que tinha deixado, o gentio de refugo, assim o fizeram todos os mais não se isentando do mesmo trabalho ainda os religiosos.[89]

---

88   Loc. cit.
89   Ibidem, p. 131-132.

Ainda que seja possível visualizar em várias passagens do texto que o alferes José Peixoto da Silva Braga responsabilizava Bartolomeu Bueno da Silva pelos percalços vivenciados durante a jornada, em especial, a falta de alimentos, nota-se que este não foi um problema específico de sua expedição. Mais do que uma exceção, a desigualdade na distribuição de suprimentos entre os membros de uma bandeira era regra. A despeito disso, mesmo se o sertanista que conduzisse a expedição fornecesse as provisões de maneira igualitária, era difícil que estas durassem a jornada inteira. Assim, mais do que nunca, era indispensável que os sertanistas colocassem em prática as posturas previstas no *Regimento Castelo Branco*.

Por conseguinte, a agricultura itinerante esperaria até os últimos anos do século XVII para entrar como tarefa de ordem no cotidiano das expedições. A partir de então, são de fato, recorrentes nos documentos, informações sobre esta prática. Os sertanistas sempre que encontravam oportunidade, aproveitavam para plantar e roçar o milho, porém, sempre de maneira rápida, para não comprometer a jornada. Conforme testemunha um monçoeiro a caminho de Cuiabá, esta seria a melhor estratégia para salvaguardá-los nas intempéries do sertão, pois garantia uma maior abundância de mantimento nos caminhos, tornando a viagem mais "tranquila".[90] Assim parece ter feito Estevão Ribeiro Garcia que, com a descoberta das primeiras minas na região do Coentro-Oeste, vivia constantemente transitando pelos sertões em busca de pedras preciosas. No ano de 1736, antes de partir para uma nova expedição, rumo às minas de Mato Grosso, enviou alguns homens ao sertão com oito pratos de milho com o intuito de lançar roça para garantir o sustento.[91] Em seu inventário, encontramos uma declaração sua dizendo que mandou:

> Francisco Ribeiro Bayão mais os carijós principiaram a roçar na paragem chamada Ouro Fino e, em breve tempo, os carijós adoeceram mais o enviado do defunto da peste geral deste sertão disse o enviado a ele depoente estando já de caminho para sair para fora que plantara sete ou oito pratos de milho que por ser em paragem remota nunca viu a dita planta nem sabe se a colheu e supõe que se acaso planta produziu alguma coisa se perderia no

---

90 "Entrada no Rio Grande que vem das Minas Gerais e com os mais que nele entram, se une ao Paraguai, e formam ambos o Rio da Prata junto a Buenos Aires". In: *Relatos monçoeiros*. Introdução, coletânea e notas de Afonso E. Taunay. Belo Horizonte: Itatiaia; São Paulo: Edusp, 1981, p. 160.

91 Inventário de Estevão Ribeiro Garcia (1736), v. 26. In: *Inventários e Testamentos, op. cit.,* p. 375.

campo do que poderá dar alguma notícia João da Cunha assistente no rio Cuiabana paragem chamada do Furado.[92]

A partir da leitura deste documento, vemos que, não obstante o inventariante ter mandado ao sertão tempos antes um grupo de carijós para plantar roças de milho, ele não sabia ao certo se elas haviam sido plantadas. De qualquer forma, isso não teria feito muita diferença, uma vez que Estevão Ribeiro Garcia falecera na paragem de Cuiabá, antes mesmo de entrar para o descobrimento dessas minas. Mas, caso a roça tivesse sido lançada, provavelmente serviu para abastecer algum comboio que passasse pela mesma rota. Podemos imaginar quanta não seria a felicidade de alguns bandeirantes quando, passados vários dias de fome e moléstia no sertão, avistavam alguns grãos de milho já nascidos, esperando apenas pela colheita. Esta parece ter sido a salvação do sargento-mor José Mattos, como ele mesmo nos deu notícia: "Chegando ao Rio Grande com bastantes dias de viagem me arranchei em uma roça que achei plantada nele: recolhi o mantimento, rocei e plantei de novo outro".[93]

O relato do sargento-mor José Mattos faz referência a uma prática que se tornou recorrente entre os sertanistas naquele período: o assalto das roças que os comboios anteriores deixavam no caminho. Ao encontrar alguma planta de milho nestas roças, aproveitavam a ocasião, colhiam o mantimento e roçavam outro, garantindo, se não o sustento daqueles que a haviam deixado, ao menos, o seu, ou de outros bandeirantes que por lá passariam posteriormente. Mas, com as incursões se dirigindo cada vez para mais longe, vemos que os comboios podiam passar meses, após se esgotarem suas provisões, sem encontrar sequer uma planta de milho nos caminhos que conduziam às minas.

A situação só parece ter melhorado conforme a mineração foi se estabelecendo como uma atividade lucrativa e as idas e vindas dos paulistas foram tornando-se mais rotineiras. A partir desse momento, encontramos muitos indivíduos estabelecidos em algumas paragens, onde plantavam quase que exclusivamente milho para abastecer os integrantes das rotas de comércio que passavam diariamente pelos caminhos. Este foi o caso do paulista Tomé Portes Del-Rei, natural de Taubaté, que estabeleceu-se nas proximidades do rio das Mortes, onde "viveu anos de fabricar

---

92 *Ibidem*, p. 376.
93 "Notícia da 4ª prática que dá ao R. P. Diogo Soares, o sargento-mor José Mattos sobre os descobrimentos do famoso Rio das Mortes". In: *Relatos sertanistas, op. cit.*, p. 178.

mantimentos para vender aos mineiros que passavam para as minas ou voltavam para os povoados, fazendo neste negócio altíssimas fortunas".[94]

Os ganhos proporcionados pelas atividades ligadas à produção alimentar incentivaram muitos paulistas a penetrarem os sertões inóspitos, fixando-se nas rotas que se destinavam aos distritos mineratórios, onde ao lado do milho, vendiam outros gêneros alimentares que integravam o chamado "complexo do milho paulista" tais como o feijão, a abóbora e a carne de porco e galinha. Assim parece ter feito os irmãos João e Lourenço Leme, que se estabeleceram na paragem de Camapuã. De acordo com Afonso de Taunay,

> colhiam os dois fazendeiros, sócios, bastante milho, vendido por muito bom preço. Uma das roças já tinha canavial e bananal e achava-se protegida por boa estaca. O preço do alqueire de feijão regulava por 20 oitavas (30 mil réis) e de milho variava entre dezesseis e dezoito. Os das galinhas, porcos e cabras variavam *ad libitum*.[95]

Frequentemente, destas paragens surgiria um arraial, que mais tarde daria início a uma povoação. Assim aconteceu tão logo os primeiros registros de ouro apareceram em Minas Gerais, como elucida o relato sobre a expedição de Antônio Rodrigues Arzão. Nele, podemos ver que seus componentes, ao encontrarem amostras de ouro proximidades do sertão da Casa da Casca, por lá se assentaram e fizeram "seu arraial naquele lugar e uma pequena planta de um alqueire de milho, que era o com que se achavam".[96] Tal arraial, como o texto bem pontuou, pouco tempo depois tornaria-se a povoação conhecida como Itaverava. Depois de lançar roça neste lugar, os componentes da dita expedição dispersaram-se pelo sertão em

---

94 "Notícia dos primeiros descobrimentos das primeiras minas do ouro pertencentes a estas Minas Gerais, pessoas mais assinaladas nestes empregos e dos mais memoráveis casos acontecidos desde os seus princípios". In: Luciano Raposo de Almeida Figueiredo; Maria Verônica Campos (coord.). *Códice Costa Matoso: coleção das noticias dos primeiros descobrimentos das minas na América que fez o doutor Caetano da Costa Matoso e vários papéis*. Belo Horizonte: Fundação João Pinheiro, Centro de Estudos Históricos e Culturais, 1999. p. 183.

95 Afonso de Taunay. "Os recursos das monções havidos da agricultura sertaneja". In: *Relatos monçoeiros, op. cit.*, p. 75.

96 "Notícia dos primeiros descobrimentos das primeiras minas do ouro pertencentes a estas Minas Gerais, pessoas mais assinaladas nestes empregos e dos mais memoráveis casos acontecidos desde os seus princípios". In: *Códice Costa Matoso, op. cit.*, p. 170.

busca de riquezas minerais, voltando ao arraial somente para a colheita do milho, como descreveu o paulista Bento Fernandes Furtado:

> e chegados que fossem de volta ao lugar da Itaverava, depois de passados seis meses de montaria, já no ano de 1698, colhendo os mantimentos, fizeram reforçadas experiências no mesmo lugar e, achando ouro com mais conta, fizeram novas roças e avisaram a seus parentes e amigos a São Paulo e às vilas para que viessem para estabelecerem minas e ampliarem os descobrimentos e continuando com as diligencias de socavar e lavrarem alguns bocados.[97]

Tal como nos casos descritos acima, os *Relatos de Viagens* não só registraram a proeminência deste alimento nas expedições sertanistas, como também nos forneceram vestígios sobre sua indispensabilidade nos primeiros tempos de existência das áreas mineratórias. A partir destes documentos, foi possível ver que os primeiros colonos que se aventuraram nesta empreitada padeceram com a falta de alimentos e a exorbitância dos preços que eram vendidos. Sobre a carestia do milho na região de Vila Rica, tivemos uma preciosa notícia:

> Deste lugar de onde retiravam grosso cabedal se recolheram para São Paulo a suas casas fugindo de grandes fomes que padeciam por falta de mantimentos que chegou algum pouco que houve de milho, pelos poucos que no passado ano haviam plantado para sustentar os muitos que haviam concorrido à fama que retumbava das grandezas de ouro que se tenha descoberto, a 30 e 40 oitavas o alqueire de milho.[98]

O problema da falta de alimentos por esta época foi tão grave que certo indivíduo "matou o seu companheiro por lhe tomar com a sua tenaz de pau uma pipoca de milho que do borralho saltou para o outro dos poucos grãos que cada um tinha para alimentar a vida naquele rio, aproveitando-se por este caso com a realidade de o provérbio comum de que a fome não tem lei".[99]

---

97 *Ibidem*, p. 171.
98 *Ibidem*, p. 174.
99 *Ibidem*, p. 175.

Cabe notar que a fome foi, com frequência, companheira dos primeiros povoadores das regiões mineradoras. Inebriados pelas possibilidades de lucro fácil, muitos paulistas dedicaram-se quase que exclusivamente à extração de ouro, esquecendo-se de garantir o mínimo vital para sua sobrevivência. Mas, se para alguns, isso representou um empecilho, para outros foi uma ótima oportunidade de negócio, sobretudo para aqueles que ficaram a cargo de seu abastecimento. Em *Cultura e Opulência do Brasil*, o jesuíta Antonil nos legou um rico testemunho de como o comércio de mantimentos passou a ser uma atividade lucrativa tão logo as primeiras lavras foram descobertas:

> Porém, tanto que se viu a abundância do ouro que se tirava e a largueza com que se pagava tudo o que lá ia, logo se fizeram estalagens e logo começaram os mercadores a mandar às minas o melhor que se chega nos navios do Reino e de outras partes, assim de mantimentos, como de regalo e de pomposo para se vestirem, além de mil bugiarias de França, que lá também foram dar. E, a este respeito, de todas as partes do Brasil, se começou a enviar tudo o que dá a terra, com lucro não somente grande, mas excessivo.[100]

Como evidencia o depoimento de Antonil, a rápida expansão da atividade mineradora, aliada às possibilidades abertas pelo incipiente mercado consumidor nas minas acabaram fomentando o desenvolvimento das áreas abastecedoras. E, novamente, não podemos esquecer que São Paulo foi uma delas. Ao estímulo de uma população crescente nestes locais, "responderam rapidamente os paulistas organizando suas lavouras em moldes comerciais e alargando sua infra-estrutura: mais caminhos, maior produção de alimentos, extensão dos rebanhos".[101] A partir de então, observa-se no rol das mercadorias que para lá se vendiam, o milho entre tantos outros alimentos de cultura itinerante. A prova mais contundente disso foram os indícios presentes na documentação das *Atas da Câmara de São Paulo* que nos permitiram captar a mudança do papel ocupado pelo milho no comércio externo da capitania. Ora, isso nos foi acessível mediante a análise das reclamações sobre a carestia deste produto, bem como as constantes ações da Câmara tentando

---

100 André João Antonil. *Cultura e opulência do Brasil (1711).* São Paulo: Companhia Editora Nacional, 1967, p. 267.

101 Ilana Blaj. *Op. cit.*, p. 182.

impedir a saída dele da cidade. Tratava-se, portanto, de uma situação inédita, já que, diferentemente da mandioca ou do trigo, o milho parece nunca ter estado em falta na alimentação dos paulistas e tampouco o seu cultivo fora uma atividade primordialmente comercial. Vê-se que à medida que aumentavam os problemas em torno de seu abastecimento, crescia o esforço dos camaristas tentando saná-los. Ainda assim, eles não evitavam que tal produto fosse vendido para fora e a recorrência das regulamentações tentando evitar isso foram representativas. Ou seja, os problemas de escassez ou carestia que se abateram sobre o milho ligar-se-iam ao contexto inflacionário gerado pela sua comercialização com as novas localidades, onde, ao que tudo indica, todos os alimentos eram vendidos a preços exorbitantes.

Com efeito, diferentemente do relativo silêncio das *Atas* para o século XVII, os indícios sobre a comercialização do milho para a primeira metade do XVIII foram mais expressivos. Não raro, nas reuniões dos camaristas, presenciamos os moradores, a despeito da existência de uma produção local, reclamando da falta deste alimento para o consumo. Tal quadro fez com que os oficiais da Câmara se reunissem várias vezes, como se pode visualizar no dia 26/12/1704, por exemplo, em que procurador do Conselho requereu:

> mandar convocar o povo, assim parte dos lavradores que costumavam vender mantimentos, como tão bem homens de negócio (...) e é bem comum deste povo e se ajustará o que for mais conveniente a conservação dele, na exorbitância que padecem por causa dos preços dos mantimentos, e pelo dano que resulta a este povo, o fato de os gêneros comestíveis serem levados para fora da terra (...) e outrossim serão vossa m^{ces} servidos mandar passar quartéis assim nesta vila como no seu termo que nenhuma pessoa venda farinha assim de guerra como de trigo, milho, feijão, toucinho e gado para fora da terra com pena de que o vendedor será condenado a seis mil réis por alqueire de qualquer gênero aqui nomeado.[102]

Tal requerimento é ilustrativo de uma situação que se torna cada vez mais frequente no limiar do Setecentismo: as ações dos camaristas visando sanar os problemas relativos ao abastecimento dos gêneros alimentares e, nisto, incluía-se o milho. Além de ser proibida a saída deste mantimento da vila, no excerto

---
102 *Actas da Câmara da Vila de São Paulo*, v. 8, *op. cit.*, p. 77-78.

acima é possível notar a preocupação com a exorbitância do preço pelo qual ele era vendido. Tendo em vista o prejuízo que isto significava à população, cujo sustento, em tempos difíceis, era garantido apenas pelo milho, os oficiais passaram a controlar a elevação de seu preço através da taxação. No entanto, podemos propor que tal estratégia, mesmo que tentando sanar o problema em questão, acabava por acentuá-lo, uma vez que o comércio com as regiões recém-descobertas era bem mais compensador. Nestas localidades, a presença de um promissor mercado consumidor permitia aos comerciantes paulistas auferir maiores ganhos e igualmente fugir das medidas reguladoras do comércio de São Paulo, sobretudo aquelas que impediam o aumento dos preços.[103]

Devido ao insucesso dessas medidas, não é a toa que, nos primeiros anos do XVIII, acompanhamos os moradores requerendo aos camaristas que elas fossem retiradas. E, ao que tudo indica, assim eles o fizeram como uma forma de incentivar os produtores e comerciantes a manter parte considerável dos alimentos no comércio local. Além de garantir o abastecimento de milho e de outros gêneros à população, os camaristas visavam com tal ação a diminuição dos preços em que eles eram fornecidos à mesma. Para eles, quanto maior a quantidade de homens atuando no mercado local, maior seria a concorrência, o que, por sua vez, repercutiria na diminuição do preço dos mantimentos. Mas, fica evidente na reunião da Câmara ocorrida em janeiro de 1705, tal estratégia não surtiu os efeitos esperados, uma vez que o milho subia vertiginosamente de preço:

> Porque o milho que pelas ditas taxas tinha o preço de quatrocentos e oitenta se vende por dois mil e quinhentos e sessenta, e isto foi causado pelo fato de povo requerer ao dito Dez.^{dor} o levantamento das ditas taxas foi o parecer lhe que vendendo cada hum pelo o que quisesse, acudiria tanto mantimento que com a muita abundancia haveria de ter menor preço do que o das taxas; engano que a experiência nos tem mostrado, que não só foi menos mantimentos nesta vila, mas o preço dele teve uma alteração tão exorbitante; a vista de que, se pode esperar pelo tempo em diante senão uma total ruína deste povo.[104]

---

103 Milena Fernandes Maranho. *Op. cit.*, 2006, p. 95.
104 *Actas da Câmara da Vila de São Paulo*, v. 8, *op. cit.*, p. 96-97.

As possibilidades de lucro abertas pelo comércio com as zonas auríferas se apresentaram como o maior empecilho para que o mercado paulista conseguisse competir em pé de igualdade com o mineiro. Mesmo a retirada da almotaçaria dos preços, não evitou que a população ainda perecesse com as consequências do atravessamento de mercadorias para fora da vila, das quais o aumento do preço do milho teria sido a pior. E, sobre este problema em específico, podemos afirmar que ele se apresentou como algo inédito em nosso trabalho documental, haja vista que o milho até aquele momento foi um gênero que a maioria dos paulistas tinha fácil acesso em suas próprias roças ou quintais para a sua subsistência e, sobretudo, de seus índios. Por isso, quase nunca era avaliado no arrolamento dos bens. E, quando isso acontecia, ele alcançava um valor muito baixo, praticamente irrisório. De importância reduzida no Seiscentismo, para não dizer inexistente do ponto de vista econômico, o milho passaria a adquirir no alvorecer do século seguinte uma importância para além do sustento ordinário.

Ora, se para qualquer lado que voltemos nossa atenção, a partir do último quartel do século XVII, nos deparamos com uma maior presença do milho nas fontes documentais, cabe então elucidarmos melhor as características que permitiram que este alimento se adequasse tão bem às necessidades dos paulistas no período em questão. E, quando dizemos isso, estamos nos referindo, especialmente, à tarefa que ele desempenhou na mobilidade e na ocupação dos territórios povoados pelos paulistas. Entretanto, antes disso, faz-se necessário que se digam algumas palavras sobre o papel estratégico ocupado por este produto no sistema de vida dos tupis-guaranis, povos com os quais os paulistas mantiveram intenso contato durante o primeiro século de ocupação na região de "serra acima".

O alto teor germinativo do milho, aliado à rapidez e a facilidade de seu cultivo, fez com que ele se adequasse perfeitamente ao ideal de vida nômade destes indígenas. Este ideal estava relacionado a duas atividades primordiais da vida social nas aldeias: a vingança e a guerra. Para colocá-las em prática, tais indígenas percorriam sertões longínquos em busca de inimigos para seus rituais antropofágicos e nestes constantes deslocamentos, o milho desempenhava a tarefa de alimentá-los. Uma vez plantada a gramínea indígena, o grupo estava livre não só para capturar prisioneiros, mas também para exercer outras atividades, como a caça, a pesca e a coleta, voltando a se reunir somente alguns meses após, em época de colheita.

Estas mesmas características que permitiram a manutenção de hábitos nômades entre os tupis-guaranis, também contribuíram para que o milho fosse prontamente incorporado à dieta dos paulistas que se embrenharam rumo a sertões desconhecidos em busca de índios e metais preciosos. Levado em grãos, o milho tinha lugar de destaque no farnel dos viajantes, podendo a qualquer momento ser lançado ao solo, necessitando para o plantio nada além dos próprios grãos e um pedaço de pau. Sua lavoura rudimentar não exigia muito trabalho a não ser a utilização do sistema de coivara, que consistia numa técnica de limpeza e preparo do solo através da queimada. Se o plantio fosse feito em época apropriada, ou seja, em princípios de outubro, os grãos já começavam a produzir num período entre três a seis meses, quando as espigas, já plenamente maduras, deviam ser cortadas e armazenadas para quando houvesse necessidade. Miguel Pereira da Costa, um observador do século XVIII, nos fornece detalhes a respeito da agricultura praticada nos dilatados sertões pelos bandeirantes que, "vinham entrar por esta parte abrindo nova picada, por ser de menos morraria e mais fácil condução e iam plantar roças de milho em um capão do mato".[105] E mais adiante prossegue, "de capões chamam a algumas porções de mato, que se acham por aquelas serras e campos, e derrubando a machado lhe põem fogo para depois plantarem milho, mantimento ordinário daquelas partes".[106]

Ainda sobre a predominância do milho no sistema agrícola dos bandeirantes, cabe notar que a alta produtividade deste cereal também confluiu para que ele viesse a se tornar o alimento por excelência dos sertanistas. Sabe-se que mesmo em solos não muito férteis, a gramínea indígena produzia-se em grandes quantidades, sendo na verdade difícil o solo em que não se dava, conforme nos informa Carlos Borges Schmidt, para o qual, o milho "quando semeado em solo pouco fértil, produzia na relação de oitenta por um; ao passo que em terras bastante férteis chegava a dar até quatrocentas vezes a semente plantada".[107] Podemos imaginar como tais fatores não teriam ajudado na dispersão dos bandeirantes ao longo das trilhas que marchavam, onde não tinham muito tempo a perder. Além do mais, como vimos, foram de grande utilidade no rápido processo de ocupação que se

---

105 Joaquim Ribeiro. *Folkore dos bandeirantes.* Rio de Janeiro: José Olympio, 1946, p. 148.
106 *Loc. cit.*
107 Carlos Borges Schmidt. *Op. cit.,* 1967, p. 28.

presenciou com a corrida para os núcleos mineratórios. Somente um alimento que possuísse um tempo de maturação tão curto e tamanho desempenho produtivo daria conta de alimentar o grande número de pessoas que se dirigiram para o interior do continente. Por fim, o último aspecto que se apresentou a favor do milho, neste contexto de improviso, típico de qualquer processo de povoamento e dispersão, foi o fato de seu consumo dispensar grandes tratos culinários, podendo ser feito sob as mais diversas formas – cru, assado, cozido, prescindindo a panificação. Pode-se afirmar que a simplicidade e rusticidade que envolvia a cultura do milho concorreu para que ele prevalecesse sobre os demais gêneros que requeriam muita elaboração ou tecnologia em seu preparo.

Em suma, todos estes fatores confluíram para compreendermos a maior visibilidade do milho no abastecimento das tropas e na ocupação de novos territórios, onde encontramos os paulistas como principais protagonistas, levando consigo sua experiência em situações de vida provisórias e, o que nos interessa em especial, sua bagagem culinária. Diante disso, nos resta levantar a seguinte indagação: Até que ponto os hábitos alimentares presentes no cotidiano doméstico da vila de São Paulo estiveram presentes na alimentação desenvolvida pelos paulistas em sua faina sertanista? Acreditamos que a resposta para esta indagação nos ajudará sobremaneira a adentrar com maior profundidade a proposta central deste trabalho que consiste em entender o papel ocupado pelo milho na sociedade paulista daquela época. Será que o milho, considerado o alimento por excelência dos sertanistas paulistas, tinha o mesmo papel na dieta cotidiana destes indivíduos, desenvolvida no interior de seus domicílios? Será que este alimento teve papel tão fundamental em São Paulo, como aquele conquistado nas veredas do sertão, a ponto de ser visto como uma particularidade de sua cozinha? É para tais questões que voltaremos nossa atenção no próximo capítulo.

Capítulo 2

A comida e o modo de vida dos paulistas

O milho no interior dos domicílios

Ao centrarmos nossa atenção no estudo das *práticas domésticas* referentes aos usos e costumes dos paulistas dentro de seus domicílios, seja nas casas da vila, seja nos sítios da roça, percebemos que os historiadores e demais pesquisadores que se debruçaram sobre tal assunto foram quase unânimes em argumentar a existência de certa especificidade da cozinha local, em função, especialmente, do consumo disseminado do milho entre seus habitantes. Tal situação se diferenciava do que acontecia nas demais partes da América Portuguesa, onde a mandioca assumia lugar de destaque na alimentação cotidiana dos colonos. Embora muitos autores como Alcântara Machado e Ernani Silva Bruno já tenham apontado pistas neste sentido, foi somente com os trabalhos *Monções* e *Caminhos e Fronteiras* de Sérgio Buarque de Holanda que esta ideia se consagrou definitivamente enquanto uma visão dominante sobre a alimentação dos paulistas. A predominância que o milho articulava na dieta cotidiana dos paulistas foi tão significativa para este autor a ponto de em *Caminhos e Fronteiras* ele denominar São Paulo como uma *civilização do milho*.

Embora reconheçamos a importância das ideias presentes na obra de Sérgio Buarque de Holanda, o que se pretende neste capítulo é relativizar sua tese a respeito do predomínio do milho na alimentação dos paulistas, mostrando que este produto jamais reinou sozinho no cardápio de tais habitantes. De uma forma ou de outra, as ideias deste historiador se farão presentes em nosso horizonte de trabalho, seja pelas pistas ou caminhos fornecidos, seja pelas lacunas deixadas, sobretudo porque foi de seus estudos que surgiu a proposta de chegarmos a um quadro mais definido sobre os significados econômicos e culturais da chamada "civilização do milho". No capítulo anterior, já demos os primeiros passos no sentido de nos aproximarmos da posição que o milho assumia no âmbito da economia paulista. Cabe agora, aprofundarmos nosso conhecimento em torno dos regimes alimentares vigentes na São Paulo de então, procurando analisar, sob um viés cultural, a importância ocupada pelo milho no âmbito da subsistência doméstica.

Para adentrarmos os recintos da vida cotidiana dos colonos paulistas, bem como de suas cozinhas, usamos de sobremaneira os *Inventários* e *Testamentos*. O trabalho desenvolvido com esta documentação nos forneceu indícios interessantes para (re) pensarmos a presença deste produto na dieta cotidiana dos moradores daquela região. Isto porque o milho apareceu com uma frequência menor do que esperávamos, sendo, na verdade, um dos mantimentos de que menos se teve registros nesta fonte. Dos 134 documentos analisados, nos deparamos com este produto em 23 inventários. Como se isso não bastasse, para piorar tal quadro lacônico, os ditos inventários não forneceram detalhes pormenorizados desta presença. Embora, tivéssemos indicação de que ele estava sendo cultivado nos arredores da vila, pouco se sabe sobre o destino dado à produção. Faltam, por exemplo, detalhes a respeito da quantidade e de seus respectivos valores. O inventário manuscrito de Manuel Mendes de Almeida, neste contexto, é exemplificativo de como as referências à cultura do milho neste tipo de documentação apresentam-se de modo genérico. Nele, tivemos referência à roça deste alimento a partir da seguinte descrição:"possui outro sitio na freguesia de Cotia com casas de 3 lanços, sendo 2 assobradados e duas casas cobertas de telha, onde planta-se milho e feijão com dois paióis cobertos de palha e porcos".[1]

Não devemos, contudo, nos precipitar frente à brevidade de informações disponíveis nesta fonte e supormos que o dito silenciamento significasse que o milho não fizesse parte do repertório culinário paulista. Esta suposição logo cai por terra frente a uma leitura mais atenta dos inventários a qual, não raro, nos fornece pistas sobre o motivo de o milho não ser incluído nas avaliações dos bens. Ao que tudo indica tinha relação com a sua presença na alimentação cotidiana dos moradores, que possuíam fácil acesso a este alimento em suas próprias roças ou

---

1   Inventário e Testamento manuscrito de Manuel Mendes de Almeida, ord. 532, cx. 55, Arquivo Público do Estado de São Paulo.

quintais para sua subsistência e, sobretudo, de seus índios. É o que atesta o inventário de Ângela de Campos e Medina (1641), onde foram arrolados 800 mãos de milho "que não foram avaliadas por ser sustento dos órfãos e gentios".[2] A mesma justificativa para a ausência de avaliação esteve presente no inventário de Francisca da Costa Albernas (1670) onde se achou, junto a um pedaço de mandioca, mais de 200 mãos de milho, as quais não foram avaliadas, pois os ditos alimentos "ficam para os brancos comerem e a gente e por esta razão se não avaliou".[3]

Referências como estas, encontradas nos próprios inventários podem nos elucidar a razão pela qual as roças de milho ficavam fora do processo da partilha de bens. Elas estariam sendo utilizadas no consumo da unidade doméstica, para manter a sobrevivência das (os) viúvas(os) e órfãos. Acreditamos que isso poderia ser válido, mesmo que este fato não estivesse bem documentado, já que temos razões para crer que o milho poderia não estar no inventário por já ter sido consumido pelos familiares. Isto porque se passava algum tempo entre a data da morte do inventariante e o início do processo da partilha, não restando outra saída ao cônjuge ou ao procurador dos herdeiros, senão solicitar que o milho ficasse de fora das avaliações. Assim, eles não ficariam sem sustento. Além disso, temos que levar em consideração o fato de que as roças poderiam ser deixadas de fora do inventário, pelo fato de estarem sendo utilizadas na alimentação dos escravos, como veremos adiante.

Outra evidência de que o milho esteve presente no cardápio dos moradores enquanto alimento ordinário deve ser buscada na própria natureza da fonte analisada, cuja característica principal era silenciar detalhes a respeito dos bens corriqueiros e de pouco valor comercial. Como já discutido no capítulo anterior, percebemos que só eram dignos de menção e, sobretudo especificações, os gêneros que tinham maior importância frente à economia de abastecimento. Assim se, num primeiro momento, a precariedade e o silêncio das fontes dificultaram nossa tarefa de mensurar a posição ocupada pelo milho em São Paulo, entre os séculos XVII e XVIII, num segundo momento, ambos os problemas nos ajudaram a perceber que a pouca visibilidade do milho nos inventários tinha relação com a facilidade com que os colonos tinham acesso a este produto em sua alimentação cotidiana.

---

2   Inventário de Ângela de Campos e Medina (1641), v. 13. In: *Inventários e Testamentos, op. cit.*, p. 97.
3   Inventário de Francisca da Costa Albernas. (1670), v. 18. In: *Inventários e Testamentos, op. cit.*, p. 5.

Sua utilização no sustento diário dos moradores de São Paulo e, em especial, dos mais necessitados é perceptível na crônica escrita por Manoel da Fonseca sobre a vida e os feitos do padre Belchior de Pontes, que viveu em fins do século XVII e início do XVIII, num contexto de pobreza e privação. Sua maneira modesta de viver, apenas com o indispensável à sobrevivência, repercutiu também em sua alimentação, como fica evidente nesta passagem:

> Era o seu sustento parco e vil, rezando as mais das vezes feijão e canjica, guisado especial de São Paulo e mui próprio de penitentes. A canjica é o sustento dos pobres, pois só a pobreza dos índios e a falta de sal por aquelas partes podiam ser inventores de tão saboroso manjar.[4]

A nosso ver, ao falar da parcimônia alimentar do padre, Manoel da Fonseca forneceu indícios dos hábitos alimentares daqueles que tinham poucos recursos que, como observado, eram compostos, principalmente, de gêneros nativos como o feijão e o milho.[5] O relato em questão, escrito no ano de 1752, se apresentou como um rico depoimento sobre o cotidiano doméstico das gentes de São Paulo e, por isso, acabou nos fornecendo um panorama sobre suas práticas e hábitos alimentares. Vez ou outra, encontramos Belchior de Pontes em visita às residências paulistas, onde assistia os moradores em suas necessidades materiais e espirituais. Em sinal de agradecimento, notamos que era costume da população convidar o padre a compartilhar de suas refeições – uma maneira de acolher bem quem, com tanta caridade, os servia. Nestas situações, porém, Belchior de Pontes, em penitência, sempre arrumava um pretexto de recusar as comidas. Quando raramente as aceitava, antes que o apetite o instigasse a comer, logo aproveitava a situação para se mortificar. Como podemos imaginar, isso

---

4   Manoel da Fonseca. *Vida do venerável padre Belchior de Pontes da Companhia de Jesus (1752)*. São Paulo: Melhoramentos, s/d., p. 55.

5   Já dizia Massimo Montanari que, pela mesma época, na Europa, era costume os religiosos e penitentes consumirem em suas refeições diárias, alimentos que se destinavam aos pobres ou eram considerados 'inferiores'. O historiador utiliza para exemplificar sua assertiva o caso do 'pão preto'. Este podia ser "de centeio, de espelta, de *mixtura;* uma complexa tipologia assinalava a correspondência entre qualidade do produto e qualidade do consumidor, seja para reforçar uma posição social (de dependência ou de comando), seja uma vontade moral de penitência, de auto-humilhação" (Massimo Montanari. *A fome e a abundância: história da alimentação na Europa.* Trad. Andréa Doré. Bauru: Edusc, 2003, p. 47).

não passou despercebido ao olhar de seu biógrafo que, descrevendo uma destas mortificações, acabou nos relegando um valioso testemunho das refeições dos moradores, bem como dos produtos que nelas eram consumidos:

> Em casa de seu irmão Antônio Domingues realçou esta nova arte de temperar; porque ajuntando em um prato bananas, batatas, canjica, e carne, que então lhe puseram na mesa, misturou tudo de sorte, que a confusão dos sabores só podiam concordar em uma quinta essência de mortificação; e para que não faltasse a esta nova iguaria algum acepipe, lhe expremeu um limão, adubando também o azedo desta fruta aquele guisado.[6]

Mais uma vez, o milho fez sua aparição no relato de Manoel da Fonseca sob a forma de canjica, iguaria indígena feita de milho grosso, que acreditamos estar presente no sustento não só dos pobres como também dos demais moradores da vila. Conforme veremos adiante, embora o milho não fosse devidamente valorizado, por ser um alimento muito corriqueiro, não descartamos a possibilidade de ele ser um dos gêneros de primeira necessidade para a população, cujo sustento, em tempos difíceis, podia ser garantido apenas pelo seu consumo. Assim, não é de se estranhar que sua falta, a partir das últimas décadas do século XVII, suscitasse uma série de conflitos nas vereações da Câmara Municipal. Especialmente, porque, a despeito de sua abundância na região, ele estava em falta nas mesas paulistas.

A prova mais contundente disso são as constantes reclamações provenientes dos habitantes da vila sobre a carestia e o preço exorbitante pelo qual o milho estava sendo vendido. Como já apresentamos no capítulo precedente, estes problemas estavam relacionados ao contexto inflacionário gerado pela sua comercialização com os distritos mineratórios. Tal questão foi discutida na seção 8/11/1704, quando o procurador do conselho Bartolomeu Paes Abreu solicitou que se resolvesse o problema da exorbitância dos mantimentos:

> Por este respeito o milho e o feijão que são os mantimentos mais vitais de que se alimentam os povos para o que se requereria e com efeito requereu se colocasse preço comum do que se não excedesse nesta vila, nem fora dela e o que o contrário

---

6   Manoel da Fonseca. *Op. cit.*, p. 57.

> fizer pague seis mil réis de condenação por cada alqueire de qualquer destes gêneros.[7]

Pode-se, a partir da leitura deste trecho, entender a razão pela qual tanto o milho quanto o feijão estavam sendo alvo das medidas intervencionistas postas em prática pela Câmara. Ambos os alimentos, por aquela época, se apresentavam como os principais responsáveis por manter a sobrevivência da população. O que nos faz crer que as constantes reclamações dos populares, muito além de apontar para os problemas referentes ao abastecimento de milho em São Paulo, nos permitem decifrar o papel estratégico ocupado por ele na subsistência cotidiana dos paulistas. Cabe lembrar que uma das principais tarefas da Câmara era evitar que os gêneros de primeira necessidade da população estivessem em falta no seu cardápio, especialmente dos que mais precisavam.

Nota-se que ao longo da primeira metade do Setecentismo a intensificação da carestia do milho afligiu de tal sorte a população que foi acompanhada por recorrentes estratégias das autoridades locais tentando saná-la. Em 12/10/1727, por exemplo, a secção da Câmara foi aberta com o propósito de tratar de alguns assuntos que afligiam a cidade. Entre eles, discutiu-se o dano que causava à população o excessivo aumento que se abatia sobre os preços deste e de outros mantimentos. O problema em questão tinha chegado ao ponto de que "não era possível poder o povo principalmente os pobres sustentar-se sem grande detrimento".[8] As autoridades, com o intuito de garantir a subsistência da população e ao mesmo tempo evitar que esta se amotinasse contra o problema da falta de víveres, assentou que:

> se pusesse taxas nos mantimentos que os lavradores mandam a vender nesta cidade pelo irem levantando com exorbitância no tempo presente por haver poucos e por ora e no que se assentou e determinaram e de tudo mandaram fazer este termo.[9]

---

7   *Actas da Câmara da Vila de São Paulo*, v. 8, *op. cit.*, p. 76.
8   *Actas da Câmara Municipal de São Paulo*, v. 9. Publicação Official do Archivo Municipal de S. Paulo, 1916, p. 556.
9   *Loc. cit.*

No rol de alimentos que foram alvo da taxação, indicados pelo documento, estavam inclusos os gêneros considerados pelas autoridades de primeira necessidade como a farinha de mandioca, o feijão e, por fim, o milho.

Para além de mostrar os problemas referentes à escassez do milho, que, diga-se de passagem, eram inéditos até então nesta documentação, o requerimento acima apresenta outro ponto que merece ser destacado: a preocupação dos camaristas para com a subsistência dos mais necessitados, público alvo de suas políticas intervencionistas. O que salta aos olhos na leitura daquele pequeno excerto é que, a partir do Setecentismo, o milho passou a ter uma presença mais assídua nas pautas dos camaristas que versavam sobre o abastecimento alimentar da camada mais pobre da população. Pressupomos que para este grupo, em específico, o milho seria o alimento por excelência. Tal raciocínio, possível através da análise de trechos como os supracitados, é apenas uma hipótese levantada, para a qual dedicaremos maior atenção no próximo capítulo.

Por hora, cabe apenas afirmar que, embora os limites entre o urbano e o rural não fossem muito nítidos, no período em questão, o trabalho desenvolvido com as fontes históricas, nos possibilitou perceber que o milho esteve presente com mais frequência nos sítios das roças, um pouco mais afastados dos domínios da cidade. Assim confirmamos na leitura do inventário de Antônio de Siqueira de Mendonça, no qual mandou-se que fossem avaliadas junto com a sua propriedade rural, "as plantas de Itaí, cana, feijão, e milho e todas as mais que se achar".[10] Outro indício que corroborou a ideia de que o milho era cultivado preponderantemente nas propriedades rurais, afastadas do núcleo principal da cidade, nos é fornecido pela petição feita por Maria Paes de Almeida, moradora do bairro paulista de São Miguel, que no dia 04/06/1746 compareceu nas dependências do Senado para tratar do dano que alguns animais da propriedade vizinha tinham causado à roça deste mantimento. Na petição observa-se que a dita moradora havia plantado uma roça:

> na paragem chamada Caguassú de milho e feijão em terras lavradias onde não há gados nem cavalgaduras e costuma a suplicante plantar nas ditas terras todos os anos, e porque os cavalos de Bartolomeu Pereira e José Pereira filho de Isabel de Siqueira lhe tem feito danos nos frutos da dita roça comendo-lhe o

---

10 Inventário de Antonio de Siqueira de Mendonça (1687), v. 22. In: *Inventários e Testamentos, op. cit.*, p. 97.

milho por muitas vezes e avisando a suplicante aos suplicados por varias vezes que tirassem os cavalos dos lugares em que lhe comiam o milho, nunca o quis fazer, antes cada vez mais os deixavam andar na dita roça sem ser lugar de pastos por cuja causa lhe comeram a roça toda, que pouco tem.[11]

Embora as descrições das roças de milho fossem bem sucintas, aparecendo, de fato, poucas vezes na documentação consultada, uma análise cuidadosa das poucas roças que se teve notícia nos permitiu perceber que tanto em São Paulo, como nas regiões a ela circunvizinhas, o cereal indígena tinha vários usos, voltando-se ao consumo doméstico dos colonos, dos indígenas, como também das criações de animais (galinhas, porcos, e cavalos). Semelhante constatação já havia sido feita por Sérgio Buarque de Holanda em *Caminhos e Fronteiras*. Segundo o autor, o fato de o milho também ser aplicado ao consumo dos animais domésticos, sem exigir trabalho excessivo, seria um dos fatores que explicaria o predomínio de sua cultura entre os paulistas. Os mesmos campos piratinganianos em que vicejavam a agricultura, também abrigavam as criações de animais que, ao lado da venda de suas carnes, constituía uma atividade de importância vital para a economia da região. Aliás, atividade esta que, por vezes, superava em termos econômicos a própria lavoura comercial. Deste modo, não podemos negligenciar o fato de que o milho tivesse este destino, como nos mostra Arturo Warman:

> por su alto contenido calórico el maíz es la única entre lãs plantas que se ensilan que tiene la capacidad de satisfacer plenamente los requerimientos energéticos del ganado mayor para engorda, por lo que solo requiere de su complemento com proteínas para constituir um nutriente completo.[12]

---

11 *Actas da Câmara Municipal de São Paulo*, v. 12, *op. cit.*, p. 262-267. Embora várias testemunhas foram chamadas para depor no dito caso, o processo acabou não tendo continuidade e, os ditos réus foram absolvidos por não se conseguir provar, se foram ou não os seus cavalos que causaram o dano à roça da dita suplicante.

12 "Pelo seu alto conteúdo calórico o milho é a única, entre as plantas que se conhecem, que tem a capacidade de satisfazer plenamente as necessidades energéticas do gado para a engorda, já que apenas necessita ser complementada com proteínas para se constituir um nutriente completo" (Arturo Warman. *La historia de un bastardo: maíz y capitalismo*. Cidade do México: Instituto de Investigaciones Sociales/Fondo de Cultura Economica, 1988, p. 35),

Mesmo que o autor enfoque no trecho especificamente a aplicação do milho na alimentação do gado, acreditamos que estes benefícios poderiam ser estendidos às criações domésticas em questão, as quais estavam disseminadas em grande quantidade nos inventários. Tampouco podemos menosprezar as evidências presentes nestas mesmas fontes. O inventário de Margarida Rodrigues, por exemplo, continha ao longo do seu processo, um litígio envolvendo o leilão de algumas criações de porcos pertencentes a herdeiros que foram arrematadas em praça pública por Manuel da Cunha. Embora este tenha comprado 24 cabeças de porcos, Manuel recebeu não mais do que 18. O curador dos órfãos mandou avisar que o restante não foi entregue, pois havia morrido por falta de milho.[13]

A utilização do milho na alimentação dos indígenas também deve ser destacada, devido à grande presença destes povos na região do Planalto do Piratininga, advindos das atividades apresadoras dos paulistas. Paula Pinto e Silva chamou atenção para este ponto, afirmando que o destaque do milho na São Paulo de então, devia-se à constância com que a população de língua tupi-guarani foi aprisionada e transportada para o Planalto paulista entre os séculos XVI-XVIII.[14] Os *Inventários e Testamentos* também nos mostraram que este foi um dos destinos dados ao milho nesta localidade de então. Assim foi observado a partir da leitura do já citado inventário de Francisca da Costa Albernas (1670) e também no inventário de Isabel Barcelos.[15] Neste último, encontramos a mesma justificativa para o fato das roças, tanto de milho quanto de feijão, não serem avaliadas: sua utilização no sustento dos cativos indígenas. Vejamos:

> Botou-se mais em inventário uma roça de milho e uma de feijão a qual não se avaliou por estar no campo. E assim se botou mais uma milharada que levou cinco alqueires da qual milharada deixou o dito juiz para alimento do gentio. Mandou o dito juiz que depois de colhido o fruto assim o milho como o feijão avisasse a justiça para se poder avaliar por quanto para outra fazenda mandou o dito juiz se não botasse inventário duas milharadas com seus feijões para alimento e sustento assim dos órfãos como do gentio.[16]

---

13 Inventário de Margarida Rodrigues (1635), v. 13. In: *Inventários e Testamentos, op. cit.*, p. 84.
14 Paula Pinto e Silva. *Op. cit.*, p. 106.
15 Inventário de Francisca da Costa Albernas (1670), v. 18. In: *Inventários e Testamentos, op. cit.*, p. 5.
16 Inventário de Isabel Barcelos (1648), v. 36. In: *Inventários e Testamentos, op. cit.*, p. 233.

Frente a tais vestígios, cabe lembrar que os índios capturados no sertão eram empregados nas mais diversas atividades no Planalto, desde a agricultura até as tarefas domésticas. Seja nos sítios das roças ou nas casas da vila, os índios eram os principais encarregados das atividades produtivas, como bem demonstrou Ilana Blaj:

> trabalhando nos serviços de casa, nas roças e lavouras, ajudando na criação de bois e porcos, exercendo diferentes ofícios como tecelões, alfaiates, sapateiros, carpinteiros, abrindo e conservando caminhos, participando das explorações do sertão, transportando mercadorias e autoridades, construindo fortalezas, o negro da terra torna-se onipresente em São Paulo colonial.[17]

Assim, não por acaso, em todos os inventários lidos, encontramos referências à existência de *negros da terra* nas propriedades paulistas. Sabe-se que os plantéis de cativos eram constituídos em sua maioria por grupos predominantemente *tupi-guaranis*, que tinham sua alimentação baseada no consumo de milho, ao lado de outras plantas nativas como a mandioca, a abóbora e a batata.[18] Podemos afirmar, com o respaldo dos principais autores indigenistas, que tais grupos já habitavam a região do Planalto paulista mesmo antes da chegada dos primeiros colonos e que já cultivavam, para fins alimentares, tanto o milho quanto a mandioca em suas roças. Embora estes grupos se concentrassem de preferência em regiões de clima úmido e altitudes baixas, próximas à costa litorânea, a exceção, de acordo com Benedito Prezia, teria sido o Planalto paulista, já que "apesar da altura {700 metros} a região era uma autêntica mesopotâmia, formada por três grandes rios e muitos vales férteis que tiveram papel importante como fonte de alimentação".[19]

Acreditamos que as mesmas condições do meio geográfico que incitaram a presença dos tupis no Planalto, bem como de outros grupos que os antecederam, atraíram igualmente os europeus. Conquanto os grupos tupis continuassem

---

17 Ilana Blaj. *Op. cit.*, p. 108.

18 Neste ponto, a natureza desta presença não deve ser negligenciada. Primeiramente porque não podemos tratar os índios, os quais os europeus travaram contato, a despeito da existência de semelhanças em suas tradições, de maneira genérica. E em segundo, porque, apesar da diversidade dos povos com os quais os paulistas mantiveram contato, os guaranis foi o grupo mais visado pelas expedições sertanistas e constituíram o grosso da composição étnica no auge do apresamento.

19 Benedito Prezia. "Os indígenas do planalto paulista". In: Eduardo Bueno (org.). *Os nascimentos de São Paulo*. Rio de Janeiro: Ediouro, 2004, p. 63.

preponderantes, mesmo após a chegada dos portugueses, tal panorama étnico viria a sofrer mudanças significativas na primeira metade do XVII por causa da introdução de um grande contingente de cativos guaranis, os quais acarretaram, ao que tudo indica, mudanças no regime alimentar de São Paulo com a intensificação da presença do milho.

Apesar dos guaranis manterem algumas semelhanças linguísticas e culturais com os tupiniquins que já habitavam o Planalto, os paulistas tiveram interesse especial em sua captura devido à expansão da agricultura que sua mão de obra podia proporcionar, pela experiência que estes indígenas tinham na policultura.[20] Por isso, quando os empreendimentos coloniais em terras paulistas rumaram para a incorporação forçada dos nativos, através da escravidão, os guaranis foram os grupos mais visados pelas expedições sertanistas. Para capturá-los, os paulistas percorriam os longínquos sertões dos Patos e dos Carijós, onde estes indígenas eram encontrados em abundância. Nestas localidades, bem como nas demais povoadas pelos guaranis, o milho parece ter sido o alimento fundamental ou mesmo exclusivo.

Na verdade, remonta à época muito antiga a familiaridade dos guaranis com este cereal. Entre tais povos, como chamou atenção Egon Schaden, seu cultivo assumiria importância incomparavelmente superior a qualquer outra espécie alimentar.[21] Além de ser umas das principais fontes de alimento, o milho assumia papel fundamental na vida social das aldeias, uma vez que dele se fabricava o *cauim*, bebida consumida em diversas ocasiões cerimoniais, desde "encontros" de negócios até mesmo em rituais de sacrifícios de prisioneiros.

É digno de nota que o milho estivesse relacionado com a maioria das cerimônias ligadas ao mundo sobrenatural. Tal como Egon Schaden afirmou, na medida em que existia um calendário religioso e social, este seria o do milho.[22] Isso porque ele era considerado por esses indígenas como uma dádiva dos seres míticos e à sua

---

20 Esta tese, defendida por John Monteiro, vai contra uma ideia difundida por parte considerável dos historiadores, segundo a qual os paulistas teriam assaltados os guaranis das reduções jesuíticas porque eles já ofereciam uma mão de obra disciplinada e acostumada ao novo ritmo trabalho exigido pelos empreendimentos coloniais. De acordo com o historiador brasilianista, "esta noção subestima de um lado, a importância da horticultura guarani, anterior ao contato, enquanto, do outro, superestima a eficácia de um projeto aculturativo dos jesuítas" (John Manuel Monteiro. "Os guaranis e o Brasil meridional". In: Manuela Carneiro da Cunha (org.). *Op. cit.*, p. 490).

21 Egon Shaden. *Aspectos fundamentais da cultura guarani*. São Paulo: EPU/Edusp, 1974, p. 42.

22 *Ibidem*, p. 39.

produção costumavam atribuir, por exemplo, os ciclos da natureza, tais como a fertilidade dos solos e o período de chuvas. Não sem razão, todas as atividades que se referiam à produção do milho constituíam ensejo para cerimônias religiosas.[23]

Sob outro ponto de vista, a centralidade do consumo do milho entre tais povos nos é acessível mediante a insistente recusa dos guaranis em comer outra coisa. A despeito das tentativas de imposição por parte dos europeus de consumo do trigo ou de qualquer gênero adventício entre tais indígenas, observou-se que todas elas não surtiram os resultados esperados. Acreditamos que eles se recusavam a consumir os gêneros associados ao europeu, tal como sugeriu o jesuíta Cardiael a respeito da rejeição dos Carijós nas missões do Sul:

> jamais puderam acostumar-se ao uso do trigo. Poucos o semeavam, e quando o comiam era cozido ou em broa, sem fermento, que tostavam em pratos assim como o faziam com o milho. Alguns, por terem sido padeiros entre os padres, eram capazes de preparar bom pão, mas largavam o ofício quando voltavam à suas moradas.[24]

Portanto, se levarmos em consideração o grande número de índios guaranis na região do Planalto do Piratininga, sobretudo em meados do XVII, podemos imaginar que a presença deste alimento não teria sido ínfima. Além da imprescindibilidade do milho na dieta desses povos, não devemos esquecer que outros fatores confluíram para que ele ocupasse uma posição estratégica no sustento dos escravos indígenas que foram às centenas introduzidos nas propriedades paulistas. Além de ser uma planta de crescimento rápido, o milho, por possuir um alto poder germinativo, atendia com mais facilidade a demanda alimentar criada no auge do apresamento indígena. O número de guaranis atingira tamanha proporção que, em várias propriedades paulistas, foi possível encontrar, ao longo do século bandeirista, mais de uma centena de escravos índios, como

---

23 *Ibidem*, p. 43.
24 Sérgio Buarque de Holanda interpreta a recusa dos ameríndios em consumir as espécies alimentares que foram transferidas para o Novo Mundo como simples conservadorismo, esquecendo-se que a não aceitação da tradição alimentar europeia pode ser entendida como uma forma de resistência indígena, utilizada como uma maneira de dirimir o impacto que a ocupação europeia trouxe para suas culturas. Cf. Sérgio Buarque de Holanda. *Op. cit.*, 1994, p. 168.

podemos apreciar através da leitura da crônica sobre Manoel da Fonseca. O padre em questão sempre que podia:

> saía pela vila a doutrinar o Gentio, de que naqueles tempos abundava S. Paulo. Porque como saída ordinária dos seus moradores ao Sertão, e dele tiravam grandes levas, era tal abundancia, que contavam alguns nas suas fazendas quatrocentos, outros quinhentos e algum chegou a contar mais de novecentos.[25]

Embora em alguns inventários um grande número de escravos aparecesse arrolado, na maioria deles, não tivemos nenhuma referência ao milho, nem às ferramentas ou utensílios ligados à sua produção e consumo. O que nos leva a crer que nessas situações, não obstante os inventários não retratassem, havia roças e utensílios ligados ao milho que, se não eram utilizados pelos colonos, certamente seriam pelos indígenas. Tal parece ter sido o caso de Domingos Jorge Velho, cuja propriedade, localizada em Santana de Parnaíba, possuía um plantel com mais de 100 indígenas e nenhum indicativo da presença do grão nativo.[26] Parece pouco provável que o milho não fosse utilizado no sustento dos indígenas do famoso bandeirante, ainda que não mencionado.

De qualquer forma, além de desempenhar a tarefa de alimentar um vasto plantel de escravos, a lavoura do milho, por envolver técnicas muito simples e prescindir de maiores cuidados em seu cultivo, liberava mão de obra e terra, sempre necessária na região, para ser aplicada em outras atividades produtivas. A utilização do milho na alimentação dos escravos solucionava, dessa forma, uma questão crucial dentro de qualquer sociedade escravista: o problema da subsistência alimentar dos cativos. Seu cultivo para este fim, além de não ser muito oneroso, liberava além da mão de obra, pela rapidez em seu ciclo vegetativo e seu alto poder germinativo, tempo e espaço para o desenvolvimento, em terras paulistas, de uma lavoura mercantil mais lucrativa.

A explicação para darmos tamanho destaque à alimentação dos cativos dentro de nosso trabalho sobre as práticas alimentares dos portugueses de São Paulo, reside no fato de acreditarmos que o papel ocupado pelo milho na dieta dos indígenas teria influenciado, de certa forma, aquele que este alimento viria a ocupar na mesa

---

25 Manoel da Fonseca. *Op. cit.*, p. 113.
26 Inventário de Domingos Jorge Velho (1671), v. 18. In: *Inventários e Testamentos, op. cit.*, p. 30.

dos paulistas. E quando dizemos isso, estamos nos referindo, sobretudo, a um grupo especial de indígenas que constituiu o grosso da população de escravos no auge do apresamento: os já citados guaranis, para os quais o milho era imprescindível. Para comprovar esta hipótese, foi necessário nos reportamos aos inventários referentes às décadas de 1630 e 1640, período em que ocorreu uma mudança na composição étnica dos indígenas do Planalto, com a alta concentração dos guaranis dentro das propriedades rurais da região. Os resultados alcançados com este trabalho se mostraram muito frutíferos, já que nos permitiram perceber que foi no período em questão, que encontramos uma maior ocorrência de milho no conjunto de inventários consultados. A tabela abaixo nos indica a frequência com que o milho apareceu em cada década contemplada em nosso trabalho com estas fontes históricas:

Tabela 1. Frequência, por década, em que o milho foi arrolado nos inventários paulistas (1630-1750)

Décadas analisadas	Frequência de inventários
1630	5 inventários
1640	5 inventários
1650	3 inventários
1660	1 inventário
1670	2 inventários
1680	1 inventário
1690	Nenhuma menção
1700	Nenhuma menção
1710	1 inventário
1720	Nenhuma menção
1730	3 menções
1740	Nenhuma menção
1750	2 menções

Fontes: *Inventários e Testamentos – documentos da seção do Arquivo Histórico*. São Paulo: Departamento do Arquivo do Estado de São Paulo. Vários volumes/ *Inventários e Testamentos manuscritos* não publicados do Arquivo Público do Estado de São Paulo. Caixas 39, 51, 55, 65, 73, 95.

Pode-se enxergar, a partir da leitura desta tabela, que no período compreendido entre as décadas de 1630 e 1640 o maior relevo do milho em São Paulo estaria ligado às grandes expedições apresadoras que possibilitaram aos paulistas o acesso à mão de obra indígena, fundamental para o desenvolvimento da lavoura de alimentos. Se por um lado, a precariedade e o silêncio dessas fontes não nos permitiram tirar sozinhas conclusões mais embasadas sobre a posição ocupada pelo milho no sistema alimentar em questão, por outro – tendo em vista o caráter de amostragem da pesquisa desenvolvida com os *Inventários e Testamentos* – eles foram suficientes para traçarmos o vinculo existente entre o provável aumento na incidência do milho em São Paulo e a concentração dos guaranis no auge do apresamento indígena.

Ao postularmos que a posição que o milho viria assumir em São Paulo colonial estaria ligada a este grupo específico de índios, podemos supor que a grande presença deles na região não poderia deixar de causar efeitos na alimentação dos colonos. O contato diário destes com aqueles ajudou a definir os contornos da sociedade e da cultura daquela região, possibilitando uma maior circulação de artefatos, de saberes e de técnicas. Circulação esta que teve forte influência na formação do sistema alimentar que naquele período ainda estava em formação. O milho seria uma dessas contribuições e seu consumo jamais teria ficado restrito às choupanas indígenas. A maior prova disso foram as referências presentes nos inventários que nos permitem ver que uma mesma roça de milho constituía um importante item de consumo tanto para índios, quanto para os brancos da vila. O inventário de Pedro de Araújo nos trouxe uma indicação decisiva disso. O milho e o feijão produzidos em sua propriedade, ao serem voltados para o comércio, causaram muito dano ao sustento dos órfãos e também de seus escravos índios, como revelou o procurador da viúva:

> foi dito e requerido ao dito juiz que ele, o dito procurador passara vista a destes ao inventário e que achava nele que se tinha vendido o milho todo e os feijões de que o gentio do serviço da viúva e dos órfãos se podiam manter e sustentar pelo que requeria a sua mercê, visto não haver outro mantimento mais que uma roça de mandioca arrolada em 5.000 de que já iaô comendo a dita viúva e o dito gentio por não terem outro; mandou-se que sua mercê abatesse dos ditos inventários

a avaliação da dita roça, para botar fora para sustento da dita viúva, órfão e sua gente.[27]

O trecho em questão é extremamente significativo dos vários usos que se podia dar não só à mandioca e ao feijão, mas ao milho, o objeto central de nosso interesse, na sociedade paulista de então. Embora o milho fizesse parte da dieta da população portuguesa de São Paulo, o papel que estes lhe atribuíam certamente não teria sido o mesmo que ele ocupou em sua cultura originária. Neste sentido, além da persistência de uma tradição indígena, embora convenientemente reelaborada é possível que outros fatores tenham concorrido para que o milho fosse utilizado usualmente na alimentação dos habitantes de São Paulo. E foram estes os fatores: as condições físicas que a referida lavoura encontrava para o seu franco desenvolvimento no Planalto e também a dificuldade dos colonos em adquirir os alimentos aos quais eles estavam acostumados no Velho Mundo.

No que diz respeito ao primeiro fator levantado, os autores que abordaram o tema da alimentação em São Paulo foram unânimes em destacar que as condições de solo e clima que vicejavam em terras paulistas foram favoráveis ao cultivo de diferentes espécies de milho. Embora reconheçamos que este ponto não pode ser menosprezado, pois ele explica em partes a facilidade com que o milho era acessível no cotidiano daqueles habitantes, cremos que não seja possível tomá-lo como fator único e exclusivo. Principalmente porque, ao endossá-lo, corremos o risco de cair num determinismo físico, explicando a posição ocupada pelo milho em São Paulo colonial apenas em função das condições favoráveis do meio físico, assim como fez Carlos Borges Schmidt, em *O Milho e o Monjolo*, onde o autor sublinhou a influência deste fator enquanto determinante na definição do sistema alimentar dos paulistas. Do ponto de vista deste autor, as variações climáticas existentes na região, que abrange o atual estado de São Paulo, foram responsáveis pelo surgimento de duas áreas de alimentação principais que seriam: "a zona da farinha de mandioca, abrangendo a vertente marítima e a zona da farinha de milho, que se estende por toda a região de serra-acima".[28]

27　Inventário de Pedro de Araújo (1638), v. 29. In: *Inventários e Testamentos, op. cit.*, p. 215.

28　Carlos Borges Schmidt. *Lavoura caiçara*. Rio de Janeiro: Ministério da Agricultura/Serviço de Informação Agrícola, 1958, p. 14.

A região do Planalto, onde se situava a vila de São Paulo, possuía um clima mais ameno, de temperaturas mais baixas, com períodos chuvosos menos intensos. Fatores estes favoráveis ao ciclo vegetativo do milho que, nestas condições, se desenvolvia com mais rapidez e com maior rendimento. Isso tornava seu cultivo vantajoso em muitos sentidos para os paulistas daquele tempo, seja do ponto de vista econômico, seja do ponto de vista da subsistência, na tarefa de alimentar um alto contingente populacional. Em contrapartida, o clima úmido e de temperatura mais elevada, característico da costa litorânea, diminuía em muito a capacidade germinativa desta planta. É o próprio Carlos Borges Schmidt quem nos fornece uma explicação para tal fenômeno:

> o excesso de precipitações pluviométricas e os exagerados e prolongados calores de verão impedem que o cereal complete, regularmente, o seu ciclo vegetativo. (...) Acontece que o calor e a umidade prolongada, bem além do que a planta necessita e tolera, impedem que a vegetação cesse de vez, mantendo-se o pé com folhas secas e verdes, e as espigas erectas, recebendo novas precipitações que nelas penetram, atingindo e promovendo a deterioração dos grãos.[29]

Embora os fatores de ordem física expliquem a razão pela qual o cultivo do milho fosse mais difícil no litoral e preponderante depois de transposta a Serra do Mar, eles não impediram que o milho se produzisse no litoral paulista e muito menos que a mandioca, bem como outras espécies alimentares, fossem cultivadas no Planalto.

Feitas as devidas ressalvas sobre tal questão, é conveniente que sejam ditas algumas palavras sobre a dificuldade dos europeus em adquirir os alimentos aos quais estavam acostumados e de como isso concorreu para que o milho, bem como outros produtos autóctones fossem incorporados na dieta básica das gentes de São Paulo. As apropriações que os paulistas fizeram de certos elementos do sistema alimentar indígena proporcionaram, devido à dificuldade de obtenção dos produtos do Reino, a sobrevivência e a melhor adaptação dos advenúcios às adversidades e possibilidades proporcionadas pelo meio. Embora isso esteja inserido em um âmbito maior de problemas referentes ao abastecimento

---

29 Carlos Borges Schmidt. *Op. cit.*, 1967, p. 91.

de produtos advindos do Reino, compartilhados pela maioria dos colonos no Novo Mundo, em terras paulistas eles foram mais acentuados, devido ao isolamento do núcleo planaltino e às asperezas dos caminhos que os mercadores enfrentavam para chegar à região de serra-acima. Sobre esta questão, Leila Algranti argumentou que as precariedades no abastecimento tiveram papel importante na conformação dos hábitos alimentares daqueles habitantes:

> a enorme distância da metrópole a ser vencida pelas embarcações, ditou modas e hábitos de todo o tipo. O atraso das frotas podia deixar os colonos sem vinho, trigo ou sal durante meses. Quando eles finalmente chegavam, percebia-se que continuavam faltando em proporções razoáveis utensílios domésticos, equipamentos de trabalho, anzóis e linhas, armas, tecidos, remédios e tudo o mais de que se precisava no dia-a-dia.[30]

Assim, como nos mostra Leila Algranti, o abastecimento precário e a impossibilidade de obter acesso contínuo aos produtos portugueses tiveram suas implicações nos hábitos alimentares dos paulistas, fazendo com que as roças e quintais se transformassem nos principais fornecedores de produtos para as refeições diárias. Ademais, tais fatores, acrescidos da íntima convivência que os paulistas mantiveram com os indígenas, favoreceram, tal como demonstrou Sérgio Buarque de Holanda, as trocas culturais que ocorreram entre os produtos e hábitos europeus com aqueles utilizados e transmitidos pelos naturais da terra.[31]

Ressaltamos que, nas primeiras décadas após a chegada dos portugueses, sua presença contínua, não só em terras paulistas, mas em todo o Novo Mundo, dependia das relações que eles mantinham com os índios, nas mais diversas esferas da vida cotidiana. Tão logo tomaram conhecimento das possibilidades da fauna e flora americana, deram início ao processo de apropriação dos hábitos e, sobretudo, dos produtos dos naturais da terra. Ou seja, eles deram início ao processo de identificação dos alimentos, uma prática fundamental quando o sujeito está prestes a incorporar um novo produto à sua ementa.[32] Tal como demonstrou

---

30 Leila Mezan Algranti. "Famílias e vida doméstica". In: Laura de Mello e Souza (org.). *Op. cit.*, p. 119-120.
31 Sérgio Buarque de Holanda. *Op. cit.*, 1994, p. 181.
32 Claude Fischler. "Pensée magique et alimentation ajourd'hui". Trad. Nina Horta. Revisão: Carlos A. Dória. *Les Cahiers de L'OCHAT*, Paris, n° 5, 1996, p. 3.

Rubens Panegassi, os europeus pautados em critérios de similitude e analogia – onde o repertório europeu era o referencial –, escolhiam da diversidade de alimentos e animais, aqueles que reproduzissem com mais familiaridade o cotidiano alimentar que tinham deixado para trás.[33] Assim, o que estava em jogo não era apenas o alimento em si, mas a constituição de sua identidade.

O mesmo autor chamou atenção para o fato de que as preferências alimentares são "simultaneamente, um dos mais importantes suportes das identidades culturais, bem como um dos instrumentos mais notáveis para a segregação social".[34] Sob este ponto de vista, tornam-se elucidativos que certos alimentos nativos tenham ocupado lugar secundário no repertório alimentar de seus habitantes, tais como a batata-doce, as abóboras e a taioba, enquanto outros tenham entrado com mais facilidade no repertório culinário dos colonos, como foi o caso do milho, mas principalmente da mandioca. Assim, o papel que ambos os gêneros tiveram na configuração do sistema alimentar paulista não pode ser dissociado de fatores de ordem cultural, como os valores identitários da tradição ocidental e a busca por saciação do paladar que, no caso dos colonos, era ditado pelo apreço às comidas do Reino, como as carnes, o trigo, o sal e o vinho.

Em relação aos fatores de ordem cultural que possam ter motivado suas escolhas, a própria documentação histórica, por nós trabalhada, mais especificamente, as crônicas seiscentistas nos forneceram pistas. Esses documentos, além de propiciar descrições minuciosas sobre o meio físico da América e sobre os costumes de seus habitantes originários, também apontaram para os gostos e predileções alimentares que os europeus tiveram ao se defrontarem com os sabores do Novo Mundo. Convém observar que os cronistas não só observaram os produtos autóctones, como também os provaram, nos relegando, em minuciosas descrições, as impressões que tiveram sobre eles. Em muitos casos, o estranhamento frente aos alimentos "nativos" fazia com que estes parecessem repugnantes ao paladar europeu. Assim, demonstrava o viajante Hans Staden ao narrar as intempéries e necessidades às quais ficou sujeito em sua estada no Novo Mundo:

---

33 Rubens Leonardo Panegassi. *O mundo universal: alimentação e aproximações culturais no Novo Mundo do século XVI*. Dissertação de mestrado – FFLCH-USP, São Paulo, 2008, p. 54.

34 *Ibidem*, p. 28.

Ficamos aí dois anos no meio de grandes perigos e sofrendo fome. Tínhamos que comer lagartos, ratos de campo e outros animais esquisitos, que lográvamos colher, assim como mariscos que vivem nas pedras e muitos bichos extravagantes.[35]

Outros alimentos, por sua vez, pareciam aos europeus mais próximos e familiares. Tal teria sido o caso da mandioca e seus derivados, constantemente elogiados pelos antigos cronistas. Na primeira metade do XVIII, por exemplo, Sebastião Rocha Pita, refere-se às aplicações culinárias da mandioca, em sua *História da América Portuguesa,* da seguinte forma:

> depois de posta em molho chama puba, feitos uns bolos cozidos e depois ralados, se fazem farinhas, que sovadas e amassadas em forma de pães e de fatias de biscoito e cozidos em fornos, saem com admirável gosto, o mesmo feitio e perfeição que os do trigo.[36]

Ao desvelarem as impressões que os europeus tiveram da diversidade de animais e plantas que jamais tinham experimentando, os relatos podem nos aproximar do quase inacessível território do gosto.[37] Assim, em consonância com os mais recentes estudos sobre alimentação, acreditamos que a formação do gosto alimentar, não se dá apenas por princípios fisiológicos, mas sim por fatores de ordem sócio-cultural.[38] Tendo isso em vista, entenderemos que as predileções dos paulistas por certos alimentos eram definidas pela herança do paladar português. A busca em garantir fidelidade a ele, ao menos em seu espaço privado, fica evidente neste contexto, permitindo aos europeus recém chegados acessar suas memórias gustativas e recompor, na medida do possível, parte da identidade

---

35 Hans Staden. *Viagem ao Brasil* (1557). Salvador: Livraria Progresso Editora, 1955, p. 67.

36 Sebastião Rocha Pita. *História da América Portuguesa (1730).* Belo Horizonte: Itatiaia; São Paulo: Edusp, 1976, p. 27.

37 Sobre a construção cultural do gosto, ver o clássico Jean Anthelme Brillat-Savarin. *A fisiologia do gosto.* São Paulo: Companhia das Letras, 1995 e, também, Hervé This. "A nova fisiologia do gosto". *Scientific American Brasil: A Ciência na Cozinha – vol. 2: Hervé This e os fundamentos da gastronomia molecular: corpo máquina de comer.* São Paulo: Duetto Editorial, 2007 e Jean Louis Flandrin. "A distinção pelo gosto". In: Roger Chartier (org.). *Da renascença ao século das luzes.* Trad. Hildegard Feist. São Paulo: Companhia das Letras, 1999 (Coleção *História da vida privada,* vol. 3).

38 Carlos Roberto A. Santos. *Op. cit.,* p. 12.

europeia, desfacelada pela experiência do degredo e do contato com uma realidade que lhes parecia tão estranha.

Pela mesma época, como nos mostrou Jean Louis-Flandrin, o gosto alimentar assumia um importante papel na configuração das hierarquias e identidades sociais na Europa moderna.[39] Ou seja, o consumo de determinados alimentos, a forma de preparo ou mesmo os equipamentos utilizados podiam ser privilégios apenas de alguns grupos mais abastados, garantindo-lhes algum tipo de distinção social. Tal estratégia simbólica, sem sombra de dúvida teria tido ressonância nas diversas partes da América Portuguesa, sobretudo entre a elite colonial, descendente de europeus. Mesmo separada pela imensidão do Atlântico, a sociedade que se desenvolvia na América mantinha muitas práticas e valores próprios da cultura do Antigo Regime. A hierarquização e a estratificação social presente no mundo colonial podem ser o maior exemplo disso.

Assim acreditamos que tal como acontecia na Europa pela mesma época, o gosto alimentar podia ser igualmente usado pelos colonos em terras luso-americanas, como um marcador social e identitário. A explicação para tal situação recairia principalmente no fato de o alimento permitir a demarcação das hierarquias no contexto colonial, onde o contato dos colonos europeus com povos distintos, e ao mesmo tempo considerados como culturalmente inferiores, potencializou a necessidade de se distinguir socialmente. De acordo com Jeffrey Pilcher, a importância "de la alimentación en la colônia como rasgo de identidad es resultado de la estratificación así como de la imposibilidad de identificar racialmente a los grupos, con lo que ciertos rasgos de vuelven importantes".[40] Embora, no trecho em questão, Jeffrey Pilcher faça referência ao México colonial, acreditamos que esta não era uma realidade exclusiva do mundo *hispano*-americano, podendo ser aplicada as possessões portuguesas, onde os colonos lançavam mão da prática da distinção social através do paladar. Contudo, esta não foi uma tarefa fácil, uma vez que este paladar era pautado num padrão alimentar europeu, muitas vezes difícil

---

39 Jean Louis Flandrin. *Op. cit.*, 1999, p. 269.
40 "da alimentação na colônia como traço de identidade é resultado da estratificação assim como da impossibilidade de identificar racialmente aos grupos, com o que certos traços se tornam importantes" (Jeffrey Pilcher *apud* Miriam Bertran Vilà. *La alimentación indigena de Mexico como rasgo de identidad*, p. 4. Disponível em: <http://www.ciesas.edu.mx/lerin/doc-pdf/Beltram-2.pdf>. Acesso em: 6 out. 2010.

de ser alcançado. Apesar de entrevermos o esforço de manterem-se fiéis aos antigos hábitos, a situação, à qual estavam sujeitos, não lhes dava muitas escolhas e, em meio às múltiplas dificuldades de acesso aos produtos europeus, a apropriação dos gêneros alimentares nativos foi inevitável.

Mas se a contribuição indígena para a formação dos hábitos alimentares dos paulistas é um fato que não pode ser menosprezado, tampouco podemos esquecer que os colonos possuíam um modelo de referência a ser considerado. Ou seja, eles incorporavam em seus próprios termos e de maneira seletiva os produtos do acervo cultural indígena que lhe estavam disponíveis. Isto porque as escolhas alimentares são baseadas em princípios culturais e, portanto, comer não se resume à mera questão de sobrevivência, sendo também uma fonte de prazer e de busca por saciação do paladar que, no caso dos colonos, era ditado pelo apreço às comidas de além-mar. Câmara Cascudo já dizia em sua *História da Alimentação no Brasil,* que era o paladar o principal agente que interferia na escolha dos alimentos. Sobre isso, ele escreveu: "É indispensável ter em conta o fator supremo e decisivo do paladar. Para o povo não há argumento probante, técnico, convincente, contra o paladar".[41] Muito além dos imperativos fisiológicos, a constituição das preferências alimentares estaria condicionada, segundo o folclorista, por hábitos e práticas longínquas pautados em fatores culturais.

Embora Câmara Cascudo encare a alimentação muito além de uma necessidade meramente biológica, em alguns momentos é possível perceber que a forma pela qual ele analisa a categoria do 'paladar' nos remete a certo grau de biologismo. Esse é entendido pelo autor como um caractere biológico, transmitido geneticamente de uma geração a outra, como fica claro no seguinte excerto: "A fidelidade ao paladar, fixado através de séculos na continuidade alimentar, é uma permanente tão profunda, arraigada, já possivelmente biológica, como a cor dos olhos, a disposição do cabelo, o índice facial".[42]

Mesmo que o paladar surja, na obra de Câmara Cascudo, como uma categoria imutável, o autor em questão não negou a possibilidade de se abater sobre ele modificações ao longo do tempo. No entanto, tais modificações ocorriam sempre lentamente. E isto tinha uma razão de ser e quem nos mostra ela é José

---

41 Luis da Câmara Cascudo. *História da alimentação no Brasil.* 3ªed. São Paulo: Global, 2004, p. 15.
42 *Ibidem,* p. 273.

Reginaldo dos Santos Gonçalves, em seu artigo, sobre as categorias "cascudianas" de fome e paladar. Para este autor, o paladar, na perspectiva de Cascudo, é determinado por padrões e prescrições culturais que mudam muito pouco ao longo do tempo, já que seria por intermédio deles que "os indivíduos e grupos distinguem-se, opõem-se a outros indivíduos e grupos. Por essa mesma razão, o paladar situa-se no centro mesmo das identidades individuais e coletivas.[43] Assim, sobre o legado de Câmara Cascudo, importa menos as limitações das categorias culinárias presentes em sua obra do que a contribuição que o folclorista nos legou para pensarmos o alimento enquanto uma categoria histórica.

A razão para termos dedicado tão extensas linhas para a questão do paladar deve-se ao seguinte fato: acreditamos que ele tenha influenciado a forma pela qual os colonos de São Paulo lidaram em termos culturais com a incorporação do milho. No caso específico da cultura deste alimento, é possível que as características que explicariam a facilidade com que os paulistas tinham acesso a ele em seu cotidiano, – como a simplicidade de seu cultivo e a rusticidade de suas técnicas –, seriam as mesmas que contribuíram para que ele não fosse valorizado pelos descendentes de europeus e da mesma forma explicaria a causa de ele sempre ter ocupado uma posição marginal na predileção alimentar não apenas dos colonos que habitavam a região de São Paulo. Neste ponto, não podemos menosprezar o fato de que desde a chegada dos portugueses no território 'brasileiro', o milho fosse consumido de sobremaneira pelas populações indígenas de nível tecnológicos bastantes simples.[44]

Paula Pinto e Silva ao buscar as razões pelas quais o consumo do milho parece não ter se generalizado na cozinha das capitanias do Nordeste, acaba fornecendo uma explicação que, embora se restrinja aos habitantes dessa região, pode ser estendida aos moradores da América Portuguesa como um todo, inclusive os paulistas. Para ela, o milho "apresentava-se aos olhos do vizinho nortista, como alimento pouco domesticado, cultivado em roças itinerantes com mão de

---

43 José Reginaldo dos Santos Gonçalves."A fome e o paladar: a antropologia nativa de Luis da Câmara Cascudo". *Revista de Estudos Históricos*, CPDOC/FGV, São Paulo, vol. 1, n° 33, p. 40-55, 2004.
44 Eduardo Galvão. *Op. cit.,* p. 232.

obra e técnicas indígenas; precisava de poucas sementes, pouco espaço, pouca mão de obra, pouca civilização".[45]

Assim, devido aos valores que carregava, acreditamos que o milho apresentava-se como um marcador identitário.[46] E supomos que esta seria a razão dele nunca ter alcançado o mesmo status que o trigo na sociedade colonial, alimento sempre almejado, mas que não raro ficara restrito aos grupos mais favorecidos. Ao trabalharmos sob esta perspectiva cultural, devemos considerar que o consumo ou não de certos alimentos tinha um papel fundamental na constituição das hierarquias e das identidades sociais que se forjavam naquela sociedade. Desse modo, o que nos ocorre é que o próprio fato do milho ser a típica comida do índio do Planalto poderia explicar o pouco valor que este produto tinha para os colonos e, quem sabe, um consumo não tão generalizado entre os mais abastados que, quando podiam, evitavam os hábitos nativos, esforçando-se em manterem-se fiéis àqueles de além-mar. Dito de outra forma, talvez ele não fosse devidamente valorizado por estar associado à cultura indígena.

No entanto, se enveredarmos por esse caminho, temos que levar em consideração que a mandioca, produto também central na vida dos índios, parecer ter sido mais aceita entre os colonos. Assim tivemos notícia a partir das crônicas de viajantes que percorreram não só São Paulo, mas toda a América Portuguesa, ao longo do período colonial. Mas, como veremos adiante, não foi apenas o trabalho desenvolvido com estas fontes que nos permitiu apreciar a mandioca como um dos principais componentes usados na alimentação das gentes de São Paulo. Também contribuíram para esta tarefa outras duas fontes históricas consultadas: as *Atas da Câmara de São Paulo*, e, especialmente, a série dos *Inventários e Testamentos*. Nesta última fonte, encontramos uma grande

---

45 Para a autora, essas mesmas características explicariam o predomínio da cultura do milho em terras paulistas. Embora isso seja um fato que não pode ser negligenciado, supomos, diferentemente da antropóloga, que ele por si só não nos permite dizer que os paulistas prefeririam o milho a qualquer outro mantimento. Talvez eles julgassem a mesma que os colonos de outras regiões, mas não podiam abrir mão do milho, por ele se ajustar melhor às complexas alternativas que o fenômeno do bandeirismo impunha à região. Cf. Paula Pinto e Silva. *Op. cit.*, p. 107.

46 Sobre o tema das identidades alimentares, ver a coletânea: Martin Bruegel e Bruno Laurioux (org.).*Histoire et identités alimentares em Europe*. Paris: Editions Hachette, 2002; o capítulo"El mestizaje gastronômico". In: Rosario Olivas Weston. *La cocina em el Virreinato del Perú*. Lima: Escuela Profesional de Turismo y Hoteleria, 1998; e Miriam Bertran Vilà. *Op. cit.*

quantidade de referências às roças de mandioca avaliadas dentro das casas da vila ou em seus arredores, onde os detalhes das descrições nos evidenciam que este produto constituía parte importante do sustento dos paulistas. Além disso, contribuiu para visualizarmos tal quadro alimentar, a frequência com que os utensílios ligados a sua lavoura ou beneficiamento apareceram nesta documentação.

O exame das fontes históricas disponíveis sobre a alimentação em São Paulo colonial ao demonstrar a importância assumida pelo tubérculo indígena neste sistema alimentar acabou nos apontando para um quadro muito diferente daquele apregoado pela historiografia a respeito do predomínio absoluto do milho na alimentação dos paulistas. De fato, o milho não teria reinado sozinho na mesa dos colonos paulistas, tendo pelo contrário convivido com a mandioca nos hábitos de consumo doméstico daqueles homens. No mais, o tubérculo indígena parece ter adquirido, em alguns momentos e, em certos grupos sociais, uma importância muitas vezes superior a aquela ocupada pelo milho na São Paulo de então. Situação esta que não se diferenciava substancialmente do que acontecia nas demais regiões da América Portuguesa, onde a mandioca assumia lugar de destaque na vida cotidiana dos habitantes. Para demonstrar a validade de tal assertiva, voltaremos agora nossa atenção para o papel que sua cultura alimentar, bem como a do trigo, exerceu no cardápio dos paulistas. Isso nos dará subsídios para questionarmos algumas "imagens cristalizadas" presentes na historiografia que versaram sobre a centralidade do milho na sociedade paulista colonial.

Os outros *pães da terra*: a presença do trigo e da mandioca na alimentação cotidiana dos paulistas

Ao centrarmos nas *práticas domésticas* referentes aos usos e costumes dos paulistas no interior de seus domicílios – seja nas casas da vila, seja nos sítios da roça, podemos perceber o constante esforço dos colonos europeus para manter os antigos hábitos alimentares, uma vez que desde os primeiros tempos de ocupação portuguesa no Planalto, quando os primeiros sujeitos enfrentaram as escabrosidades da Serra do Mar e por lá se estabeleceram, já os encontramos tentando recriar os costumes e valores, aos quais estavam acostumados na Europa. É o que sugere, por exemplo, as inúmeras tentativas – algumas malogradas, outras nem tanto – de transferência das culturas europeias para a região, conjuntamente com seus utensílios e práticas culinárias. O sucesso que os adventícios tiveram na *translocação* de seu repertório culinário em terras paulistas chamou a atenção desde cedo dos europeus que por lá estiveram, como sugere o relato do padre Fernão Cardim:

> É terra de grandes campos e muitos semelhantes ao sítio de Évora na boa graça e campinas que trazem cheias de vacas, que é formosura de ver. Tem muitas vinhas, e fazem vinho, e o bebem antes de ferver de todo: nunca vi em Portugal tantas uvas juntas, como vi nestas vinhas: tem grandes figueiras de toda a sorte de figos, bersaçotes, beberas e outras castas, muitos marmeleiros, que dão quatro camadas, uma após outra, e há homem que colhe doze mil marmelos (...) dá-se trigo e cevadas nos campos: um homem semeou uma quarta de cevada e colheu sessenta alqueires: é terra fertilíssima, muito abastada.[47]

Além de Cardim, outros cronistas que estiveram pela mesma época na região de Piratininga ressaltaram o grande êxito que os colonos tiveram na transferência da cultura de produtos do Velho Mundo.[48] Várias foram as espécies aclimatadas em solo piratiningano, como a vinha, o marmelo, as figueiras, dentre tantas outras frutas e legumes. No entanto, uma em especial, mereceu os esforços desses homens, devido ao papel central que ocupava no sistema alimentar da civilização europeia: o trigo.

Desde a Antiguidade, este cereal já esteve presente na alimentação dos habitantes do Velho Mundo, sendo seu consumo encarado praticamente como uma condição intrínseca à humanidade, principalmente após a ascensão do

---

47 Fernão Cardim. "Narrativa epistolar de uma viagem e missão jesuítica, pela Bahia, Ilhéus, (...) São Vicente (São Paulo) desde o ano de 1583 ao de 1590". In: *Tratados da terra e gente do Brasil*. Lisboa: Comissão Nacional para as Comemorações dos Descobrimentos Portugueses, 1997, p. 274

48 Conforme deixamos claro na introdução, ao longo desta pesquisa sentimos a necessidade de lançar mão de alguns textos redigidos anteriormente ao nosso recorte cronológico. A justificativa para recorrermos eventualmente aos cronistas dos séculos XVI e do início do XVII, se baseia no fato de acreditarmos que tal exercício metodológico nos é permitido por conta do nosso próprio objeto de estudo. Lembremos que os hábitos alimentares pertencem à esfera da atividade humana onde mudanças se processam muito lentamente. Essa seria a razão pela qual lançamos mão de alguns registros redigidos a menos de um século de nosso recorte cronológico. Em todo o caso, como é possível perceber além de contextualizarmos convenientemente as informações fornecidas pelas referidas fontes, tomamos cuidado para não atribuir, ao período de nossa pesquisa, um contexto que não lhe é próprio.

Catolicismo. Nas palavras de Fernand Braudel, o trigo representaria, antes de tudo, o próprio Ocidente.[49] Porém, antes que imaginemos a existência de uma dada universalidade no consumo deste cereal, temos que atentar para o fato de que, mesmo no continente europeu, ele foi um luxo reservado a poucos, não fazendo parte das refeições de grande parte dos homens comuns da época que viviam, como observou Piero Camporesi:

> tiranizados pelo consumo diário de pães ignóbeis, onde a mistura de cereais de má qualidade, muitas vezes podres ou deteriorados por uma má conservação ou, como acontecia frequentemente, misturados (também dolosamente) com vegetais e trigo tóxico e estupefaciente.[50]

Se esta era uma realidade no Velho Mundo, imaginemos o que não aconteceria em São Paulo, onde a dificuldade de obtenção do pão de trigo teria sido uma constante desde os primórdios da ocupação portuguesa. Apesar das inúmeras dificuldades encontradas para trazer os primeiros grãos e aclimatá-los, encontramos menções a semeadura de trigo ainda no século XVI. A fama dos trigais paulistas era tão disseminada entre os habitantes da América Portuguesa que mereceu nota de Frei Vicente de Salvador. Mesmo sem ter visitado São Paulo, o religioso escreveu, em sua *História do Brasil*, sobre a abundância e a fertilidade das lavouras de trigo ao longo de várias passagens.[51] No já citado relato de Manoel da Fonseca, também recolhemos alguns indícios da presença disseminada dos trigais nas propriedades paulistas. Ao tomar nota dos vários milagres acontecidos nas casas de trigo ou próximos a sua plantação, o religioso descreveu:

> Indo visitar a uma tia chamada Maria Pires, que morava em Juquiri, sucedeu lançarem ao sol algum trigo para malharem. Levantou-se, no tempo, em que tinham de malhar, uma trovoada ameaçando a chuva e, começando a tia assustada a chamar os criados, para que a toda pressa o livrassem do perigo iminente, recolhendo-o em casa, o padre cheio de confiança em Deus impediu aquele trabalho, mandando que o malhassem.

---

49 Fernand Braudel. "O pão de cada dia", *op. cit.*, p. 85.
50 Piero Camporesi. *O pão selvagem*. Lisboa: Editorial Estampa, 1980, p. 11.
51 Frei Vicente do Salvador. *História do Brasil (1500-1627)*. 6ª ed. São Paulo: Melhoramentos, 1975, p. 52, 104, 305.

> Obedeceram eles, ainda que a trovoada deu quantidade de água, com tudo respeitando a ira não molhou o trigo, contentando-se com molhar tudo quanto ficava ao redor dela.[52]

Tal situação também não passou ao largo dos autores que escreveram sobre a alimentação paulista, como Alcântara Machado o qual, em *Vida e Morte do Bandeirante*, chamou atenção para o fato de que os campos circunvizinhos à vila de São Paulo estavam cobertos de trigais. Não existindo, segundo o autor, nenhum sítio onde não se encontrasse pelo menos uma pequena muda de trigo.[53] Mas, diferentemente do que apregoam os principais representantes da historiografia econômica sobre São Paulo colonial, para os quais a presença dos trigais é justificada apenas em função do comércio com as áreas litorâneas, acreditamos que este cereal nunca tenha deixado de marcar sua presença, se não nas mesas, pelos menos nos desejos alimentares dos moradores daquela região.

Pensamos que o consumo de trigo integrava parte dos esforços destes colonos para a manutenção de seus hábitos alimentares o que, por sua vez, atendia à necessidade de recomposição de seu sistema de vida deixado para trás. No caso deste produto, sua presença na cultura alimentar paulista pode ser sugerida através da frequência com que os utensílios e equipamentos ligados ao seu cultivo e, sobretudo, ao seu processamento apareceram na série dos *Inventários e Testamentos*; tais como as foices de segar trigo, o moinho, as moendas braçais, as bacias, o *gral de pão* e os fornos *para fazer pão*. Não se pode esquecer que os moinhos estavam localizados nas propriedades, cuja produção tinha como principal destino a comercialização com outras partes da América Lusa. Mas, no âmbito das necessidades caseiras, acreditamos que eles foram substituídos pelas pequenas moendas braçais. Na verdade, conforme as descrições sugerem, com exceção do moinho e das foices, os demais utensílios mencionados eram aplicados na confecção do pão. Feitos, em sua maioria de cobre, eram importados da Europa, como pode ser visto no testamento de Francisco Dias Velho, onde encontramos a declaração da compra de um forno que ele mandara vir num carregamento procedente do Reino.[54]

---

52 Manoel da Fonseca. *Op. cit.*, p. 230.
53 Alcântara Machado. *Op. cit.*, p. 54.
54 Inventário e Testamento de Francisco Dias Velho (1669), v. 22. In: *Inventários e Testamentos, op. cit.*, p. 245.

Os *Inventários* também são grandes testemunhos da comercialização da farinha de trigo dentro da vila de São Paulo, na medida em que ela aparece constantemente arrolada na descrição dos negócios, na cobrança ou no pagamento de dívidas e arrematações de leilões. Embora reconheçamos que parte considerável da produção dos trigais destinava-se a outras regiões da América Portuguesa, não é possível negligenciar a existência, mesmo que diminuta, de um comércio em esfera local, voltado para atender à demanda do consumo doméstico dos habitantes da região. Fundamentamos nossa posição nos próprios indícios sugeridos pela documentação colonial da Câmara Municipal de São Paulo e dos *Inventários* e *Testamentos*. Como, por exemplo, aqueles presentes no inventário de Margarida de Rodrigues, onde se encontra discriminado no rol de dívidas, um crédito pendente da compra de oito alqueires de farinha de trigo que a falecida fez de outro morador da vila, Pedro Dias.[55] Já Henrique da Cunha Lobo também parece ter contraído dívidas na compra deste produto, uma vez que declarou em seu testamento "dever aos herdeiros de Diogo Mendes 1 alqueire e meio de farinha de trigo que mando lhe pagar".[56]

O consumo local de trigo evidencia-se pouco a pouco na documentação também através das recorrentes reclamações feita pelos moradores de sua falta, como transcorrido no dia 18/07/1722, em que o procurador da Câmara expôs a notícia

> de que na freguesia de Nossa Senhora do Desterro de Juquiri e na de São João de Atibaia se atravessavam farinhas de trigo com o pretexto de as levarem para fora da capitania como são para as Minas Gerais o que leva em grande prejuízo aos moradores e principalmente os doentes pelo que requeria lhe parecia conveniente que fossem notificados assim os lavradores das ditas farinhas nas ditas freguesias e nas mais onde se costumavam lavrar que não as levem para fora desta capitania com as penas que eles ditos vereadores lhes parecer.[57]

Na verdade, tal requerimento, para além de indicar que a população padecia com a escassez desse mantimento, demonstra que ele se fazia presente no cardápio dos moradores da região, mesmo esporadicamente. Pois, se considerarmos

---

55 Inventário de Margarida Rodrigues (1635), v. 13. In: *Inventários e Testamentos, op. cit.,* p. 48.
56 Inventário de Henrique da Cunha Lobo (1667), v. 17. In: *Inventários e Testamentos, op. cit.,* p. 65.
57 *Actas da Câmara Municipal de São Paulo,* v. 9, *op. cit.,* p. 186.

que eles nunca consumiam trigo, como poderemos explicar as reclamações constantes sobre seu fornecimento? Ou aquelas que diziam respeito à qualidade da farinha ou mesmo do pão que eram disponibilizados à população?

Para embasar este argumento, igualmente vemos o empenho da Câmara, visando garantir o fornecimento do dito cereal através da imposição de licenças restritivas à sua saída da região. Esta, entretanto, não teria sido a única medida que visava garantir que não faltasse farinha de trigo nas despensas dos moradores de São Paulo. Ao lado desta, são recorrentes as reuniões em que oficiais da Câmara deliberaram pela almotaçaria de seu preço, como a transcorrida no dia 11/11/1730[58] ou mesmo que decidiram pela obrigatoriedade de alguns produtores abastecerem a população com tal gênero, como ocorrido um século antes, nas dependências da Câmara, onde os oficiais decidiram que "se fizesse lista dos homens nessa vila que tivessem trigo par a por eles se fintarem quinhentos ou seiscentos alqueires de trigo para sustento deste povo".[59]

A análise destas medidas reguladoras nos sugere que a constante falta deste cereal nas dispensas paulistas não se devia propriamente à ausência de sua produção, mas, todavia, estaria relacionada à sua comercialização com outras partes da América Portuguesa. O que não exclui o fato de que, em certas situações, o trigo e sua farinha pudessem integrar o repertório culinário dos paulistas, como em festas ou celebrações religiosas. Em tais ocasiões, os moradores podiam fugir de sua dieta ordinária, consumindo o trigo, alimento que nem sempre tinham condições de comer cotidianamente. Tal situação nos é elucidada no inventário de Sebastiana Leite da Silva, onde se encontra uma declaração do curador dos órfãos referente aos gastos da compra de certa quantidade de carne de vaca e de farinha de trigo para as festividades do entrudo.[60]

Como o trigo dificilmente se comia sem farinar é necessário centrarmos no modo como a farinha de trigo entrava usualmente na alimentação do paulista. De fato, ela podia ser utilizada pelos colonos com os mais diversos fins culinários: na confecção de tortas, caldos, papas, doces, bolos, entre tantos outros acepipes lusitanos. Mas, entre todos eles, o pão foi sem dúvida nenhuma, se não

---

58 *Actas da Câmara Municipal de São Paulo*, v. 10, *op. cit.*, p. 95.
59 *Actas da Câmara da Vila de São Paulo*, v. 4, *op. cit.*, p. 89.
60 Inventário de Sebastiana Leite (1670), v. 17. In: *Inventários e Testamentos, op. cit.*, p. 310.

o alimento usual, o mais desejado. Novamente, a crônica de Manoel da Fonseca serve como testemunho do cotidiano alimentar da população paulista. Segundo o memorialista, os moradores, quando recebiam a visita do padre Belchior de Pontes, costumavam oferecer o que tinham de melhor em sua despensa. Em uma dessas ocasiões, foi servido ao religioso caldo acompanhado de pão de ló, possivelmente confeccionado com farinha de trigo. A tentação que isto representou ao paladar de nosso personagem pode nos remeter à sua memória gustativa, pautada na tradição portuguesa de pães e caldos:

> Ao achar ele uma talhada de pão de ló, como o apetite o instigasse a comê-la, fez uma tal mistura, que ao mesmo tempo, em que condescendeu com ele, o deixou bem castigado. Foi naquele dia o jantar de peixe, lhe puseram salgado, junto com uma tigela de caldo, em que se tinha cozido. Tanto que Belchior viu, julgando que se oferecia ocasião oportuna a seus desígnios lançou o pão de ló no caldo, e misturando o doce com salgado o comeu.[61]

Ainda com relação ao pão de trigo, acreditamos que constituía um importante item de consumo em São Paulo colonial, tendo em vista a atenção que lhe foi reservada pelos camaristas que se reuniam constantemente para sanar as irregularidades em torno de seu abastecimento, especialmente sobre a exorbitância do preço ou a falta no mercado. Após receber sucessivas queixas sobre esses problemas no ano de 1659, os oficiais se reuniram no dia 12 de abril nas dependências da Câmara, onde o procurador declarou que

> havia muita queixa por não haver pão nesta vila, porquanto os almotacéis entendiam com as pessoas que mandavam pão dizendo que era pequeno pela qual razão passava mal os moradores, pelo que se requereria mandassem fixar um quartel que todos mandassem pão, farinha e todos os mais legumes da terra e que cada um vendesse como pudesse.[62]

---

61 Manoel da Fonseca. *Op. cit.*, p. 56.
62 *Actas da Câmara da Vila de São Paulo*, v. 6, *op. cit.*, p. 127.

Além da carestia, a maior parte das reclamações dizia respeito às fraudes com relação aos seus pesos e medidas. Tal situação fez com que no dia 26/02/1735, o procurador do senado da Câmara requeresse aos oficiais

> que se ouvissem as pessoas desta cidade sobre a postura do pão para se saber o preço em que se há de vender e seu peso e sendo ouvidas as pessoas que ora se acharam neste senado, para serem ouvidas sobre tal matéria e propondo lhes o quanto era necessário ao bem comum que houvesse pão na terra, ainda que fosse de menor peso que visto constar não haver farinhas.[63]

Percebe-se que a população, padecendo com a escassez desse mantimento, foi ao procurador reclamar e requereu que o produto fosse vendido mesmo que por um tamanho menor. As reclamações desta secção, contudo, não terminaram por aí, pois ainda havia o problema da baixa qualidade do pão que era fabricado com misturas ou outras farinhas. Para amenizar a situação, os oficiais acordaram que os almotacéis

> farão exames do pão, para que seja de farinha de trigo pura, sem mistura de raspas de madeira ou outras quaisquer farinhas de outro gênero que não seja trigo, com pena de 6.000 réis e 30 dias de cadeia e o pão tomado para os pesos, cuja condenação será feita sem apelação, nem agravo que assim o executarão os almotacéis e se levará edital para vir a noticia de todos.[64]

Estes *são apenas alguns exemplos de* litígios que se sucederam ao longo dos dois primeiros séculos de existência da vila de São Paulo e que estavam ligados ao abastecimento deste alimento. Para resolvê-los, foram colocadas em prática, pelos oficiais da Câmara, uma série de posturas regulamentadoras que começavam pelo controle das pessoas que confeccionavam os pães, ou seja, as próprias padeiras. Só estavam permitidas a exercer tal ofício, as mulheres que obtivessem da Câmara uma licença específica. Acreditamos que era uma estratégia que facilitava o controle dos almotacéis sobre a produção e a venda deste gênero, bem como a punição daqueles que descumprissem as normas estipuladas no contrato, como de fato se sucedeu em 16/02/1746, quando foi chamada às casas

---

63 *Actas da Câmara Municipal de São Paulo,* v. 10, *op. cit.,* p. 410.
64 *Ibidem,* p. 411.

do senado a padeira Josepha de Souza para responder o porquê não estar fornecendo pão à população. Em sua defesa, ela justificou que estava com licença do senado e que não descumpria as posturas da Câmara, mesmo depois de terem aumentado o peso do pão, ela

> queria continuar a fazê-lo e que estava esperando farinha da vila de Santos onde a mandara comprar e que chegada que fosse continuaria a fazer o dito pão como sempre passando ao povo conformando-se em tudo com as determinações deste senado que visto e ouvido pelos ditos oficiais mandaram este requerimento que em termo de oito dias quer chegasse a farinha de se trará ou não fizesse pão e desse ao povo nas formas em que tinha requerido com pena de que não fazendo ser condenada.[65]

Além disso, fica claro que a concessão de licenças agia no sentido de facilitar o controle da qualidade e do preço dos produtos vendidos. Tal preocupação evidencia-se na secção do dia 12 de julho do ano de 1664, na qual os camaristas se reuniram para tratar do que "convinha ao bem comum e remédio dos pobres que se fizesse pão de 10 reis assim alvo como o de rala também de 5 réis".[66] Contudo, quando nenhuma destas posturas conseguia evitar que os desmandos persistissem, o que se trazia à tona era a necessidade do exercício efetivo do poder por parte dos camaristas, através da punição daqueles que infringissem as regulamentações impostas. Não podemos esquecer que o pão branco, muito além da evocar a materialidade física de um alimento à base de farinha de trigo, água e fermento, encarnava, na cultura cristã, a própria ideia de mantimento responsável por prover a vida através do sustento dos homens. De acordo com Piero Camporesi, o pão feito de trigo,

> era objectivo polivalente de que dependiam a vida, a morte, o sonho, torna-se, na sociedade pobre, um objetivo cultural, o centro e o instrumento culminante, real e simbólico da própria existência, mistura heterogênea de múltiplas valências na qual a função nutritiva se entrelaça com a terapêutica (no pão misturavam-se a erva, as sementes, as farinhas curativas).[67]

---

65 *Actas da Câmara Municipal de São Paulo*, v. 12, *op. cit.*, p. 244-245.
66 *Actas da Câmara da Vila de São Paulo*, v. 6, *op. cit.*, p. 372.
67 Piero Camporesi. *Op. cit.*, p. 11.

Por esses mesmos motivos, não é difícil entendermos a razão pela qual sua falta podia ser sinônimo de calamidade pública, sendo, portanto, responsabilidade das autoridades evitar que isto ocorresse.

Deve-se ressaltar que a preocupação em garantir à população o fornecimento de pão de maneira regular era tal que não ficavam ilesos de punição nem mesmo os *homens bons* do lugar, como Pedro Taques de Almeida, que em maio de 1747, foi condenado pelos homens da Câmara por sua escrava estar produzindo pão abaixo das medidas estipuladas, ou seja, pão diminuto.[68] Mesmo as iminentes punições impostas pelos oficiais da Câmara, não evitaram que o problema da carestia deste produto persistisse. A falta de pão em São Paulo colonial, conforme se observou na documentação das *Atas*, esteve diretamente vinculada à escassez de trigo que, por sua vez, deve ser compreendida em função de sua comercialização com outras regiões. Como já demonstramos, os mantimentos produzidos localmente adquiriam melhores preços ao serem comercializados com outras regiões o que compensaria os riscos corridos. A procura pelo trigo e seus derivados era potencializada, sobretudo, nas localidades litorâneas, onde os colonos brancos não tinham fácil acesso a ele.

Os moradores não tendo como fazer frente ao contexto inflacionário gerado pela grande procura de trigo em outras regiões, não tiveram outra saída a não ser criar alternativas para que não lhes faltasse a matéria-prima básica para a confecção do pão, alimento cuja existência dependia suas vidas. Deve-se salientar que mesmo nas mesas europeias, como já visto anteriormente, a presença do pão de trigo era uma raridade. E, por esse motivo bem afirmou Massimo Montanari havia toda uma demarcação social envolvida em torno dele, traduzido até mesmo em seu caráter cromático. O pão branco, de trigo, era destinado aos ricos e o preto, de centeio, aos pobres.[69]

As crises no setor agrícola afetavam a regularidade da produção de trigo. Causadas por uma série de fatores tais como guerras, intempéries climáticas ou mesmo epidemias, estas crises fizeram com que os europeus criassem estratégias para se adaptarem às constantes situações de penúria e fome que lhes assolavam. Na ânsia de consumir seu alimento fundamental, eles recorriam a uma gama de

---

68   *Actas da Câmara Municipal de São Paulo*, v. 12, *op. cit.*, p. 364.
69   Massimo Montanari. *Op. cit.*, 2003, p. 47.

cereais sucedâneos, muitas vezes intragáveis e não raro tóxicos para substituí-lo. Porém, as misturas podiam trazer sérias consequências à saúde e para não ficar à mercê de qualquer perigo, o europeu desde cedo organizou sua lida agrária através do sistema de rotação das culturas, passando a cultivar trigo sempre associado a outro cereal panificável, como a cevada, a aveia, o centeio e o sorgo. De acordo com Massimo Montanari, estes grãos, apesar de serem de qualidade inferior, tinham maior resistência e rendimento se comparados com o trigo que exigia, por sua vez, "uma atenção laboriosa e produzia-se pouco (e cada vez menos, dada a estagnação das técnicas agronômicas)".[70]

Diferentemente do que acontecia no Velho Mundo, entretanto, a carestia em São Paulo não estava ligada nem às crises produtivas, muito menos às catástrofes naturais. Na verdade, os principais motivos dos paulistas não poderem comer pão branco, com a frequência desejada, estava ligada, como outrora vimos, à orientação comercial da lavoura do trigo. Tal quadro traz à tona uma nova indagação: Como os colonos podiam se privar daquilo que constituía seu alimento fundamental? Presumimos que a solução encontrada por eles desde os primeiros anos de vivência no Novo Mundo foi substituir a farinha de trigo, por outros produtos, na confecção de pães e diversos quitutes transpostos de além-mar. Porém, neste processo, o modelo europeu sempre era almejado. Não podemos esquecer, como afirmou Rubens Panegassi, que havia critérios para a substituição dos alimentos, sobretudo, aqueles que tinham papel estratégico na reprodução de seu antigo sistema de vida e que eram os pilares da cultura cristã, como por exemplo, o pão e o vinho.[71] Com frequência, encontramos os cronistas seiscentistas devotando parte de seus relatos às discussões sobre os gêneros que podiam ser utilizados como possíveis substitutivos do trigo na fabricação do pão. A mandioca foi o alimento que mais mereceu atenção neste contexto. Embora o complexo da mandioca fosse majoritário na culinária dos grupos tupis da costa, ele também se fazia presente entre muitos tupis que habitavam as regiões interioranas do Brasil como foi o caso do Planalto do Piratininga.

Todavia, neste ponto cabe fazermos uma ressalva sobre um aspecto muito defendido pelos autores que abordaram o tema da alimentação em São Paulo

---

70 *Ibidem*, p. 46.
71 Rubens Panegassi. *Op. cit.*, p. 67.

colonial e que diz respeito ao fato de a mandioca não encontrar condições favoráveis de solo e clima nos campos de Piratininga para a sua produção em larga escala. É o que sugere, por exemplo, Carlos Borges Schmidt:

> a mandioca, por exemplo, pode produzir, no litoral paulista, até em 10 meses apenas, depois de ser plantada. (...) Já na região montanhosa, que orla o planalto acompanhando a Serra do Mar, o amadurecimento da planta exige, em geral até 24 meses de chão, do plantio à colheita para dar um rendimento razoável. Dois anos de trato de um cultivo qualquer encarece de sobremodo o produto, e desanima mesmo.[72]

Embora Carlos Borges Schmidt aponte as desvantagens que a lavoura de mandioca teria na São Paulo de antigamente, em nenhum momento ele chegou a negar a existência do cultivo desta raiz entre os paulistas. Em todo o caso, apesar de não negligenciarmos a restrição que os fatores de ordem climática poderia trazer a produção da mandioca em larga escala na região de serra acima, não se pode afirmar que isso implicou na ausência de sua produção nos quintais das casas ou sítios ao longo do período colonial.

Com efeito, o consumo da mandioca entre os paulistas pode ser sugerido pelo relato de vários cronistas. Manoel da Fonseca, por exemplo, não hesitou em descrever a farinha de mandioca como parte integrante do sustento ordinário dos moradores de São Paulo.[73] Seja discriminada nas roças dos moradores, seja arrolada na descrição dos negócios ou dívidas advindas de seu comércio, a mandioca, bem como suas farinhas, após o trigo, foram os mantimentos que mais tivemos indícios em nosso trabalho com os *Inventários* e *Testamentos*. Ao compararmos os dois alimentos que mais se fizeram presentes nos inventários, pôde-se perceber a menção do cereal adventício e de sua farinha em 30 propriedades inventariadas, enquanto a mandioca e seus sucedâneos estiveram presentes em 29 inventários. Embora o trigo e seus respectivos produtos tenham aparecido praticamente no mesmo número de propriedades, isso não significou que o primeiro tivesse uma maior predominância no consumo doméstico, pois, como já vimos, os dados a respeito dos valores e quantidades de trigo encontrados nas

---

72 Carlos Borges Schmidt. *Op. cit.*, 1958, p. 14.
73 Manoel da Fonseca. *Op. cit.*, p. 136.

fontes consultadas demonstraram que grande parte dos trigais da região tinha sua produção destinada ao mercado externo.

De fato, a mandioca e seus utensílios estiveram presentes em muitos domicílios paulistas. Embora a porcentagem de 22% (correspondente a 29 inventários) pareça baixa, devemos levar em consideração que são parcas as menções a qualquer alimento inventariado entre os bens neste tipo de documentação. Isto se explica talvez pelo fato de que muitos produtos, como o milho, o trigo ou o feijão, ainda estavam nas roças, sendo difícil arrolá-los, antes de estarem colhidos. Mas devemos lembrar que isto, todavia, não se aplicava ao caso da mandioca, uma vez que suas ramas eram frequentemente arroladas ainda nas plantações ou quintais dos sítios ou casas da vila e adjacências. O inventário de Maria Bicudo, datado de 1660, é exemplificativo de como as referências às roças de mandioca podem aparecer neste tipo de documentação. Nele encontramos discriminadas, duas roças de mandioca, uma já com raiz e outra mais nova.[74]

Descrições como estas, além de serem ricos testemunhos da presença da mandioca nos domicílios paulistas, também nos proporcionaram informações preciosas a respeito da cultura deste alimento. Apesar de, num primeiro momento, tais detalhes se apresentarem aos nossos olhos como de pouca relevância, depois de uma leitura atenta, eles se mostraram de grande utilidade. Assim foi o caso, por exemplo, das especificações sobre o tempo das roças que, como nos mostra Francisco Dias Andrade, nos ajudaram a reconhecer a mandioca em muitas plantações que eram discriminadas apenas como *roças de mantimentos*, *rocinhas* ou *pedaço de mantimento*.[75] Desta forma esteve discriminado no inventário de Maria de Oliveira, cuja propriedade lista quatro roças de mantimento da seguinte forma: "uma roça de mantimento de dois anos+outro pedaço de mantimento de um ano + um pedaço de mantimento plantado+ outro pedaço de mantimento de que se come".[76] Se, à primeira vista, tais denominações pudessem se referir a qualquer espécie alimentar, a leitura atenta desta documentação nos forneceu indícios para discernirmos que era a mandioca o alimento que estas descrições faziam referência. Isso porque, quase sempre, tais descrições

---

74 Inventário de Maria Bicudo (1660), v. 14. In: *Inventários e Testamentos, op. cit.*, p. 64.

75 Francisco de Carvalho Dias de Andrade. *A memória das máquinas: um estudo de história da técnica em São Paulo*. Dissertação de mestrado – IFCH-Unicamp, Campinas, 2011.

76 Inventário de Maria de Oliveira (1628), v. 13. In: *Inventários e Testamentos, op. cit.*, p. 149.

estavam acompanhadas dos tempos das roças, os quais variavam de acordo com Carlos Schmidt de um a quatro anos de idade.[77] A mandioca, como Francisco Dias observou, além do tempo de maturação longo, tinha a particularidade de se conservar, mesmo depois de pronta, sob a terra por um longo tempo sem a necessidade de ser colhida.[78] Já a produção das demais roças devia ser armazenada em casas próprias para isso.

Ademais, outras informações presentes nos próprios inventários podem indicar pistas de que seria a mandioca o gênero presente nestas lavouras. Voltemos ao inventário de Maria Oliveira. Ao lado dos *pedaços de mantimentos*, se encontram, arrolados em seu inventário, um milharal, uma tulha de trigo em palha e doze alqueires de feijões branco. Com exceção da mandioca, os demais mantimentos que se cultivavam nas propriedades paulistas estavam listados neste inventário. Outra indicação que corroborara tal suposição, mais uma vez, pode ser visualizada no mesmo inventário. Nele, encontramos listado um equipamento fundamental do complexo da mandioca: uma prensa, "para espremer massa de farinha de mandioca".[79] Da mesma forma se sucedeu com o inventário de Ambrósio Mendes, no qual se encontra "um pedaço de mantimento de que se vai comendo", conjuntamente com uma prensa para o beneficiamento da raiz indígena.[80]

A partir de tais indícios, pode-se afirmar que a mandioca, ao lado do milho e do trigo também esteve presente no sustento dos paulistas e, o exemplo mais significativo para embasar tal hipótese, seria o próprio fato de ela aparecer denominada apenas como *mantimento* na documentação. Isso denotaria que ela não possuía uma importância tão diminuta quanto argumentou Sérgio Buarque de Holanda, bem como outros autores que abordaram o tema da alimentação em São Paulo colonial. Tendo em vista que a mandioca teria alcançado um status importante dentro do sustento dos paulistas, não podemos esquecer que, tal como o milho, ela teria sido incorporada de diferentes maneiras pelos paulistas.

Como já dito anteriormente, embora nosso objetivo não fosse focar num grupo social em específico, as análises dos inventários indicaram que a mandioca esteve presente tanto em inventários modestos, como também naqueles de

---

77 Carlos Borges Schmidt. *Op. cit.*, 1958, p. 26.
78 Francisco de Carvalho Dias de Andrade. *Op. cit.*, p. 117.
79 Inventário de Maria de Oliveira (1628), v. 13. In: *Inventários e Testamentos, op. cit.*, p. 150.
80 Inventário de Ambrósio Mendes (1642), v. 14. In: *Inventários e Testamentos, op. cit.*, p. 479.

indivíduos mais abastados. Tal teria sido o caso de Clemente de Campos, morador de Santana de Parnaíba, comerciante de grosso trato, cujo inventário demonstrou indícios da presença da mandioca sendo consumida pelos familiares do falecido: "um pedaço de mantimento da parte da viúva que se vai comendo no valor de 4000 réis".[81] Já Manuel Peres Calhamares, dono de várias propriedades em Jundiaí e de um plantel considerável de cativos, também possuía uma roça de mandioca inventariada entre seus bens, no valor de 16.000 réis como se percebe na leitura.[82]

Embora estejamos convencidos de que na região de serra acima o consumo de tal gênero fosse disseminado entre os portugueses de São Paulo, isto não excluiu o fato de continuar sendo recorrente entre os indígenas do Planalto. Por exemplo, no inventário de Ângela de Campos consta uma roça de mandioca discriminada da seguinte forma: "um pedaço de mandioca de que se come e outro pedacinho que tudo uma cousa por outra não se avaliou por ser necessário para o sustento da casa órfãos e gentios".[83] Embora não se possa negligenciar que parte dos paulistas tivesse ascendência nativa, tudo leva a crer que a forma como eles consumiam essa raiz se diferenciava do modo como os indígenas o faziam.

Para entendermos a frequência com que encontramos a mandioca sendo consumida pelos moradores de São Paulo temos que levar em consideração a própria similitude que os portugueses tinham encontrado entre a raiz autóctone e seu alimento base: o trigo. O jesuíta José de Anchieta já chamara atenção para este fato, ainda no século XVI, em carta escrita ao padre Manoel da Nóbrega:

> O principal alimento desta terra é a farinha de pau que se faz de certas raízes que se plantam, e chamam mandioca as quais – quando comidas cruas, assadas ou cozidas – apodrecidas, desfazem-se em farinha, que se come, depois de torrada em vasos de barro bastante grandes. Isto substitui entre nós o trigo.[84]

---

81 Inventário de Clemente Alveres (1641), v. 14. In: *Inventários e Testamentos, op. cit.*, p. 91.

82 Inventário de Manuel Peres Calhamares (1663), v. 16. In: *Inventários e Testamentos, op. cit.*, p. 375.

83 Inventário de Ângela de Campos (1641), v. 13. In: *Inventários e Testamentos, op. cit.*, p. 105.

84 "Carta de José de Anchieta para o Padre Inácio de Loyola". In: Serafim Leite (org.). *Cartas dos primeiros jesuítas do Brasil*. São Paulo: Comissão do IV Centenário da Cidade de São Paulo, 1954-1958, p. 112.

A partir deste pequeno excerto temos indícios de como a mandioca podia ser utilizada como substituta do trigo. De fato, tudo levar a crer, que esta situação não se restringiu apenas aos primeiros anos da presença europeia em solo de Piratininga, estendendo-se ao longo de todo período contemplado por nossa pesquisa. Devido ao consumo disseminado da mandioca e seus derivados durante o período colonial, a própria palavra farinha referia-se em particular à farinha feita de mandioca. A maior aceitação que a raiz nativa parece ter tido entre os colonos explicar-se-ia pela seguinte razão: ela seria o alimento nativo que reproduzia com mais familiaridade os valores produtivos e culturais associados ao trigo.[85] Primeiramente, sublinhamos o fato de a "cultura agrícola " que existia em torno dela requerer um cabedal muito grande de conhecimentos. Neste sentido, as exigências requeridas por esta planta fazem pensar, de acordo com a perspectiva de Carlos Borges Schmidt,

> na existência entre os povos do seu cultivo cuidaram e cuidam, de um cabedal de recursos técnicos mais desenvolvidos, uma vez que, para o seu aproveitamento, se torna necessária, a adoção de certas práticas destinadas à extração dos princípios venenosos que contém.[86]

Em seguida, destacamos a tecnologia envolvida na transformação da raiz em alimento comestível. A confecção, tanto da farinha de pau quanto da farinha fresca, estava envolta por uma cultura culinária, pois como Carlos Borges Schmidt deixou claro demandava tempo e processos indispensáveis não só à sua fabricação, mas também à sua conservação e armazenamento.

Embora no Planalto a mandioca fosse utilizada com os mais diversos fins culinários, há razões para crer que as farinhas, tanto a de guerra quanto a fresca, tivessem importância superior a qualquer outro produto comestível produzido da mandioca. A farinha de guerra, marcava presença na subsistência cotidiana dos primeiros colonos de São Paulo, sobretudo, os mais necessitados. O paulista

---

85 Rubens Panegassi atentou para este fato em sua dissertação de mestrado. De acordo com o autor, "ao passo que as preferências alimentares se encontram atreladas a códigos culturais, a exigência de uma escolha alimentar, frente a um repertório de gêneros bastante distintos daqueles tradicionais e conhecidos, enfim, a eleição ou a recusa deste ou daquele gênero encontra-se profundamente vinculada à produção de códigos que nivelem essas diferenças" (Rubens Panegassi. *Op. cit.*, p. 72).

86 Carlos Borges Schmidt. *Op. cit.*, 1958, p. 10.

a consumia sob as mais variadas formas. Todavia, as aplicações culinárias que este mantimento teve entre os colonos foram muito além daquelas aprendidas com os autóctones, já que ela podia ser empregada, conforme argumentou Câmara Cascudo na fabricação de pratos característicos da culinária lusitana como mingaus, caldos, sopas, papas, entre tantas outras receitas que atravessaram o Oceano na bagagem dos portugueses.[87] Herdeiros de uma tradição culinária baseada no consumo de papas e líquidos, como observou Paula Pinto e Silva, podemos imaginar o quanto os paulistas não lançaram mão desta farinha em seus acepipes.[88] O que, por outro lado, não impediu que os mesmos a consumissem como faziam os antigos naturais da terra: pura, como farofa, nas refeições ou na confecção de receitas autóctones como tapiocas, carimãs ou bebidas.[89]

Se, devido à suas características rústicas, a farinha de guerra era considerada o pão usual dos mais necessitados, o mesmo não pode ser dito da farinha fresca ou da água. São famosos os elogios produzidos pelos cronistas, desde o século XVI, a respeito deste mantimento, como encontramos no *Tratado Descritivo do Brasil*, escrito por Gabriel Soares, em 1587. Nele, o autor afirmou ser a farinha fresca "o mantimento de mais estima e proveito que se faz da farinha de mandioca".[90] De aparência delicada e sabor mais brando que as demais farinhas nativas, não são de se estranhar as aproximações que tenham sido feitas entre ela e a farinha do Reino e, tampouco, que ela tenha ganhado espaço nas mesas dos habitantes mais abastados. Tudo indica que seu uso era mais restrito e isto pode ser explicado por duas razões principais. A primeira estaria relacionada ao preparo mais trabalhoso e dispendioso que requeria. Tal processo era conhecido como *pubar* e consistia em colocar as ramas de mandioca recém colhidas de molho por três ou quatro dias até que a casca se soltasse.[91]

---

87 Luis da Câmara Cascudo. "Sopas, caldos e papas". *Op. cit.*, p. 533-544.
88 Paula Pinto e Silva. *Op. cit.*, p 99-100.
89 Luis da Câmara Cascudo. *Op. cit.*, p. 97-98.
90 Gabriel Soares de Sousa. *Tratado descritivo do Brasil em 1587*. São Paulo: Editora Nacional/Edusp, 1971, p. 137.
91 Quando as raízes estivessem muitas alvas e livres de qualquer veneno, conforme nos mostra Gabriel Soares de Sousa, elas deveriam ser lavadas, para só então, "desfeitas à mão, se espremem no *tapeti*, cuja água não faz mão; depois de bem espremidas desmancham esta massa sobre um urupema (...) o pó que se coou lançam-se em um alguidar que está sobre o fogo, aonde se enxuga e coze de

Além disso, como bem pontuou Paula Pinto e Silva a farinha fresca tinha pouca vida útil, pois passados dois ou três dias de sua fabricação embolorava, não se prestando mais ao consumo.[92] Eis, então, a segunda razão pela qual acreditamos que ela não tinha seu consumo generalizado. Ainda de acordo com a mesma autora, em um país caracterizado pelos constantes problemas de conservação de alimentos, os colonos não podiam dar-se ao luxo de consumir com frequência um produto tão perecível.[93] De qualquer modo, seja pelo trabalho oneroso demandado, seja pela necessidade de fazê-lo regularmente, para que os paulistas pudessem ter acesso regular a este acepipe em suas mesas, era necessário abrir mão de um número considerável de cativos somente para prepará-lo, o que consideramos um privilégio, numa sociedade, onde vicejava a necessidade crônica de mão de obra.[94]

Os relatos de época informam ainda que havia outras formas de transformação da mandioca em alimento comestível. Dentre estas, destacamos o beiju, iguaria indígena que parece também ter caído no gosto dos estrangeiros por se assemelhar muito aos filhós das cozinheiras portuguesas, não só pela aparência, mas também pelo gosto. Devido a tais características, tal como sucedeu com a farinha fresca, não é de se estranhar que o beiju tivesse rapidamente conquistado o paladar adventício. Conforme nos explicou Eduardo Galvão, seu processo de preparo era, em geral, o mesmo da farinha de guerra, só que deveria ser feito diariamente, tal como ocorria com a farinha puba. No entanto, à exceção desta, caso não consumidos de imediato, eles podiam ser conservados por mais tempo, se expostos ao sol ou torrados nos tachos de cobre. Conservados desta maneira, duravam de seis meses a um ano. Os beijus podiam ser ingeridos a qualquer hora do dia nas refeições principais, nas merendas ou até mesmo nos farnéis de viagem. Contudo, qualquer que fosse o modo, as formas de seu consumo não ficaram restritas aos modos como os indígenas o faziam, marcando presença no cardápio das gentes de primor da Colônia. Adotado pelas mulheres portuguesas pela semelhança com os já citados filhós portugueses, o beiju, como bem

---

maneira que fica dito e fica como um cuscuz, a qual água quente ou em fria é muito boa e assim no sabor com em ser sadia e de boa digestão" *(ibidem,* p. 136).
92 Paula Pinto e Silva. *Op. cit.,* p. 97.
93 *Loc. cit.*
94 Francisco Dias de Andrade. *Op. cit.,* p. 122.

pontuou Paula Pinto e Silva, "saiu das aldeias e entrou nos alpendres e nas varandas, alargando as possibilidades do paladar europeu".[95]

Neste sentido é preciso notar que embora sobre a mandioca recaísse parte considerável das negociações alimentares postas em prática depois do contato estabelecido entre europeus e autóctones, o processo de confecção das farinhas e dos beijus mantivera-se praticamente inalterados durante todo o período colonial. O que não passou despercebido aos olhos dos cronistas que tiveram o ensejo de observar de perto as práticas relativas ao plantio da raiz e preparo das farinhas. Uma explicação convincente para a manutenção do legado nativo no processo de aproveitamento da mandioca pode ser buscada na tecnologia envolvida no fabrico da farinha de mandioca. Tratava-se, de uma série de conhecimentos e recursos técnicos que, se comprados com os relativos ao milho, eram possivelmente vistos pelos europeus como muito complexos e difíceis de serem substituídos.[96]

Uma das poucas modificações que os portugueses impuseram neste processo foi a introdução de utensílios que garantiam uma maior eficiência ao processo, como a prensa e a roda de ralar, que passaram a ser utilizados no lugar dos instrumentos indígenas, como o tipiti e os raladores, respectivamente. A prensa, segundo Francisco Dias, já era uma velha conhecida dos europeus e, desde a Antiguidade, era utilizada para prensar as olivas e produzir o azeite.[97] Contudo, em terras americanas, teve seu uso adaptado para a extração do veneno tóxico da mandioca brava. Já a roda de ralar, foi uma adaptação portuguesa usada na substituição dos raladores tupis, fabricados de pedras ásperas ou de casca de árvores.[98] Não podemos esquecer que estes mesmos raladores também podiam ser substituídos pelos ralos de cobre ou latão que tinham, por isso, a mesma aplicação da roda de ralar. Já as panelas de barro, bem como os fornos deste mesmo material, utilizados no cozimento e na torração da farinha, foram substituídos por utensílios europeus sucedâneos, porém feitos de cobre ou ferro, os quais estiveram amplamente exemplificados nos *Inventários e Testamentos*.

De certo modo, os *Inventários e Testamentos* testemunharam a transposição dos equipamentos europeus ao complexo da mandioca, bem como o uso disseminado

---

95 Paula Pinto e Silva. *Op. cit.*, p. 98.
96 Eduardo Galvão. *Op. cit.*, p. 232 e 237.
97 Francisco Dias de Andrade. *Op. cit.*, p. 151.
98 Carlos Borges Schmidt. *Op. cit.*, 1958, p. 42.

que eles tiveram entre os paulistas.⁹⁹ Dos 134 documentos consultados, a prensa figurava em 30 inventários, correspondentes a 23% do total, representando o equipamento de processamento alimentar mais difundido na documentação. Em situação diferente está a roda de ralar que teve uma frequência bem menor de aparições, tendo sido encontrada em apenas 10 inventários, o que equivale a um total de 8%. Esta baixa frequência pode ser atenuada se levarmos em consideração que os ralos de cobre ou latão também tinham a mesma utilidade da roda, tendo figurado em mais 5 inventários que correspondem a 4% da documentação lida. Para o cozimento ou torração, temos os fornos de ferro ou cobre com 8 aparições (6%), acompanhados pelas pranchas e panelas de cobre com 4 menções cada uma (3%).

Além disso, temos os tachos que foram encontrados em grande frequência nos inventários analisados. Eles apareceram em 90 documentos desde aqueles que possuíam espólio final baixo até os mais abastados. Tal número correspondeu a aproximadamente (68%) do total de inventários trabalhados. Esta grande presença e o baixo valor com que eles foram avaliados demonstram a significativa utilidade dos tachos nas tarefas domésticas, sendo o utensílio de cozinha mais usado entre os paulistas, pois não estava associado apenas à preparação da farinha de mandioca. Esses eram empregados para "fritar, assar e fazer guisados, além de servir para preparar doces em calda e muito provavelmente, marmelada precisavam ser cozidos antes de serem espremidos e misturados com calda de açúcar ou açúcar areado em pó".¹⁰⁰

Apesar dos utensílios europeus, usados na fabricação da farinha terem presença expressiva nos inventários consultados, muitos moradores não tinham acesso a eles em seus domicílios. De fato, esta não era uma realidade somente aplicável aos objetos que integravam o complexo da mandioca, podendo ser expandida aos demais utensílios de mesa e cozinha trazidos pelos portugueses. Estes foram os casos dos tachos, panelas, jarros, pratos, colheres. A despeito da funcionalidade de tais objetos, percebemos que muitos deles só foram mencionados

---

99 A historiadora Luciene Scarato também procurou analisar os usos práticos e simbólicos dos objetos presentes no cotidiano dos colonos que habitavam os caminhos e áreas fronteiriças das Minas Gerais no século XVIII, no capítulo de sua dissertação "Os moradores das Minas e os caminhos: cotidiano e vida material" (Luciane Cristina Scarato. *Caminhos e descaminhos do ouro nas Minas Gerais: administração, territorialidade e cotidiano*. Dissertação de mestrado – IFCH-Unicamp, Campinas, 2009, p. 143-223).

100 Milena Fernandes Maranho. *Op. cit.*, 2002, p. 117.

em inventários, cujo espólio possuía um alto montante, como foram os casos dos pratos ou louças trazidos de várias localidades do Império Luso ou dos talheres e utensílios de prata. Acreditamos que os moradores que não tinham condições para obter utensílios mais valiosos, não tinham outra opção a não ser lançar mão dos utensílios de cerâmica indígena.

Assim, mesmo quando houve transposição, ou melhor, adaptação de instrumentos europeus para o beneficiamento da raiz tóxica em alimento pronto destinado ao consumo humano, isso de nenhuma forma reverberou no abandono das técnicas indígenas usadas no tratamento deste alimento, sobretudo entre os mais despossuídos. Por ser a mandioca o alimento que integrou com mais regularidade o repertório alimentar dos colonos recém chegados, podemos concluir, tal como Carlos Alberto Dória em seu ensaio sobre a formação da culinária brasileira, que as técnicas ligadas a esta raiz teriam sido, se não uma das principais, a principal contribuição legada pelos índios aos colonos.[101] Seria inimaginável pensar o que teria sido da sobrevivência dos colonos se não tivessem apreendido, como defende Leila Algranti, a "diferenciar as espécies de mandioca e saber que da mandioca brava depois de extraído o sumo veneno – que consiste no ácido prússico, que se não for retirado durante a preparação causava a intoxicação, podendo levar até a morte de quem a ingerisse".[102]

Enfim, ao nos aproximarmos da dinâmica da cultura alimentar de São Paulo, principalmente no que concernem às *práticas domésticas* referentes aos usos e costumes dos moradores, percebemos, como Leila Algranti já tinha observado que a dieta básica desses indivíduos diferia pouco daquela encontrada em outras regiões da América Lusa.[103] É o que sugeriu também nosso trabalho com as fontes documentais, o qual nos possibilitou visualizar que a mandioca teve um papel fundamental no sustento dos paulistas nos primeiros tempos. Elevada ao patamar do mais fidedigno substituto do trigo, a raiz nativa parece ter caído no gosto dos colonos brancos, desde o início da colonização, fixando-se em seu cotidiano alimentar, como mencionaram os relatos dos primeiros cronistas. Assim,

---

101 De acordo com Carlos Dória, as formas de transformação da mandioca e do milho teriam sido as principais técnicas que os colonizadores se apropriaram da cultura indígena, ver Carlos Alberto Dória. *A formação da culinária brasileira*. São Paulo: Publifolha, 2009, p. 43.

102 Leila Mezan Algranti. *Op. cit.*, 2011, p. 2.

103 *Ibidem*.

não por acaso, é possível encontrar a farinha de mandioca ainda no primeiro quartel dos Setecentos como uma grande protagonista dos litígios ligados aos problemas de abastecimento alimentar. As constantes reclamações de sua falta na vila, por parte da população continuaram levando os oficiais da Câmara a se reunirem, como ocorreu no 10/11/1736 com o intuito de mandarem:

> passar um edital por este senado que nenhuma pessoa possa levar para fora desta capitania, especialmente para vila de Santos, farinhas de mandioca conduzidas por negócio em razão do prejuízo que com a condução delas causaram aos moradores desta cidade (...) com pena de perdimento das ditas farinhas (...) que lhe achar na estrada fora da terra além de pagar seis mil réis da cadeia.[104]

Ainda que as predileções alimentares sejam um território difícil de descobrir, procuramos mostrar que, muito provável, a farinha de mandioca foi o alimento nativo que mais depressa se adaptou ao paladar do colono, mantendo, ainda em pleno século XVIII, um status importante na alimentação dos habitantes de São Paulo colonial. Todavia, antes de nos precipitarmos e concluirmos algo sobre o papel ocupado por esta planta dentro do repertório culinário das gentes do Planalto, é importante salientarmos que embora ela marcasse uma presença importante no sustento dos habitantes de São Paulo, o que de fato ocorria no restante da América Portuguesa, ela nunca reinou absoluta, já que sua lavoura teria coexistido com a do milho e do trigo nos sítios e fazendas da vila e suas adjacências.

Assim, podemos propor que dieta básica dos paulistas pouco diferia daquela posta em prática nas demais regiões da América Portuguesa, onde a carne, o vinho e as farinhas, tanto a de trigo quanto a de mandioca, constituíam gêneros fundamentais. Embora isso seja um fato, não podemos negligenciar a existência de certa diferenciação da cozinha em São Paulo, e, sobretudo, nas áreas ocupadas por seus habitantes. Em tais localidades, o colorido ficava por conta de um maior aproveitamento que os paulistas empreenderam da cultura alimentar dos indígenas e do milho. Não que esse alimento não fosse consumido em outras regiões da Colônia portuguesa na América, ou que nestas regiões não tivesse havido a incorporação do acervo cultural ameríndio. O que estamos propondo é

---

104 *Actas da Câmara Municipal de São Paulo*, v. 10, *op. cit.*, p. 490.

talvez a influência indígena tenha sido mais acentuadas na região do Planalto do Piratininga, devido não só a grande presença dos índios tupi-guaranis advindos das atividades apresadoras dos paulistas, mas especialmente a mobilidade que caracterizava a população paulista neste período.

E o fato de o milho ter sido algo corriqueiro entre os paulistas nas expedições e ocupação de novos territórios é a maior prova disso. Contudo, não queremos cair no extremo de afirmar que o dito alimento teria tido uma preponderância absoluta sobre outras culturas alimentares. Apesar de ser consumido e vendido na vila e em seu entorno, temos ressalvas a serem feitas sobre a hegemonia do milho na cultura alimentar dos habitantes de São Paulo.

De acordo com o nosso ponto de vista, a cultura do milho ganharia mais notoriedade entre os paulistas em um momento específico de sua história, a partir das últimas décadas do século XVII, quando houve mudanças na organização do sertanismo paulista através da busca por metais preciosos e da consequente expansão da sociedade paulista para as zonas interioranas, as quais surgiram em função das descobertas das minas. Neste contexto, de deslocamento rápido e adaptação a um novo meio, o milho mostrou-se fundamental. Além disso, não podemos deixar de lado outro fator essencial de nossa argumentação: acreditamos que, nas asperezas do sertão, longe da estabilidade da cidade, as trocas culturais e as apropriações de elementos da cultura alimentar indígena teriam sido muito maiores devido à precariedade e à necessidade da vida em movimento e também porque nestas ocasiões, haveria uma convivência mais estreita entre paulistas e indígenas. Será sobre estas questões que voltaremos nossa atenção agora.

Nas veredas do sertão: o consumo do milho e sua farinha na faina sertanista e na ocupação de novos territórios

Não há como estudar as práticas alimentares dos habitantes de São Paulo colonial sem levar em consideração o encontro cultural estabelecido entre os saberes e práticas europeus com aqueles usados e transmitidos pelos indígenas. Todavia, tal quadro coloca um problema interessante e pouco explorado pela historiografia, que é como estes processos se estabeleceram no Planalto paulista e nas zonas que surgiram da expansão de sua sociedade para o interior. Mas, antes de darmos prosseguimento a esta questão, é importante introduzirmos uma indagação que constitui um ponto fundamental para as reflexões por nós desenvolvidas. E esta indagação diz respeito às diferenças que possam ter existido entre os padrões alimentares dos moradores de São Paulo, dentro de seus domicílios, e aqueles praticados na faina sertanista. Isto porque, de acordo com nosso ponto de vista, é possível que os paulistas tenham se apropriado de elementos da cultura alimentar ameríndia, de uma maneira, na estabilidade dos domicílios e, de outra, na mobilidade rumo ao sertão. A chave para entendermos tal oposição, pode ser encontrada no próprio significado que os termos *mobilidade e estabilidade* evocam. Ambos, recorrentes em nosso trabalho, não se referem aqui apenas às duas formas distintas do paulista de se relacionar com o meio espacial. Mas, ao serem utilizados por nós como categorias explicativas, contribuíram para dimensionar melhor os intercâmbios culturais estabelecidos nos âmbitos da cozinha paulista, levando em consideração os diferentes contextos e espaços em que eles ocorreram.

Deste modo, tais encontros nos serviram para elucidar as possíveis diferenças existentes na alimentação paulista, de um lado, no espaço de suas residências e, de outro, nas incursões sertanistas e na ocupação de novos territórios. No primeiro caso, acreditamos que houve uma maior tendência, por parte dos colonos, em manter os hábitos alimentares aos quais estavam acostumados no além-mar. Dentro dos domínios da vila, as circunstâncias proporcionavam uma maior liberdade tanto para escolhas quanto para a reprodução dos seus traços culturais característicos. Já, longe da estabilidade das práticas domésticas, acreditamos que as trocas culturais, bem como as apropriações de elementos da cultura alimentar nativa, devido à precariedade e à necessidade da vida em movimento, teriam sido mais frequentes, além do que, nestas ocasiões, haveria uma maior convivência entre esses povos, culturalmente distintos.

Embora acreditemos na provável existência de diferenças entre os padrões alimentares, não estamos defendendo que esses eram rígidos, muito menos que não eram passíveis de mudança e interpenetração. Na verdade, acreditamos que tais padrões influenciavam-se mutuamente, mostrando-se flexíveis e móveis, como a própria faina sertanista destes indivíduos. Assim, os termos *mobilidade* e *estabilidade*, quando estendidos ao plano simbólico, nos permitem elucidar as diferentes formas de ajustamento advindas do contato cultural entre colonos e indígenas em São Paulo colonial. Não podemos perder de vista que nosso interesse centra-se na contribuição desses últimos para a formação da cultura alimentar dos primeiros e, para tanto, o conceito de mobilidade representaria a maior predisposição dos colonos, descendentes de europeus, à mudança e transformação de seus costumes alimentares, enquanto o de estabilidade, pelo contrário, reportar-se-ia a um processo que se caracterizava pela manutenção dos hábitos e técnicas culinárias que trouxeram de suas terras de origem.

Diferente do que acontecia na estabilidade das práticas domésticas, onde o milho estaria longe de ser considerado a lavoura exclusiva, podendo mesmo ser tratado por alguns integrantes da elite paulista como um recurso alimentar ocasional – consumido somente em momentos de extrema necessidade –, nas zonas de expansão paulistas, o milho foi, senão a lavoura predominante, o alimento do qual não se podia abrir mão. Assim, dizem-nos os registros documentais sobre as expedições que se dirigiam para o interior do Brasil. Ao nos fornecerem informações a respeito do cotidiano alimentar dessas viagens, eles nos permitiram visualizar como o milho e, sobretudo, sua farinha foram indispensáveis na vida andeja daqueles indivíduos. O uso corrente e cotidiano deste alimento foi tão grande que ele era mencionado nas crônicas apenas através da denominação genérica de *mantimento*, como sugeriram as informações contidas no relato sobre a viagem que o governador Rodrigo César de Meneses fez para as minas do Cuiabá, onde se lê:

> Em 7, 8, 9, 10, 11 se navegou da mesma sorte partindo-se e arranchando-se as mesmas horas, tomando-se sempre nestas viagens algumas horas de descanso (...) e no 1º dia se expedia um próprio ao *Aricá* a comprar milhos e nos dias seguintes se continuou a viagem sem mantimento e só com a esperança de chegar a ele: no último dia se chegou à roça de Felipe de Campos, onde se acharam cem mãos de mantimentos a duas oitavas a mão, que S. Exc.ª mandou logo repartir por toda a tropa pela livrar de padecer de tão extrema necessidade, pois se achavam já os brancos e negros muito debilitados e fracos.[105]

---

[105] "Notícia da 6ª prática e relação verdadeira da derrota e viagem que fez da cidade de São Paulo para as Minas do Cuiabá o Exmo Rodrigo Cesar de Meneses, governador e capitão general da Capitania de São Paulo suas minas descobertas no tempo do seu governo e nele mesmo estando estabelecidas". In: *Relatos monçoeiros, op. cit.*, p. 115, grifo nosso.

Em textos como estes, verificamos que quando a palavra *mantimento* aparecia, ela estava acompanhada por algum outro indício que nos permitiu inferir que o milho corresponderia ao dito mantimento. No caso citado, além da referência direta que sublinhamos, o fato de os mantimentos em questão estarem avaliados em mãos – medida de superfície utilizada exclusivamente para o milho – também nos permitiu traçar tal equivalência. Mais adiante, igualmente, chamou-nos atenção que a palavra mantimento foi usada para se referir ao milho também na colonização das áreas mineratórias. Após a viagem do capitão Rodrigo César de Meneses ter chegado ao arraial do Senhor Bom Jesus das minas de Cuiabá, o secretário do governador relatou que se abateu sobre a região uma grave crise alimentar, devido ao longo período de estiagem,

> houve falta do milho que é sustento de brancos e negros porque secaram as roças e plantas e foi necessário replantá-las: achamos o alqueire mantimento a 14 oitavas de ouro, o feijão a 20, a farinha de mantimento a 20, as galinhas a 3, a libra de carne de porco fresca a 1, a salgada a 2, a dúzia de ovos a oitava e oitava e meia, e tudo o mais a esta proporção; e teria passado a mais se não chovesse alguns dias e cobrassem algum vigor.[106]

Além de mostrar como os paulistas padeceram no início do povoamento daquelas minas, com a falta de alimentos e a exorbitância dos preços pelos quais eram vendidos, no trecho em questão, é possível observar a preocupação que a falta do milho, em específico, causava naqueles homens. De fato, não só neste documento, mas em muitos outros da mesma época, observamos a carestia que os paulistas experimentavam nas lonjuras do sertão. Como nos explica o Secretário do Governo de São Paulo, André Lopes da Lavre, no ano de 1723, isso se dava devido "à falta de mantimentos, e da muita gente que tem concorrido para as novas minas".[107]

Diante do quadro desalentador pintado pelos homens da época, tudo indica que no contexto de dispersão geográfica, os colonos tiveram muita dificuldade

---

106 *Ibidem*, p. 117.
107 "Carta Régia prohibindo que o secretario do governo de São Paulo tenha os seus ordenados elevados por meio de um imposto sobre os que iam a Cuyabá". In: *Documentos interessantes para a história de São Paulo. Vol. XVIII – Avisos e Cartas Régias (1714-1729)*. São Paulo: Typographia Aurora, 1896.

em reconstituir as práticas e valores, aos quais estavam acostumados. Isso, aliado à proximidade forçada com o gentio da terra, abria mais espaço para que houvesse uma maior incorporação das tradições culturais autóctones. De acordo com Glória Kok, através do "convívio íntimo com as culturas indígenas, seja por meio dos escravos, seja por meio de relações de parentesco, os paulistas herdaram técnicas que lhe garantiram a sobrevivência nas densas florestas tropicais (...) vastos descampados e terrenos pantanosos".[108] A documentação dos relatos sertanistas nos sugere que a presença indígena continuava, ainda no Setecentismo, numericamente significativa dentro dos comboios. Assim, nos dá a entender, o alferes José Peixoto da Silva Braga ao descrever a composição dos homens que partiram na primeira bandeira rumo ao descobrimento das Minas do Guayases:

> Saí da cidade de São Paulo a 3/07/1722 em companhia do Capitão Bartolomeu Bueno da Silva, o Anhanguera de alcunha, que era o cabo da tropa com 39 cavalos, dois religiosos bentos, um Francisco e, 152 armas, entre as quais também 20 índios que o Sr. Rodrigo César, general que então era de São Paulo deu ao cabo a Bartolomeu Bueno, para a condução das cargas e necessário. Dos brancos quase todos eram filhos de Portugal, um da Bahia, cinco ou seis paulistas com seus índios, e negros a todos à sua custa.[109]

Os inventários do período também demonstraram que, mesmo nas expedições de pequeno porte, cuja organização tinha um caráter eminentemente privado, os indígenas continuavam sendo importantes. Com o grande número de minas descobertas, encontramos cada vez mais indícios de paulistas no sertão, em companhia de escravos índios. Como o conhecimento dos recursos naturais não é passível de ser improvisado, mas requer um contínuo aprendizado, parece algo a ser considerado que as pequenas armações contassem sempre com um número maior de índios sertanistas. Eles, frequentemente, faziam parte do conjunto de "itens" necessários para o sucesso das jornadas realizadas pelos paulistas e, por isso, era prerrogativa do armador fornecê-los para o sertanista que

---

108 Glória Kok. *O sertão itinerante: expedições da capitania de São Paulo no século XVIII*. São Paulo: Hucitec/Fapesp, 2004, p. 32.

109 "Notícia da 1ª prática que dá ao P. M. Diogo Soares o Alferes José Peixoto da Silva Braga (...)". In: *Relatos sertanistas, op. cit.*, p. 124.

conduziria a expedição. Tal foi o caso do capitão Bartolomeu Bueno de Feijó que, na primeira década dos Setecentos, pegou em contrato de seu pai, Diogo Bueno, "8 peças do gentio da terra, mais 6 éguas carregadas de mantimentos, um cavalo selado, mais três espingardas".[110] Embora o contrato previsse que Bartolomeu devesse remeter aos pais parte das riquezas minerais extraídas, como demonstrou Izabel Bueno de Oliveira, filha do casal e irmã do capitão, o acordo não foi cumprido, já que passados 20 anos da partida da expedição, ele ainda não tinha enviado nem notícias, muito menos os lucros.[111]

Estes são apenas alguns dos muitos exemplos encontrados na documentação pesquisada que nos sugerem que a presença indígena era condição *sine qua non* para que as expedições sertanejas tivessem êxito. Isto porque, quando se embrenhavam pelo sertão, os paulistas necessitavam do auxílio destes intermediários que eram estratégicos não só nas atividades de extração de cativos e de riquezas minerais, mas na sobrevivência cotidiana da bandeira. Acostumados com uma vida de constante itinerância, parece ser óbvio que os grupos, com os quais os paulistas mantiveram um intenso contato, tivessem desenvolvido um conhecimento apurado a respeito da natureza e da geografia, imprescindível para os bandeirantes que se enveredavam pelo interior do continente, sobretudo, se levarmos em consideração a falta de experiência de tais homens na penetração dos inóspitos sertões do centro-oeste.

No plano alimentar, o uso dos produtos e das maneiras dos nativos pelos paulistas era essencial, tendo em vista os constantes problemas de fome que os assolavam. Isso porque, como apontou Antonio Candido, sua utilização permitiu ao paulista "estreitar os laços com a terra, favorecendo a mobilidade, penetrando nas formas de equilíbrio ecológico anteriormente desenvolvidas pelas tribos. Daí nesse mameluco de corpo e alma, um certo apego aos alimentos da terra".[112] A caça, a pesca, a coleta, a pilhagem, além da plantação de roças de subsistência foram algumas das maneiras indígenas que os paulistas se apropriaram para saciar a fome em sua faina sertanista, na esperança de prolongar por mais tempo sua sobrevivência. Quando nenhuma destas alternativas se mostrava possível, eles

---

110 Inventário de Diogo Bueno (1729), v. 24. In: *Inventários e Testamentos, op. cit.*, p. 343.
111 *Loc. cit.*
112 Antonio Candido. *Op. cit.*, p. 51-52.

comiam animais que, a princípio, podiam parecer repugnantes ao paladar europeu, tais como cobras, lagartos, formigas etc. O relato de um anônimo, presente no Códice Costa Matoso, demonstrou como a caça era um hábito indígena muito utilizado no sustento dos viajantes:

> Como distinguiram o gentio da costa do mar, passaram ao sertão, sendo a matalotagem destes homens pólvora e chumbo, passando a vida de montarias, a saber, todo o gênero de caças: antas, veados, macacos, quatis, onças, capivaras, cervos; e aves: jacus gaviões, pombas e outros muitos pássaros; e muitas vezes cobras, lagartos, formigas e uns sapinhos que dão nas árvores, e outrossim mais uns bichos muito alvos, que se criam em taquaras e em paus pobres.[113]

A centralidade das atividades de caça no cotidiano das expedições justifica a grande quantidade de espingardas, escopetas, chumbos e pólvoras presentes na bagagem dos sertanistas, tal como ficou evidente na citação acima.[114] Isso sem contar as armas dos próprios indígenas.[115] De acordo com Glória Kok, para garantir a sobrevivência no sertão, os paulistas lançavam mão dessa prática sempre que possível. Apropriando-se dos conhecimentos indígenas, "selecionavam as caças de acordo com o gosto da carne que mais lhe apraziam. Assim as carnes de pacas, capivaras, veados, tamanduás, antas, porcos-do-mato e macacos eram especialmente saboreadas, orientando as preferências na caça".[116] Sempre lembrando que a escolha se dava pelo paladar e este norteava-se, nas palavras de Antonio Candido,

---

113 "Notícias do que ouvi sobre o princípio destas Minas". In: *Códice Costa Matoso, op. cit.*, p. 216.

114 Testemunhos disso podem ser os inventários feitos no sertão, nos quais encontramos nos espólios armas e munições. Assim vemos no inventário de Estevão Ribeiro Garcia que morreu nas minas do Cuiabá, em 1736. Em tal documento, encontramos quatro armas de fogo, duas libras de chumbo e ¼ de pólvora (Inventário de Estevão Ribeiro Garcia (1736), v. 26. In: *Inventários e Testamentos, op. cit.*, p. 375).

115 Neste ponto, é preciso lembrar as palavras de Antonio Candido a respeito da caça. Segundo o autor, no âmbito dessa atividade "se desenvolvia a extraordinária capacidade de ajustamento ao meio, herdada do índio: conhecimento minucioso dos hábitos dos animais, técnicas precisas de captura e morte" (Antonio Candido. *Op. cit.*, p. 55).

116 Glória Kok. *Op. cit.*, p. 77.

"pela afinidade das suas carnes com as dos animais domésticos: porco, leitão, frango, galinha – indicando nitidamente o caráter substitutivo da caça-alimento".[117]

Além da caça, os viajantes recorriam com frequência à prática da pesca.[118] De fato, como defendeu Sérgio Buarque de Holanda, o aproveitamento dos rios, não só como meio de transporte, mas como fonte provedora de alimentos foi outra grande contribuição que os indígenas legaram aos paulistas.[119] Em vários relatos de sertanistas, nos deparamos com descrições a respeito de uma infinidade de peixes que eram encontrados em abundância nos rios pelos quais os viajantes passavam, tais como dourados, jaús, pacus, surubis, piracanjubas e piabuçus, que garantiam provisões para muitos dias de jornada, como atesta o Conde de Azambuja, D. Antônio Rolim, a respeito do salto de Avenhundaba:

> Neste lugar leva já o rio maior largura que o alcance de uma bala de espingarda, e depois de irem bastante distância para cima das pedras, (...) formando a pedra pela esquerda a figura de uma concha, onde se vê estar o peixe continuamente saltando para cima, para apanhar a altura, que aí é menor. Era aqui tanta a quantidade de peixe, que com fisgas e paus se matava.[120]

A partir da análise de fontes como estas, é possível perceber que o sertão era o espaço, por excelência, da cultura nativa, o que nos faz supor que, para os paulistas, estar neste cenário, significava viver à maneira dos índios. Sobre este ponto, salta aos olhos o registro de um expedicionário anônimo que partiu do Maranhão em direção às minas de Goiás. De acordo com o seu registro, pode-se observar que os homens que se embrenhavam pelos dilatados sertões do interior da América:

---

117 Antonio Candido. *Op. cit.*, p. 56.

118 Uma das principais técnicas de pesca nativas que foi rapidamente apropriada pelos colonos foi a pesca por *tingui*, uma substância vegetal que ao ser lançada na água, intoxica e atordoava os peixes, tornando-os presas mais fáceis. A principal vantagem era que tal técnica não trazia efeitos para quem consumissem os peixes depois.

119 De acordo com este autor, a influência indígena no aproveitamento dos rios brasileiros foi decisiva. Deve-se a eles, por exemplo, "o emprego entre os sertanistas, da canoa de casca, especialmente indicada para os rios encachoeirados" (Sérgio Buarque de Holanda. *Op. cit.*, 1990, p. 19).

120 "Relação da viagem que fez o conde de Azambuja, D. Antônio Rolim, da cidade de S. Paulo para a vila de Cuiabá em 1751". In: *Relatos monçoeiros, op. cit.*, p. 201.

obscurecendo-se as ideias que tinham principiado, familiarizaram-se com as dos índios, adotaram os seus costumes e reduziram-se a viver quase à maneira dos mesmos índios. A caça e a pesca fizeram o principal da sua subsistência, e os efeitos da cultura entravam nela como acessórios.[121]

Diante de tal trecho, parece ser plausível que, longe da estabilidade dos primeiros núcleos urbanos, as trocas culturais e as apropriações dos elementos da cultura alimentar indígena tenham sido muito maiores. Como nos chama atenção Carlos Alberto Dória, "ao se embrenhar nos sertões, os colonizadores necessitavam ajustar a dieta ao que a terra oferecia, substituindo ingredientes por similitude e adicionando-os ao pouco que se importava".[122] Mas, se não havia muitas opções para os sertanistas, a não ser recorrer aos hábitos alimentares das populações indígenas, com o desenrolar dos anos, é possível perceber algumas alterações neste panorama. Tal como afirmou Laura de Mello e Souza, os paulistas, mesmo na expansão bandeirante, quando tinham oportunidade, procuravam reconstituir sua dieta nos moldes aos quais estavam acostumados. Quando podiam, "procuravam preservar os hábitos que prezavam em condições normais; para temperar o peixe, lastimavam a falta de azeite e do vinagre, retidos com o carregamento que não chegava".[123]

A despeito dos esforços feitos por estes indivíduos, com o intuito de organizar o seu cotidiano no sertão, de modo com que este lhes parecesse o mais familiar possível, esta não foi uma tarefa fácil e, prova maior disso, pode ser encontrada nos textos que se referem ao nomadismo dos paulistas e que mencionam o milho como principal produto utilizado no sertão. Assim vemos, por exemplo, na correspondência do Capitão-General, Dom Luiz Antônio de Sousa. No ano de 1768, ele escreveu à Coroa Portuguesa, com o intuito de pedir financiamento para uma expedição que partiria ao descobrimento do Tibagy. No rol de despesas que se gastaria nesta empreitada, o capitão discriminou os mantimentos necessários para o sustento da tropa, durante seis meses. Observamos que o milho e, especialmente sua farinha, ocupariam lugar central na matalotagem

---

121 "Roteiro do Maranhão a Goiás pela capitania do Piahuí". *Revista do Instituto Histórico e Geographico Brasileiro*, Rio de Janeiro, tomo LXII, parte I, 1900, p. 145.

122 Carlos Alberto Dória. *Op. cit.*, p. 35.

123 Laura de Mello e Souza. "Formas provisórias de existência", *op. cit.*, p. 59.

levada ao sertão. Entre os alimentos descritos, encontramos 3000 alqueires de farinha de milho, avaliados em 1.440.000 réis, além de 300 alqueires de milho em grãos, cuja descrição nos mostra que seriam plantados ao longo dos caminhos.[124] Embora em quantidade menor, também foram arrolados o feijão e o toucinho, alimentos que comporiam o afamado *complexo do milho paulista* e que, juntamente com o cereal indígena, eram itens obrigatórios em qualquer expedição que partisse de São Paulo rumos aos inóspitos sertões da América Portuguesa.

A referência ao consumo de feijão e toucinho, associado ao milho, aparece frequentemente na documentação consultada. Ao descrever a viagem que fez às minas de Cuiabá, no ano de 1727, o capitão João Antônio Cabral de Mello, por exemplo, nos mostrou como estes gêneros adquiriam um papel de destaque frente à vida andeja dos paulistas. O que fez com que muitos produtores se instalassem nos caminhos que conduziam às regiões mineradoras para vendê-los aos expedicionários. Segundo consta no relato do capitão, nas proximidades do rio Piracicaba, por exemplo, encontravam-se "dois moradores com suas roças, em que colhem milho e feijão, e têm criações de porcos e galinhas, que vendem aos Cuiabanos".[125]

O feijão, tal como o milho, era uma cultura autóctone, itinerante e portátil. Essa seria a razão pela qual, muito antes da chegada dos europeus, ele ter sido cultivado, entre os povos indígenas, em associação com o milho.[126] Como informa Egon Schaden, tal leguminosa era um alimento imprescindível na dieta dos guaranis, com os quais os paulistas mantiveram intenso contato desde o primeiro século da colonização.[127] Portanto, sua presença disseminada no farnel dos viajantes, além de ser um indicativo da permanência das tradições indígenas na mobilidade paulista, pode ser explicada pela simplicidade e rusticidade desta

---

124 "Sobre o grande projeto e descobrimento do Tibagy". In: *Documentos interessantes para a história e costumes de São Paulo. vol. XIX- Correspondência do capitão-general Dom Luiz Antonio de Sousa (1767-1770), op. cit.,* p. 142-143.

125 "Notícias práticas das minas dos Cuiabá, que dá ao rev. Padre Diogo Juares, o capitão João Antônio Cabral Camello, sobre a viagem que fez as minas do Cuiabá no ano de 1727". In: *Relatos monçoeiros, op. cit.,* p. 119.

126 Arturo Warman afirma que o feijão, desde os tempos pré-colombianos, constituía o complemento ideal do milho, por conta do seu elevado conteúdo de proteínas (Arturo Warman. *Op. cit.,* p. 20).

127 Para ilustrar a associação entre esses dois alimentos na agricultura guarani, Egon Schaden chamou atenção para o fato de que existiam duas épocas específicas para a lavoura do feijão, sendo que uma delas coincidiria com a época do milho. Isso explicaria a frequência com que ambos os produtos eram encontrados na mesma roça (Egon Schaden, *op. cit.,* p. 39).

cultura alimentar. Características que, tais como as do milho, se adequavam melhor à mobilidade que as atividades sertanistas requeriam. O feijão dispensava maiores cuidados no plantio, apresentava pouco tempo de cultivo e possuía grande durabilidade, ou seja, era uma cultura alimentar fácil e pouco dispendiosa, indispensável para os desafios cotidianos de sobrevivência no sertão.[128]

O cultivo das duas plantas indígenas teria sido fundamental também na cozinha que se desenvolvia em direção às áreas mineratórias, onde de acordo com Eduardo Frieiro, pouco se plantava e os alimentos eram sempre caros e escassos.[129] A carestia vivenciada na região das Gerais, por exemplo, explicaria a imprescindibilidade assumida pelas plantas de cultivo fácil na dieta de seus moradores.[130] E, por essa mesma razão, que Eduardo Frieiro argumentou que "a principal alimentação do aventureiro caçador de ouro era o feijão e o milho".[131]

De forma análoga, o consumo desses alimentos se mostrou fundamental nas monções que partiam de São Paulo rumo ao Centro-Oeste do território português, como se atesta a partir da leitura do diário da viagem que fez o governador Rodrigo César de Meneses às minas do Cuiabá. Na narrativa em questão, em várias passagens, podemos vislumbrar o cuidado que os navegantes tinham com o transporte de tais mantimentos, já que, com frequência, eles se perdiam no meio da viagem, seja por conta das perigosas correntezas, seja pelos furtos ou ataque de indígenas.[132] Assim, em alguns trechos, a viagem era interrompida para que as canoas fossem descarregadas, como se sucedeu na altura do

---

128 Esse seria o principal motivo de o feijão, conforme observamos no capítulo anterior, ter figurado no *Regimento de Dom Rodrigo de Castelo Branco* (Pedro Taques de Almeida Paes Leme. *Op. cit.*, p. 134).

129 Eduardo Frieiro. *Feijão, angu e couve: ensaio sobre a comida dos mineiros*. Belo Horizonte: Itatiaia; São Paulo: Edusp, 1982, p. 54.

130 Monica Chaves Abdala. *Receita de mineiridade: a cozinha e a construção da imagem do mineiro*. Uberlândia: Edufu, 1997, p. 49.

131 Eduardo Frieiro. *Op. cit.*, p. 157.

132 Nestas expedições fluviais, os paulistas estavam sujeitos as mais diversas intempéries e, não foram poucos os homens que padeceram no meio da jornada por conta dos ataques de índios, da fome e dos naufrágios. Para que os navegantes, suprimentos e mercadorias fossem protegidos, várias estratégias foram colocadas em prática. Com relação ao clima, "as embarcações ganharam toldos de lona, brim ou baeta, sustentados por armação de madeira, e tornou-se recorrente o uso de mosqueteiros" (Verbere "Monções". In: Ronaldo Vainfas (org.). *Dicionário do Brasil colonial (1500-1808)*. Rio de Janeiro: Objetiva, 2000).

Varadouro de Camapoão, onde os expedicionários tiveram que dispor de mais de trinta negros para realizar tal serviço:

> em cuja condução se experimentam vários incômodos, não só nas cargas que se arrombam e furtam, como nos mantimentos que se perdem; que nesta altura é a perda mais sensível e tanto mais se quer antes perder um negro, sendo estes tão necessários, que um alqueire de mantimento, feijão ou farinha. Neste (sic) paragem há duas roças novas: nela compramos o alqueire de mantimento a nove oitavas de ouro, feijão a 16, galinhas a 3. E houve mineiro que pagou a arroba de toucinho a 32 oitavas.[133]

Mediante a análise dos hábitos alimentares desenvolvidos em tais incursões e na ocupação dos territórios descobertos na atual região do Centro-Oeste, percebe-se que, ao lado do feijão, o toucinho era outro alimento que integraria o complexo do milho paulista. Nos relatos que discorrem sobre o início da ocupação do território das Minas Gerais, por exemplo, o toucinho aparece como um dos produtos mais consumidos entre os colonos.[134] Antonil, escrevendo no ano de 1711, nos relegou um valioso depoimento não só sobre a presença dos porcos, como também de galináceos na dieta posta em prática pelos paulistas nos caminhos rumos às Gerais. Em algumas dessas paragens, segundo o jesuíta,

> acha-se criação de porcos domésticos, galinhas e frangões, que vendem por alto preço aos passageiros, levantando-o tanto mais quanto é maior a necessidade dos que passam. E daí vem o dizerem que todo o que passou a serra da Mantiqueira aí deixou dependurada ou sepultada a consciência.[135]

---

133 "Notícia da 6ª prática e relação verdadeira da derrota e viagem, que fez da cidade de São Paulo para as minas do Cuiabá, o Exmo Rodrigo César de Meneses". In: *Relatos monçoeiros, op. cit.*, p. p. 109-110.

134 A despeito da banalidade do consumo da carne de porco entre os paulistas, tal como se sucedeu com os demais gêneros alimentares, ela também sofreu um hiperinflacionamento, após a descoberta considerável dos veios auríferos, nas Gerais, a partir do final XVII. A libra de toucinho podia chegar a custar uma oitava e meia de ouro ("Notícia do que ouvi sobre o principio dessas Minas". In: *Códice Costa Matoso, op. cit.*, p. 218).

135 Andre João Antonil. *Op. cit.*, p. 183.

De fato, o depoimento de Antonil só vem a reafirmar como o consumo da carne de porco e da farinha parece ter sido muito disseminado entre as gentes de São Paulo, sobretudo, em suas áreas de expansão. Este seria o motivo de um dos pratos mais consumidos entre os sertanistas e tropeiros, o virado paulista, levar em seu preparo, farinha de milho, feijão e toucinho.[136] Deve-se notar que os pratos confeccionados com tais ingredientes tornaram-se corriqueiros entre os expedicionários, já que atendiam as exigências de sua vida andeja, podendo ser preparados a qualquer momento da viagem.[137] Na monção que Theotônio José Juzarte participou, por exemplo, observamos que a alimentação se compunha essencialmente de feijão, farinha (de milho ou mandioca) e toucinho. Conta o capitão que os navegantes costumavam cozinhar "à noite, o que se há de comer no outro dia, e porque se não se pode acender o fogo ao jantar se come frio o feijão que ontem se cozinhou".[138]

Sobre a carne do porco, para entendermos o consumo generalizado que ela teve na área paulista ou de influência bandeirante, é fundamental termos em vista que os habitantes de tais localidades eram herdeiros de uma tradição culinária baseada no consumo da carne de animais de pequeno porte, de miúdos e embutidos.[139] Além disso, outro motivo que explicaria o uso generalizado que ela teria nas áreas recém-descobertas deve ser buscado na dificuldade em se obter acesso à carne bovina, cujo preço alcançava valores extremamente altos.[140] Além disso, Paula Pinto e Silva ressaltou que, em tais regiões, a qualidade da carne de porco era bem superior, se comparada à carne bovina, devido, sobretudo, as péssimas condições em que os gados eram criados:

---

136 A presença do toucinho, do feijão e da farinha de milho na alimentação dos sertanistas e dos tropeiros deu origem a outro prato muito semelhante ao virado à paulista: o feijão tropeiro. Tal passadio era preparado com feijão cozido, à maneira indígena, quase sem caldo, misturado a um pouquinho de torresmo e à farinha de milho. Ele também podia vir acompanhado, segundo Eduardo Frieiro, de "farinha de mandioca para a gostosa farofa, a carne-de-sol, frita ou assada e a couve picada" (Eduardo Frieiro. *Op. cit.*, p. 130).

137 Carlos Borges Schmidt. *Op. cit.*, 1967, p. 130.

138 "Diário da navegação do rio Tietê, rio Grande, Paraná e o rio Iguatemi pelo sargento-mor Theotônio José Juzarte". In: *Relatos monçoeiros, op. cit.*, p. 235.

139 Carlos Alberto Dória. *Op. cit.*, p. 35-36.

140 Tal situação, como se verá melhor no próximo capítulo, não se diferenciava do que acontecia nas propriedades rurais próximas à vila de São Paulo, onde o consumo da carne bovina era algo também que poucos moradores tinham acesso.

> Os cuidados com os rebanhos eram mínimos: não havia mezinhas para curar as feridas dos animais (...) as longas distanciais a que eram submetidos os bois para o abate e as péssimas condições de viagem, sem comida e água no caminho, fazia com que o consumidor encontrasse uma carne magra e dura, já em estado de putrefato, cheirando mal, por vezes intragável.[141]

Neste sentido, os vestígios disponibilizados na documentação colonial lida só vêm a reafirmar a relação estabelecida entre o consumo de milho e a carne de pequenos animais em terras paulistas. Seja como for, a presença da carne de porco e de seus derivados, como o toucinho e a linguiça, nos hábitos alimentares daqueles indivíduos, é exemplificativa de como, mesmo em situações de vida provisória, os portugueses de São Paulo buscavam reproduzir os padrões alimentares de além-mar, ajustando-os obrigatoriamente à disponibilidade e à oferta dos gêneros alimentícios costumeiramente utilizados.

Entretanto, de todos os alimentos que tivemos indícios de consumo no contexto de vida provisória, a farinha de milho foi de longe a mais relevante. O feijão e o toucinho de porco eram apenas complementares a esse alimento. Na verdade, ao nos reportarmos aos hábitos desenvolvidos nas expedições em direção às zonas de mineração, acabamos nos deparando com um aumento no consumo da farinha, a partir do século XVIII. Cabe dizer que sua maior difusão entre os paulistas, em tal contexto, não foi natural, muito menos obra de um mero acaso. Foi sim, fruto das escolhas dos sertanistas que, por conta da convivência estreita mantida com os tupi-guaranis, já conheciam de perto as características 'miraculosas' do milho e souberam aproveitá-las em sua dispersão geográfica pelo continente. Pois, se o milho seria o alimento que, com mais eficiência, atenderia às necessidades do contingente populacional que, em velocidade espantosa, se dirigia para o interior da América Portuguesa, a farinha passou a ser sua forma de consumo mais predominante. A ênfase dada ao aumento da importância da farinha de milho, explica-se por se tratar de uma situação até então inédita na documentação colonial por nós trabalhada. Tão rara na avaliação dos inventários paulistas no século XVII, a farinha de milho passou a ser presença constante nas correspondências e nos relatos de viagens referentes à centúria seguinte.

---

141 Paula Pinto e Silva. *Op. cit.,* p. 117-118.

A explicação para o maior destaque que esta forma de preparação do milho passou a ter entre as gentes de São Paulo pode ser encontrada nas demandas exigidas pelo povoamento das áreas auríferas, onde foi necessário engendrar uma forma de subsistência abundante, rápida e barata que só a farinação deste cereal podia proporcionar.

Não obstante o fato de que, desde o início do XVII, a transformação do milho e da mandioca em farinha já fosse uma prática muito disseminada entre os bandeirantes, o que se percebe, a partir da derrocada do século XVII, é que nas áreas de expansão paulista a farinha de mandioca parece ter tido uma presença ínfima se comparada à farinha de milho. Embora nos deparamos com alguns indícios esparsos sobre o consumo da mandioca ou de sua farinha em documentos desta natureza, a verdade é que seu uso parece não ter sido tão disseminado quanto o da farinha de milho.

E, mais uma vez, a explicação para este fato nos é sugerida pelas informações presentes nos documentos que discorrem sobre o cotidiano das incursões sertanistas. Podemos citar como exemplo, o caso de um anônimo português que descreveu a cultura da mandioca nas Gerais. Se de um lado, ele mencionou a existência do consumo da farinha de mandioca naquelas terras, de outro também ofereceu indícios que nos permitem comprovar que este consumo era bem menor se comparado ao da gramínea indígena. Ele afirmou que a farinha de mandioca, quando levada ao sertão, era mais difícil de preparar, além de durar bem menos que a de milho. De acordo com suas palavras, ela, "é mais fácil em se perder que a de milho. E torrada bem e bem, se guarda para se ir comendo, mas nunca dura tanto como a de milho, porque mais depressa amolece e perde aquele gosto que tem quando está torrada".[142] Diante de tal trecho, podemos concluir que o milho assumiu um papel dominante na vida andeja e na zona de expansão paulista, por se ajustar melhor à mobilidade.

Tal tese não é algo específico de nosso trabalho, tendo pelo contrário, encontrado muita ressonância na literatura que se debruçou sobre a alimentação paulista e, teve como principal idealizador, como não poderia deixar de ser, Sérgio Buarque de Holanda. Foi ele quem traçou o vínculo fundamental entre a importância que o grão indígena assumiu nas áreas de alimentação paulista e

---

142 "Farinha de mandioca ou de pau". In: *Códice Costa Matoso, op. cit.*, p. 781.

a mobilidade, tão característica desta população durante o período colonial. E *isto, especialmente,* em *relação* à mandioca. De acordo com suas próprias palavras, nas expedições sertanistas,

> seria de todo o impossível o transporte das ramas de mandioca necessárias ao plantio nos arraiais situados onde já não existissem tribos de lavradores. Primeiro porque, além de serem de condução difícil, pois ocupariam demasiado espaço nas bagagens, é notório que essas ramas perdem muito rapidamente o poder germinativo. E depois, porque, feito com bom êxito o plantio, seria preciso esperar no mínimo, um ano, geralmente muito mais, para obtenção de colheitas satisfatórias.[143]

E, se o milho já tinha sido fundamental nas expedições ocorridas no início do Seiscentismo, podemos imaginar o quanto sua importância não aumentou a partir do último decênio desse mesmo século quando os bandeirantes passaram a se dirigir a regiões cada vez mais inóspitas onde, em função das descobertas auríferas, muitos deles se sedentarizaram. Devido à colonização e ao comércio com os núcleos mineratórios, a mobilidade, que sempre marcou os colonos paulistas, tornara-se cada vez mais intensa.

Neste contexto, não é de se estranhar que o paulista precisasse desenvolver novas formas de se alimentar que solucionassem as dificuldades encontradas nas zonas distantes e menos férteis do território da colônia lusa. Se, por motivos antes explorados, o milho foi o principal cereal usado na subsistência das tropas, nem é preciso que se diga que foi dele também que estes colonos passaram a confeccionar a farinha, base da alimentação colonial e que, desde os primeiros tempos da ocupação portuguesa, tem constituído o farnel daqueles que se aventuravam pelo interior do território luso-brasileiro.

A capacidade do milho de adaptar-se a meios geográficos diversos contribuiu e muito para que ele viesse a ocupar, neste momento, um status dominante na alimentação dos ditos colonos. Sobre a utilidade do milho na colonização de novas terras, escreveu Arturo Warman:

> la autonomia que propicia el maíz también lo convierte en instrumento de colonización, de ocupación de nuevas tierras, de

---

[143] Sérgio Buarque de Holanda. *Op. cit.* 1994 p. 186

> apertura de las fronteras humanas. Las características antes señaladas se vuelven esenciales en los márgenes, cuando existe uma distancia entre los colonizadores y los centros donde se concentran los servicios complexos. El maíz es el alimento colonizador por excelência en América y en otras partes del mundo.[144]

Embora o ponto central de nossa argumentação resida no fato de que a importância do milho para a alimentação dos paulistas estaria relacionada a um momento específico de sua história, onde a mobilidade passou a ser presença obrigatória, seria equivocado pensar que a dieta praticada nos deslocamentos não teria de alguma forma repercutido na alimentação na estabilidade do Planalto, já que acreditamos que a mobilidade teria deixado suas marcas não apenas na cultura alimentar paulista, mas em vários outros aspectos da vida cotidiana da sociedade que se formava no Planalto durante o período colonial. E a prova maior disso são os indícios que começam a ser mais frequentes nas *Atas da Câmara de São Paulo* sobre a presença da farinha de milho no âmbito doméstico. Assim, na secção do dia 28/09/1725, nas dependências da Câmara, apareceu:

> João Batista, o aferidor de medidas, pelo qual foi dito que ele vinha denunciar a este senado, Lourenço da Costa Correia, por este estar vendendo farinha de milho e feijão sem termo de meios alqueires e nem tampouco os vai aferir e estar medindo por medidas sem aferir o que, ouvido pelos ditos oficiais mandaram que lhe tomasse a sua denunciação em que mandaram fazer este termo que assinou o denunciante o que assim visto o condenaram os oficiais da câmara em 6 mil réis e 30 dias de cadeia.[145]

A denúncia em questão, ao fazer referência ao comércio da farinha de milho em esfera local, revelou indícios de uma situação que se apresentava como pouco comum em nossa pesquisa documental: a recorrência desta iguaria na dieta das gentes de São Paulo. Se, na segunda metade do XVII, presenciamos

---

144 "a autonomia que o milho propicia também o converte em instrumento de colonização, de ocupação de novas terras, de abertura de fronteiras humanas. As características antes destacadas se tornam essenciais nas margens, quando existe uma distância entre os colonizadores e os centros, onde se concentram os serviços complexos. O milho é um alimento colonizador por excelência, na América, e em outras partes do mundo" (Arturo Warman. *Op. cit.*, p. 33).

145 *Actas da Câmara Municipal de São Paulo*, v. 9, *op. cit.*, p. 432.

um silenciamento sobre a presença da farinha de milho, neste tipo de fonte, em princípios da centúria seguinte, ela já se apresentava como um alimento mais presente entre os paulistas, pois como demonstrado, somente os gêneros considerados indispensáveis ao sustento da população eram alvo das medidas intervencionistas postas em prática pela Câmara. Seria redundante insistir que as tensões envolvidas em torno do fornecimento do milho ou mesmo de sua farinha, a partir dos últimos anos do XVII, não significavam uma ausência de produção em esfera local, estando relacionadas, pelo contrário, ao seu comércio com outras partes da América Portuguesa. Não por acaso, deste período em diante, foram recorrentes as notícias de comerciantes que atravessavam o milho e sua farinha para fora da cidade. Entretanto, se em um primeiro momento, essas informações revelam menos sobre o consumo da farinha de milho do que sobre o aumento de sua importância comercial, num segundo momento, quando nos deparamos com descrições de que esta comercialização se fazia em prejuízo aos moradores da cidade, temos a confirmação de que a farinha de milho passou provavelmente a constituir um importante item de consumo em São Paulo.

É plausível que o maior dinamismo do processo de mercantilização da agricultura e da pecuária paulista, após as descobertas das minas tenha trazido sérias consequências para a dieta dos moradores da região, sobretudo porque muitos paulistas afetados pelas mudanças na economia de abastecimento passaram a direcionar parte considerável da sua produção doméstica para atender a demanda crescente dos núcleos mineratórios. Por causa disso, observamos na documentação das *Atas* o recrudescimento de problemas referentes à escassez e à carestia de milho e feijão, que passaram a gerar conflitos entre a população e as autoridades locais, a partir do começo do século XVIII.

Com o intuito de evitar qualquer desordem pública e garantir o acesso da população aos gêneros de primeira necessidade, vemos que os oficiais puseram em prática uma série de medidas intervencionistas. Dentre elas, enfatizamos o controle sobre a comercialização dos ditos gêneros. Nenhum comerciante poderia vendê-los sem antes obter a licença do Senado. Este controle, além de permitir a cobrança dos impostos anuais dos vendeiros, também integraria parte dos esforços dos camaristas em manter a vila abastecida com os ditos alimentos.

No entanto, nenhuma das posturas impediu que os desvios persistissem, muito menos evitaram que os gêneros considerados imprescindíveis ao sustento da população fossem vendidos ocultamente. Em 5/01/1746, por exemplo, em reunião nas dependências da Câmara, compareceu João Rodrigues Moreira e,

> por ele foi dito que vinha denunciar que Francisco Pinto de Araújo, morador nesta cidade, atravessava mantimentos de milho e feijão para revender ao povo como também estava vendendo sal às medidas, e fumo às varas e toucinho às libras indo desta forma contra a lei postura do Senado – capítulos de correição, – e para prova de sua denúncia dava por testemunhas José Duarte Pimentel, Antonio de Freitas e Antonio Matias e fazia sem dobrar, malicia, nem malquerer para o bem do povo.[146]

Por mais contraditório que possa parecer, a principal razão para que desmandos como estes acontecessem, ao longo da primeira metade do século XVIII, deve ser imputada à própria população que, apesar de reclamar das adulterações ou dos preços dos produtos vendidos, continuava comprando dos mercadores sem licença. É provável que, em meio ao contexto inflacionário gerado com a comercialização destes mantimentos com as áreas mineratórias, não restavam muitas opções para a população, senão recorrer aos estabelecimentos que vendiam mantimentos ilegalmente. Provavelmente era difícil agir de outra maneira. Seria isso ou perecer com a escassez de produtos, como o milho e seus derivados. Os mercadores, por sua vez, cientes do consumo difundido que estes alimentos tinham entre as camadas mais pobres daquela sociedade e, consequentemente, das possibilidades de obtenção de lucro proporcionadas pelo seu comércio, não hesitavam em vendê-los, sem autorização legal. A potencialidade do mercado consumidor com relação a tais gêneros compensaria os riscos corridos, bem como as possíveis punições impostas pelos oficiais da Câmara. Assim aconteceu com o denunciado, Francisco Pinto de Araújo, que foi julgado culpado no litígio acima e condenado a pagar 6 mil réis de condenação para as despesas da Câmara e 30 dias de cadeia.

Nestes novos tempos, após os descobrimentos auríferos, o milho e, sobretudo sua farinha, ganharam mais espaço no abastecimento dos colonos que partiram para áreas mineratórias e possivelmente daqueles que permaneceram em São Paulo. Como visto anteriormente, a importância que o milho exercia

---

146 *Actas da Câmara Municipal de São Paulo*, v. 12, *op. cit.*, p. 212.

nas áreas recém-povoadas atenderia não só às necessidades imediatas de sobrevivência dos colonos que para lá partiram, como também dos pequenos e médios produtores rurais de São Paulo, que padeceram com o aumento dos custos das atividades produtivas. O cultivo dos gêneros da terra, como o milho, tornara-se a opção mais viável para *aqueles que não tinham capital* para investir, por exemplo, na produção de gêneros que requeressem um alto investimento, como o trigo. Lembremos que o cereal americano, diferentemente do europeu, não requeria espaços próprios para produção e armazenagens e, menos ainda, uma organização de trabalho ou de tempo específica.

Se o milho ocupou lugar de destaque no comércio com as regiões mineradoras, *não seria absurdo* dizer que, pelos mesmos motivos que acabamos de elencar, isto teria, de certa forma, reverberado num aumento de seu consumo em São Paulo. Isso porque a debandada de escravos para as minas ocasionou uma diminuição da mão de obra também empregada na produção agrícola para a subsistência. Os paulistas mais pobres, mesmo que não exercessem atividades ligadas à produção alimentar, precisariam, mais do que nunca, de uma planta que garantisse a auto-suficiência alimentar, sem requerer muita mão de obra em seu cultivo e que, ao mesmo tempo, tivesse uma alta produtividade. Só assim teriam mais tempo para se dedicar às demais atividades produtivas, ligadas ou não, à exploração do ouro. A leitura de uma carta escrita pelo governador Rodrigo César de Meneses, torna plausível a suspeita de que o milho, e especialmente teria contribuído para afastar o fantasma da fome entre os paulistas. A respeito da dificuldade dos paulistas em atender os pedidos direcionados para acudir regiões recém descobertas com mantimentos, disse o governador:

> Torno a dizer a V. Excelência que pelo que respeita a farinha em que me fala ser necessária, é impossível tirar-se destas vilas um alqueire pela grande falta que se experimenta dela, pois se está comendo em seu lugar, batatas e carás, e se o milho não valera a estes povos, sem dúvida pereceria a maior parte da gente.[147]

---

[147] "Regimento de uma carta que se escreveu por segunda via ao gov. do Rio de Janeiro Ayres de Saldanha de Albuquerque em 15 de março de 1724". In: *Documentos interessantes para a história e costume de São Paulo vol. XX – correspondência interna do governador Rodrigo Cesar de Meneses (1721-1728), op. cit.,* p. 99.

Vemos, portanto, ao discriminarmos estes múltiplos contextos, que após a virada do século, o milho exerceria um papel importante na subsistência ordinária dos paulistas. Isso não só na região de Piratininga, mas nos territórios por eles colonizados, sobretudo nestes últimos. É bem provável que o excelente desempenho exercido pelo milho, nestas circunstâncias, explique o porquê ele foi largamente introduzido na Europa, com o intuito de sanar as crises produtivas no setor agrícola.[148] Com efeito, tão logo os europeus conheceram o rendimento miraculoso desta planta, passaram a se interessar por ela, incentivando seu consumo na Europa entre os camponeses que sofriam constantemente com os intermitentes períodos de escassez e fome durante a época moderna. Antes disso, os rendimentos *baixíssimos das* colheitas anuais constituíam preocupação central das autoridades públicas europeias. Como observou Michel Morineau, durante toda a modernidade europeia, "o equilíbrio entre os recursos alimentares e o número de bocas a nutrir era um problema constante. A desnutrição enfraquecia os organismos e predispunha a uma maior mortalidade, ainda mais que muitas doenças, todavia não eram controladas".[149]

Neste contexto, as potencialidades produtivas da planta originária das Américas, apresentavam-se como ótima solução para o dilema demográfico vivido na Europa, pois garantiriam o sustento de uma população cujo número de indivíduos crescia vertiginosamente. A despeito de todas essas vantagens, como já demonstrado no início deste capítulo, sua aceitação no velho continente não parece ter sido fácil e isso não apenas entre as elites sociais.

Muitos fatores foram usados para "explicar" a demora da aceitação do milho em terras europeias. Alguns explicaram este fato por conta de o milho ser considerado por muito tempo como um alimento nocivo à saúde, devido à associação entre seu consumo e a propagação da pelagra, doença *imputada* a uma dieta inadequada que tinha no milho seu principal componente.[150] Outros, por sua vez, sublinharam os fatores de ordem cultural, em que a aversão dos europeus pelo

---

148 Jean Flandrin e Massimo Montanari. "Os tempos modernos". In: Jean Flandrin e Massimo Montanari (org.). *História da alimentação*. Trad. Luciano Vieira Machado e Guilherme Teixeira. São Paulo: Estação Liberdade, 1998, p. 539.

149 Michel Morineau. "Crescer sem saber por quê: estruturas de produção, demografia e rações alimentares". In: Jean Flandrin e Massimo Montanari (org.). *Op. cit.,* p. 560.

150 De acordo com Arturo Warman, a associação entre o milho e a pelagra perdurou por muito tempo na Europa, até mesmo nos meios científicos, onde até meados do XIX onde se considerava que o

milho é explicada por questões de gosto ou mesmo de demarcação identitária. Embora seja difícil reconhecer a atuação de apenas um único fator para explicar a resistência dos europeus ao milho, interessa-nos, em especial, os últimos. Isso porque acreditamos que eles nos permitem traçar um paralelo com a situação ocorrida em terras paulistas, ou seja, ajudam a entender melhor o porquê o milho não era um alimento tão valorizado entre os colonos de São Paulo.

No caso europeu, acreditamos que o empenho das autoridades e dos grandes proprietários em promover a *translocação* do milho para a alimentação dos camponeses contribuiu e muito para que ele ocupasse um lugar marginal naquela sociedade durante muito tempo. Como escreveu Arturo Warman, ao final do século XVIII, a fama do milho como alimento decrescia ao passo que seu prestígio agrícola aumentava. Seu cultivo:

> aumentaba las ganancias de los duênos de la terra y la explotación de los campesinos que la trabajaban, que dependían crecientemente del maíz para su alimentación. El desprestígio del maíz, promovido por quienes no lo comiam o por quienes estudiaban lãs causas y efectos de la pelagra, no tênia la fuerza para contrarrestar la creciente importância del maiz como alimento de los pobres. Pero la mala fama del maíz no fue intrascendente y acentuo la asociación entre maíz y pobreza. El estigma de la pobreza tambíen marcó al maiz.[151]

A vinculação entre milho e pobreza fez com que essa cultura ficasse relegada a um segundo plano se não nas mesas, no imaginário dos europeus. Por questões de identidade, os mais ricos se recusavam a adotar em seu regime alimentar a mesma comida que os seus criados e animais consumiam. Em uma sociedade, onde a diferenciação social podia ser dada pelo alimento, esta destinação do milho se apresenta como um forte argumento para explicar o pouco

---

milho era um alimento incompleto que carecia de elementos indispensáveis para una boa nutrição (Arturo Warman. *Op. cit.*, p. 152).

151 "aumentava os lucros dos donos da terra e a exploração dos camponeses que nela trabalhavam, que dependiam cada vez mais do milho para a sua alimentação. O desprestígio do milho, promovido por quem não o comia ou por quem estudavam as causas e efeitos da pelagra, não tinha força para resistir a crescente importância do milho como alimento dos pobres. Mas, a má fama do milho não foi sem importância e acentuo a associação entre milho e pobreza. O estigma da pobreza também marcou o milho" (*loc. cit.*).

gosto que os europeus tinham por ele. Podemos supor que eles não o comiam facilmente, porque não se julgavam tão miseráveis a ponto de aceitarem uma comida de porco. Novamente, caímos no território do gosto, ou melhor, da distinção pelo gosto. Embora isso fosse aplicável aos mais abastados, conforme demonstrou Massimo Montanari, até mesmo as camadas mais pobres daquela sociedade, como os camponeses, demoraram muito tempo para aceitar o novo produto em suas mesas.[152] Ao que tudo indica, esses últimos também tinham restrições quanto ao seu uso, fato que piorou especialmente depois que ele passou a ser imposto pelos proprietários, como uma espécie de ração alimentar. A partir de então, eles começaram a resistir, "ao avanço do milho, na medida em que essa cultura passou a ser taxada e em que seu uso, em substituição ao pão, era considerado uma degradação alimentar".[153]

Por fim, não se poderia encerrar esse assunto, sem antes falar que esses mesmos princípios culturais que condicionaram a pouca predileção que os europeus tiveram pelo milho, nos dão pistas para o entendimento de como os paulistas lidaram com a incorporação de um alimento tão central na vida indígena. Como já demonstrado anteriormente, sua abundância e banalidade no cotidiano dos paulistas, fez com que ele estivesse associado à comida de pobre. Além disso, contribuiu para a ressalva que os portugueses tinham em relação a este produto o fato de ele estar ligado aos índios e aos valores associados à sua cultura. Neste sentido, além do milho estar associado aos preceitos da vida nômade, ele era visto como uma cultura pouco domesticada, já que não exigia um alto cabedal de conhecimento para o seu cultivo e processamento.[154]

Mas, tanto num caso, como no outro, ou seja, tanto no Velho Mundo quanto no Novo, sabemos que os europeus não tiveram como abrir mão das prodigalidades desta planta alimentícia. Por conta disso, ainda no fim da modernidade europeia, o milho já parece estar plenamente estabelecido na agricultura, apresentando-se no início do XIX, como o principal responsável por abastecer os centros urbanos cada vez mais povoados, devido a revolução industrial. Nas

---

[152] Massimo Montanari. *Comida como cultura*. Trad. Letícia Martins de Andrade. São Paulo: Editora Senac, 2008, p. 68.

[153] Jean Flandrin e Massimo Montanari. "Os tempos modernos". In: Jean Flandrin e Massimo Montanari (org.) *Op. cit.*, p. 540.

[154] Eduardo Galvão. *Op. cit.*, p 232.

palavras de Arturo Warman, a importância do milho seria tamanha que, sem ele, é difícil entender a revolução agrícola que se processou naquele continente já que ele "posibilitó el crecimiento demográfico y la urbanización acelerada que caracterizaron a la llamada revolución industrial en el Viejo Mundo".[155]

Assim, os colonos de Piratininga também não puderam abrir mão do milho em seu regime alimentar, principalmente por conta de algumas características da vida social específicas da região. No caso, relativas à mobilidade espacial dos colonos e ao processo de entrelaçamento cultural entre europeus e indígenas. Resta-nos, agora entender como tal alimento foi incorporado à dieta daqueles indivíduos já, que o uso que eles lhe deram, certamente era diferente daquele que ele ocupava na cultura autóctone, da qual era originária. Para tanto, no próximo capítulo, voltaremos nossa atenção para o estudo dos hábitos e técnicas envolvidos nos usos e processamentos do milho na São Paulo dos séculos XVII e XVIII.

---

155 "possibilitou o crescimento demográfico e a urbanização acelerada que caracterizaram a chamada revolução industrial no Velho Mundo" (Arturo Warman. *Op. cit.*, p. 18).

Capítulo 3

A cultura do milho: um estudo de caso

Usos e práticas alimentares do milho na São Paulo dos séculos XVII e XVIII

Analisar os hábitos alimentares dos paulistas em épocas passadas não foi tarefa fácil. Para estudarmos os usos e costumes dos homens do passado, no âmbito da cozinha é necessário, de acordo com Henrique Carneiro, "adentrar recintos da vida cotidiana, cozinhas, copas e despensas. Foi preciso ter comido junto para saber narrar o que e como se saboreava em tempos passados em cada região e grupo social".[1] E, sob este ponto de vista, parece ser uníssono entre os historiadores da alimentação que não são poucas as fontes documentais que permitem este tipo de investigação. Se de um lado, podemos encontrar em uma variada gama de documentos um inventário dos produtos que se comiam, por outro, são poucas as fontes que permitem aprofundar nosso conhecimento em torno de como se comia e com quem se comia. A propósito de nossa pesquisa, tal tarefa foi se tornando cada vez mais difícil à medida que direcionamos nossa atenção para compreender os hábitos e técnicas referentes a um alimento tão trivial, como era o milho para os paulistas. Entretanto, este quadro *torna-se* um pouco *mais inteligível se* considerarmos que o milho poderia ser para os paulistas, tal qual o ar e a água, tão básico e óbvio no seu dia a dia, sendo, por isso, muitas vezes nem mencionado.

A despeito da banalidade da presença do milho na alimentação local e da imprecisão da documentação no que tange aos aspectos culturais referentes ao seu uso, pôde-se observar, a partir das fontes documentais, que este alimento assumia as mais variadas formas de consumo em São Paulo colonial. Por conta

---

1   Henrique Soares Carneiro. "As fontes para os estudos históricos sobre a alimentação", *op. cit.*, p. 2.

disso, ao longo deste capítulo, centraremos nossa atenção nas principais práticas envolvidas em sua cultura – formas de preparo e consumo, técnicas e utensílios utilizados – na medida em que isso nos permitirá analisar a maneira pela qual no plano da cultura alimentar paulista se imbricaram hábitos e saberes europeus com aqueles usados e transmitidos pelos indígenas. Conforme observou Antonio Candido, depois da chegada do europeu às terras americanas, o milho teria sido o principal alimento sobre o qual os colonos operaram um intenso trabalho de invenção cultural. Sobre este ponto, o autor sublinha: "o caso mais interessante é, todavia, o do milho, que foi cereal básico do aborígine e ainda é do caipira, mas sob formas múltiplas e variadas, mostrando que sobre ele operou mais intensamente o trabalho cultural de invenção e adaptação".[2]

A existência de toda uma sorte de produtos confeccionados com o cereal indígena afigura-se como um indício significativo deste trabalho de invenção cultural, o qual nos permite vislumbrar, tal como defendeu Leila Algranti, a convivência e a justaposição de estruturas alimentares distintas.[3] E, neste ponto, o que estamos querendo dizer é que os colonos de São Paulo não empreenderam uma simples adaptação a este produto, muito menos aos hábitos alimentares das populações locais. O que se observa num estudo mais detalhado é que tais indivíduos se apropriaram de certos hábitos e produtos locais de uma maneira específica e seletiva. Buscaremos ao longo deste capítulo compreender como isso ocorreu, ou seja, como o milho foi incorporado à dieta dos paulistas. Para tanto, lançaremos mão do conceito de apropriação, recorrente nos debates atuais sobre interculturalidade.[4]

Tal conceito nos traz subsídios para pensarmos a maneira pela qual ocorreram os intercâmbios no plano da cozinha paulista, principalmente, no que diz respeito, à adoção de hábitos indígenas por parte dos colonos. Quando se

---

2   Antonio Candido. *Op. cit.*, p. 52.
3   Leila Mezan Algranti. *Op. cit.*, 2007, p. 14.
4   Sobre as discussões teóricas no âmbito do contato cultural e transculturação ver: Gonzalo Aguirre Beltran. *El processo de aculturación: y el cambio sócio-cultural en Mexico*. México: Fondo de Cult. Económica, 1992; o capítulo de Paula Montero. "Índios e missionários no Brasil: para uma teoria da mediação cultural". In: Paula Montero (org.). *Deus na aldeia: missionários, índios e mediação cultural*. São Paulo: Globo, 2006; Mary Louise Pratt. *Os olhos do Império: relatos de viagem e transculturação*. Trad. J. Gutierre. Bauru: Edusc, 1999. Já no plano específico da literatura histórico-antropológica sobre alimentação, temos: Fernando Ortiz. *Contrapunteo cubano del tabaco y el azucar*. Caracas/Venezuela: Biblioteca Ayacucho, 1978; e o artigo de Claude Fischler. "Pensée magique et alimentation ajourd'hui", *op. cit.*

trata da ideia de contato entre povos, a incorporação de elementos culturais por qualquer uma das partes em interação é vista por alguns autores que estudaram o encontro intercultural não como um processo puro e simples de aculturação, ou seja, de adaptação à cultura do outro e consequente perda da sua "cultura original". Essa noção, por envolver uma atitude passiva por parte dos sujeitos, é colocada de lado, em favor da utilização do conceito de apropriação, através do qual, os indivíduos incorporam em seus próprios termos os elementos que lhe estão disponíveis.

A fim de elucidarmos as maneiras pelas quais os paulistas fizeram uso dos produtos que lhe estavam disponíveis, em meio às múltiplas dificuldades de acesso aos produtos europeus, encararemos as formas de preparar e consumir os alimentos como práticas criadoras. E por falar em práticas, não podemos deixar de mencionar que estas serão entendidas, neste trabalho, a partir da definição posposta por Michel de Certeau que as enxerga como toda e qualquer atividade criadora, presente no fazer cotidiano dos indivíduos e que surgem do cruzamento de uma série de saberes e criatividades. Neste sentido, o trabalho de Certeau é importante para a análise aqui desenvolvida, não apenas pelo destaque que concede ao estudo das práticas culturais na compreensão das estruturas do mundo social, mas, sobretudo, pelo conceito de apropriação que fornece. Ao buscar entender a maneira variável pela qual os indivíduos se apossam de um motivo cultural, a apropriação é entendida por Certeau como um processo de invenção criadora, onde sempre há uma dimensão de reapropriação, de desvio, de desconfiança ou de resistência.[5]

Ainda neste mesmo sentido, não podemos deixar de citar a contribuição de Roger Chartier para o trabalho aqui desenvolvido, nem que este historiador foi profundamente influenciado por Michel de Certeau em seus trabalhos, sobretudo quando confere importância ao estudo das práticas na compreensão da sociedade e das categorias intelectuais. Além disso, ainda sob influência de Certeau, Chartier, ao buscar apreender a maneira variável pela qual os indivíduos se apropriam de um motivo cultural, entende o conceito de apropriação também como um processo de invenção criadora. Para Chartier, a apropriação visa "uma história social dos usos e das interpretações, referidas a suas determinações

---

5   Michel de Certeau. *A invenção do cotidiano: artes de fazer*, v. 1 Petrópolis.Vozes, 1996, p. 59-60.

fundamentais e inscritas nas práticas específicas que as produzem".[6] Apesar de em seu trabalho, tanto o conceito de prática como o de apropriação estarem voltados para as investigações históricas no âmbito da leitura, esses acabam trazendo excelentes contribuições para pensarmos as práticas culturais em nossa pesquisa, as apropriações presentes nas mesmas e, sobretudo, suas significações. Isto nos possibilitará encarar as formas de preparar e consumir os alimentos como práticas criadoras, em que se articulam significados e valores, uma vez que o comer não se resume à mera questão de sobrevivência, sendo principalmente uma fonte de prazer e um campo repleto de significados simbólicos a analisar.

Na esteira da argumentação de Michel de Certeau e Roger Chartier, a proposta é trabalhar a maneira pela qual um elemento tão central do repertório alimentar indígena foi reelaborado, reinventado e ressignificado pelos portugueses. Não obstante os colonos de ascendência europeia tivessem suas ressalvas quanto ao milho, o qual, como *já deixamos bem claro no capítulo anterior*, frequentemente era visto por eles como um importante marcador identitário da cultura indígena, esse alimento não podia ser simplesmente posto de lado pelos europeus. Especialmente por causa da prodigalidade de sua riqueza vegetal que, em tempos de carência e escassez de comida, garantia para além da subsistência, a própria vida dos portugueses que habitavam a vila de Piratininga. Ou seja, é provável que eles consumiam-no por necessidade e não por gosto.

Não só na localidade em questão, mas de um modo geral, em todos os quatros caminhos tomados pela colonização portuguesa no continente americano, tais indivíduos se viram obrigados a adequar os seus hábitos alimentares. Como bem demonstrou Paula Pinto e Silva, isto deu origem a um longo processo de 'negociação' entre produtos e hábitos alimentares europeus com aqueles utilizados e transmitidos pelos indígenas. Nas palavras da autora,

> munidas de poucos apetrechos e muita fome, as mulheres brancas recém-chegadas iniciaram um processo de associação de tradições persistente por muito tempo, que incluía a acomodação do paladar lusitano à culinária local ao mesmo

---

6   Roger Chartier. "O mundo como representação". *Revista de Estudos Avançados*, São Paulo, v. 5, n°11, jan./abr. 1991. Disponível em: <http://www.scielo.br/scielo.php?pid=S0103-40141991000100010&script=sci_arttext&tlng=en>. Acesso em: 12 set. 2009.

tempo em que permitia uma negociação entre os produtos, utensílios e práticas alimentares tão distintas.⁷

Cabe destacar que esta acomodação do paladar europeu se processou de maneira seletiva, pois se a carência de alimentos tão apreciados na dieta lusitana, como o trigo ou a carne bovina, marcou a alimentação paulista em seus primeiros tempos, logo os europeus criaram alternativas para substituir os produtos tão estimados. É preciso considerar que esta prática era muito recorrente entre os habitantes do Velho Mundo, já que as sucessivas crises produtivas que se abatiam sobre o setor agrícola fizeram com que os europeus aprendessem a se adaptar às situações de penúria. Conforme aponta Michel Morineau, em períodos de escassez, era comum "a substituição dos alimentos por outros de pior qualidade: o pão de frumento – já raro – pelo pão de centeio, depois pelo pão preto, castanhas, rábanos (quando havia) e pelas ervas (termo que designava os legumes e também os produtos da coleta nos campos e bosques)".⁸

Mas se os paulistas não tiveram outra saída se não utilizar os produtos da terra, como bem notou Antonio Candido, a maioria dos modos de prepará-los não veio dos indígenas. Antes de tudo, "constituem adaptação de técnicas culinárias portuguesas, ou desenvolvimentos próprios do país".⁹ Câmara Cascudo, ao tratar das contribuições da ementa portuguesa na formação da cozinha brasileira, também argumentou que o colonizador utilizou os produtos da terra à moda, como faziam em Portugal: "manteve seus processos culinários, aplicando-os ao material abundante e local".¹⁰ Sobre o mesmo ponto de vista, acreditamos que, nos primeiros tempos de existência da cozinha paulista, os europeus radicados em terras brasileiras, acostumados a uma tradição alimentar pautada no consumo de cereais, caldos e sopas, buscaram consumir os alimentos que aqui encontraram do modo como faziam no além-mar. Assim, satisfariam as exigências de seu

---

7   Paula Pinto e Silva. *Op. cit.*, p. 136.
8   Michel Morineau. "Crescer sem saber por quê". In: Jean Flandrin e Massimo Montanari (org.). *Op. cit.*, p. 573.
9   Antonio Candido. *Op. cit.*, p. 52.
10 Luis da Câmara Cascudo. *Op. cit.*, p. 516.

paladar que, de acordo com Paula Pinto e Silva, era mais úmido do que aquele encontrado em terras americanas.[11]

No caso do milho, ao que tudo indica, as formas de consumo que parecem mais ter caído no gosto dos colonos de São Paulo foram as que remetiam, antes de tudo, à Europa. E o *exemplo mais significativo* desta proposição é, sem sombra de dúvida, o uso disseminado da canjica entre a população. Comida tão estimada pelos paulistas, a canjica foi ensinada pelo índio e caiu no gosto dos colonos recém chegados por estar muito próxima à tradição alimentar de comidas preparadas à base de alimentos líquidos, como as sopas e papas, confeccionadas a partir da mistura com cereais.[12] Tais receitas estavam sempre presentes nas refeições europeias, como a sopa, que nos dizeres de Jean Louis-Flandrin, constituía o prato essencial das refeições feitas em casa: "como a palavra pão designava qualquer alimento a palavra sopa aplicava-se a qualquer refeição que não fosse uma refeição leve".[13]

Aos olhos dos colonos lusitanos, por certo, a canjica *apresentou-se* como uma excelente *substituta* para a sopa dos camponeses europeus, sobretudo pelo significado de refeição suficiente e substancial que envolvia. Além disso, os elogios contidos nos testemunhos escritos de natureza crônica apresentam índicos que demonstram como o consumo deste acepipe logo caiu na predileção alimentar dos homens de antigamente. A canjica grossa, feita de milho seco, quebrado no pilão, agradava muito o paladar dos colonos, conforme nos dá testemunho um anônimo do Códice Costa Matoso: "os ricos comem por gosto e os pobres por necessidade, por não ter mais tempero que o ser bem cozida".[14]

Como se pode inferir dessa passagem, a canjica agradava o paladar dos paulistas e isso explicaria a razão pela qual este prato ter sido consumido pelos mais diferentes grupos sociais na região. Além disso, a simplicidade de seu preparo acabou fazendo com que ela logo caísse nas graças dos paulistas, tornando-se parte de seu sustento diário, sobretudo dos mais pobres. Assim nos dá a entender o biógrafo

---

11 Paula Pinto e Silva. *Op. cit.*, p. 47.

12 Sobre a tradição alimentar europeia de comidas preparadas à base de alimentos líquidos ver: Luis da Câmara Cascudo. "Sopas, caldos e papas", *op. cit.*, p. 533.

13 Jean Luis Flandrin. "A alimentação camponesa na economia de subsistência". In: Jean Flandrin e Massimo Montanari (org.). *Op. cit.*, p. 593.

14 "Notícia de muitas comidas que se fazem de milho". In: *Códice Costa Matoso, op. cit.*, p. 785.

Belchior das Pontes ao se referir às refeições de Manoel da Fonseca, cuja parcimônia alimentar ele compara aos de homens que tinham poucos recursos, como fica evidente nesta passagem: "Era o seu comer parco e vil, usando as mais das vezes de feijão e canjica, guisado especial de São Paulo e mui próprio de penitentes".[15] Ao tratar do preparo dessa última iguaria, Manoel da Fonseca demonstra como ela parece ter caído no gosto dos portugueses. De acordo com ele, a canjica:

> Consta de milho grosso de tal sorte quebrado em um pilão, que tirando-lhe a casca, e o olho fique mais quase inteiro. É manjar tão puro e simples que além de água, em que se coze, nem sal se mistura. Finalmente é sustento próprio de pobres, pois só a pobreza dos índios e a falta de sal por aquelas partes podia ser os inventores de tão saboroso manjar.[16]

Ao discorrer sobre a simplicidade envolvida no seu modo de preparo, o relato de Manoel Fonseca possibilitou a visualização de umas das principais razões deste prato ter se tornado a base da alimentação das gentes de Piratininga: a falta de sal. Sabe-se que este problema não era algo específico da sociedade paulista, uma vez que diversas partes da América Portuguesa também sofriam com a falta deste produto. Isto porque, de acordo com Paulo Prado, todo o sal consumido na Colônia era:

> importado de Portugal, mediante monopólio concedido ao arrematante que mais desse em lance público. O contrato na verdade consignava um preço relativamente barato para a venda ao público, mas o contratante interessava logo no negócio alguns especuladores locais, que armazenavam o gênero açambarcando sem nenhum escrúpulo ou fiscalização.[17]

O fato do fornecimento dessa mercadoria envolver toda uma rede de atravessadores acabava por elevar vertiginosamente seu preço, tornando-o um produto proibido para a maioria da população.

Se esta era uma realidade que se aplicava à América Portuguesa como um todo, *não* parece ser difícil *supor*, portanto, que o problema tenha sido

---

15 Manoel da Fonseca. *Op. cit.*, p. 55.
16 *Loc. cit.*
17 Paulo Prado. *Paulistica etc.* 4ª ed. São Paulo: Companhia das Letras, 2004, p. 159.

potencializado em terras paulistas por conta do isolamento da região e das precariedades do Caminho do Mar. Tal caminho, que ligava o Planalto ao porto de Santos, segundo Leila Algranti, era "o principal porto que servia aos colonos de 'serra-acima' tanto para o abastecimento de produtos que chegavam da Metrópole e de outras capitanias, como para a exportação de suas produções".[18] Se levarmos em consideração que a vila de Santos era o local onde o sal que abastecia a região de serra-acima ficava armazenado, podemos entender como as asperezas do caminho apresentavam-se como um entrave para o fornecimento contínuo deste e de outros produtos advindos do Reino para moradores de São Paulo.

E, como se isso não bastasse, para complicar o quadro precário do abastecimento de sal na região de serra-acima, havia ainda os abusos cometidos pelos contratadores que, além dos altos preços cobrados, dificilmente forneciam à população a quantidade de alqueires estipulada no contrato, como nos atesta o governador Rodrigo Cesar de Meneses em correspondência à autoridade régia:

> achei que os contratadores do Sal, tendo obrigação pelas condições do contrato de meterem seis mil alqueires cada ano naquela vila para se fornecerem os moradores de serra acima pela grande opressão que experimentam da falta daquele gênero, não só faltavam aquela obrigação, (...) mas padeciam os povos pela exorbitância do preço, pois vendendo por sua conta rara vez baixava de oito, dez patacas o alqueire que com os carretos lhe passava de quatro mil e oitocentos e desta sorte só era sua a conveniência.[19]

Na correspondência acima, escrita ao rei de Portugal, observamos que Rodrigo Cesar de Meneses, além de mostrar a miséria pela qual a população padecia com a falta de um produto tão necessário, chama atenção para o fato de que os contratadores não estavam disponibilizando à capitania de São Paulo, no início do século XVIII, a quantidade de sal necessária para atender a demanda

---

18 Leila Mezan Algranti. *Op. cit.*, 2011, p. 4.
19 Rodrigo Cesar de Menezes. "Sobre a miséria do sal na capitânia". In: *Documentos interessantes para a história e costumes de S. Paulo*, v. 32 – *Correspondência e papéis avulsos de Rodrigo César de Meneses (1721-1728)*. São Paulo: Typographia Andrade & Mello, p. 116-117.

da população.[20] À época, este problema relacionava-se à grande procura que este gênero tinha nas áreas surgidas em razão das descobertas das minas, onde os preços de qualquer mantimento alcançavam um valor muito mais alto. Por ser considerado um produto de primeira necessidade pela população de descendência europeia, a falta de sal acabou suscitando uma série de conflitos nas vereações da Câmara Municipal. Seu abastecimento, nas palavras de John Monteiro, "foi sempre um ponto de atrito entre colonos e autoridade régia".[21] Por essa razão, a população compareceu às reuniões da Câmara inúmeras vezes durante o período estudado para se queixar do alto preço em que o sal era vendido na vila de São Paulo. Como se pode observar na secção ocorrida no dia 04/05/1652, em que o procurador do povo veio junto à Câmara explicitar,

> em como este povo se queixava que o sal que vinha do Porto de Santos vinha por preço de três patacas, sendo que era contra as ordens e estanque de sua majestade (...) e outrossim requereu mais o dito procurador se mandasse passar um quartel que nenhum morador desta vila levasse farinha nem carnes nem outros gêneros de mantimentos a vila de Santos até se saber o preço que havia de ficar o sal e isto com pena de 6 mil réis e as cargas perdidas para abusador e obras deste conselho.[22]

Nota-se que, a despeito do sal ser um gênero de primeira necessidade para os colonos de descendência europeia, o preço abusivo pelo qual ele era vendido tornava-o um produto ao qual a maioria da população não tinha acesso.[23]

---

20 Sobre esta questão, um ano antes, observamos nas correspondências do governador, que ele pede a intercessão das autoridades régias para que se aumentasse a quantidade de sal fornecida a capitania, "porquanto para o número da gente que há anos tem crescido, se faz necessária muito maior quantidade" (*Idem.* "Sobre o fornecimento de sal nesta capitania". In: *Documentos interessantes – correspondência e papéis avulsos de Rodrigo César de Meneses, op. cit.*, p. 74).

21 Sobre o problema da carestia de sal na região de São Paulo colonial, ver John Manuel Monteiro "Bartolomeu Fernandes de Faria e seus índios: Sal, Justiça Social e Autoridade Régia no início do século XVIII". In: *Tupis, tapuias e historiadores: estudos de história indígena e indigenismo.* Tese de Livre Docência – Unicamp, Campinas, 2001. Disponível em: <http://www.ifch.unicamp.br/ihb/estudos/TupiTapuia.pdf>. Acesso em 25 jun. 2011.

22 *Actas da Câmara da Vila de São Paulo,* v. 5, *op. cit.*, p. 516.

23 A respeito da importância ocupada pelo sal durante a época Moderna, Massimo Montanari disse que o sal foi "protagonista primeiríssimo plano na história da alimentação justamente porque, além de dar sabor aos alimentos, tem a prioridade de desidratá-los e conservá-los no tempo. Carne

O dano que isso parece ter causado aos mesmos fez com que os camaristas se reunissem inúmeras vezes para tratar do problema. Na reunião supracitada, os camaristas resolveram que, enquanto o quadro de inflação não fosse resolvido, a vila de São Paulo não abasteceria a de Santos com os mantimentos de costume, a saber, carne e farinhas. Com efeito, tal postura revela como o sal era considerado um gênero de primeira necessidade, já que, para garantir seu abastecimento a preços mais acessíveis à população, os camaristas colocavam em risco as próprias atividades econômicas desenvolvidas na vila que estavam pautadas na produção e comercialização de alimentos que tinham como principal mercado consumidor, a região litorânea de Santos.

A carência aguda deste produto teve seus efeitos nos hábitos alimentares dos paulistas e, quando dizemos isso, estamos nos referindo à associação entre a falta de sal e o uso generalizado do milho e dos gêneros alimentares que integravam seu complexo alimentar, tais como o feijão e a carne de porco. É interessante lembrarmos que a associação destes três ingredientes ia de encontro ao modo de vida rústico e andejo dos paulistas.[24] Isso justifica o fato de o feijão ter aparecido com muita frequência nas roças e plantações, presentes nas propriedades rurais da região do Planalto, em associação com o milho.[25] Já com relação à carne de porco, os *Inventários e Testamentos* também foram testemunhas da banalidade de seu consumo entre os paulistas. As criações de suínos estiveram presentes em 40 inventários, em um total de 134 documentos. Todavia, além desse número considerável de referências aos porcos dentro das propriedades

---

peixe, verduras sempre se conservam principalmente com sal, que constituía a principal garantia de subsistência de uma economia rural que não podia confiar no mercado cotidiano ou no capricho das estações" (Massimo Montanari. *Op. cit.*, 2008, p. 39). E, se pensarmos na realidade da América Portuguesa e os problemas de conservação advindos do clima úmido, podemos imaginar o quanto o sal não foi uma mercadoria valiosa para os conquistadores.

24 Como demonstrado anteriormente, o milho encontrava na cultura rústica e portátil do feijão o seu melhor companheiro. E, ambos tinham na carne do porco o complemento ideal. Carne de fácil acesso temperava os pratos feitos, quase que exclusivamente à base de água e desprovidos de qualquer tempero.

25 Tal indicação pode ser encontrada no inventário de Antônio de Siqueira Mendonça, o qual registra duas plantas arroladas juntas em seu sítio em Itaí (Inventário de Antonio Siqueira de Mendonça (1687), v. 22. In: *Inventários* e *Testamentos, op. cit.*, p. 97). Igualmente tivemos menção do feijão, sendo cultivado com o milho na propriedade de Isabel Barcelos (Inventário de Isabel Barcelos (1648), v. 36. In: *Inventários* e *Testamentos, op. cit.*, p. 233).

paulistas, outras informações presentes neste corpo documental nos permitiram supor que sua carne era algo trivial na São Paulo dos séculos XVII e XVIII. Um exame, por exemplo, mais atento das quantidades e dos valores das criações arroladas demonstrou que elas estavam primordialmente voltadas para a subsistência doméstica e não para o comércio. Em situação diferente, estava a carne bovina. O alto número de cabeças de gado e os preços vertiginosos aos quais eram arroladas – em comparação com as criações de porcos – sugeriram a orientação comercial da pecuária em São Paulo colonial.[26]

Em contrapartida, os suínos eram facilmente encontrados nos quintais de qualquer propriedade rural, onde se criavam praticamente sozinhos, alimentando-se dos restos de comida e, especialmente, da quirera de milho.[27] Ao que tudo indica, tal facilidade de criação seria um dos principais fatores para a carne fornecida pelos suínos ter se tornado item obrigatório nas mesas dos paulistas, principalmente dos menos favorecidos. É importante ressaltar que, não só em São Paulo, bem como nos demais territórios do Brasil colonial, a carne bovina era um item de luxo, disponível apenas para uma pequena parcela da população.[28] Contribuía para este quadro, o problema da conservação deste último produto, o qual dependia muito do sal. A carne de porco, por sua vez, tal como a de qualquer animal de pequeno porte, além

---

26 Segundo a análise da documentação, percebe-se que ao longo da segunda metade do XVII houve uma crescente mercantilização em torno das criações de gado, o que fez com que elas ocupassem um espaço privilegiado dentro da economia de abastecimento da vila. As evidências presentes em muitos inventários, tais como a grande quantidade de criações de gado, nos sugeriram a orientação comercial da pecuária. Podemos citar como exemplo, o inventário de André Lopes, no qual encontramos 224 cabeças de vacas, 115 bois e 107 novilhos e o de Maria de Lara, com 146 vacas, 03 bois e 52 novilhos (Inventário de André Lopes (1701), v. 24 e Inventário de Maria de Lara (1670), v. 18. In: *Inventários e Testamentos, op. cit.*, p. 246 e 152).

27 Tendo em vista a centralidade do milho na alimentação das criações domésticas, Eduardo Frieiro afirma que "tem-se no porco um instrumento valorizador do milho, do mesmo modo que a galinha" (Eduardo Frieiro. *Op. cit.*, p. 159).

28 Para termos uma ideia do alto valor que a carne bovina podia assumir em comparação com a carne de porco, podemos julgar a diferença monetária atingida por ambas as criações. Com relação aos suínos, o valor em que eram avaliados podia variar entre 200 à 500, chegando poucos capados à quantia de 1000 réis. Já o preço das cabeças de gado adultas geralmente variava entre 1000 a 2500 réis.

de poder ser consumida fresca, dispensava o uso do sal em sua conservação, já que esta podia ser feita na própria banha do porco.[29]

Seja como for, a abundância da carne de porco no cardápio dos paulistas era tanta que Capistrano de Abreu chegou a defender a ideia de que sua preferência em detrimento da carne de boi indicaria "a presença dos paulistas ou de seus descendentes. Como raiz de todas essas vergônteas aparece à falta de sal, que impedia o desenvolvimento rápido do gado vacum e ainda hoje não tempera o angu nem a canjica".[30]

Embora a carestia do sal em São Paulo seja um fator importante para explicar o uso generalizado que o milho e os produtos de seu complexo tiveram na vila, acreditamos que nas áreas de expansão paulista isso tenha sido ainda mais determinante, conforme o inventário de comidas que se fazia do milho, registrado no *Códice Costa Matoso*, nos deixa perceber. Não podemos esquecer que o sal era um produto escasso nas regiões descritas pelo Códice, sobretudo por conta do hiperinflacionamento dos alimentos que se abatera sobre tais regiões.[31] Isso justifica a frequência com que encontramos a canjica sendo consumida nas minas. Se voltarmos novamente à atenção para esta iguaria, veremos que além da já citada canjica grossa, havia também a canjica fina, feita com o milho bem socado que, "temperada com adubos supre a falta de arroz, e na opinião de muitos é melhor".[32]

Tal como sucedia com as sopas consumidas entre os camponeses europeus, a canjica dos paulistas podia receber vários condimentos – como cebolas, alho, salsa, entre tantos outros – trazidos do velho continente. Lá, de acordo com Flandrin, o caldo das sopas camponesas era "quase sempre aromatizado com

---

29 Cabe ressaltar que além da carne de porco, encontramos nos inventários consultados indícios do consumo de outros produtos como a linguiça e os torresmos, ambos armazenados em meio a outros mantimentos nos inventários estudados. Assim observamos no espólio de Sebastiana Leite da Silva, onde o procurador dos órfãos declarou que comprou, rol de gastos com os herdeiros, meia arroba de toucinho (Inventário de Sebastiana Leite da Silva (1670), v. 17. In: *Inventários e Testamentos, op. cit.*, p. 300).

30 Capistrano de Abreu. *Op. cit.*, p. 314.

31 Sobre a influência que a escassez de sal teve nos hábitos dos moradores das regiões povoadas em razão das descobertas auríferas ver Eduardo Frieiro. *Op. cit.*, p. 165 e Mafalda Zemella. *O abastecimento da capitania das Minas Gerais no século XVIII*. São Paulo: [s.n.], 1951, p. 193.

32 "Notícia de muitas comidas que se fazem de milho". In: *Códice Costa Matoso, op. cit.*, p. 785.

raízes e diversas ervas e, sempre que possível, com um pedaço de carne, em geral, de porco salgado, temperado com gordura, manteiga ou óleo".[33]

Entretanto, de todas as modificações que os europeus empreenderam nas maneiras de se preparar a canjica, as que mais se destacaram na documentação colonial se aproximam do que hoje consideraríamos como uma receita doce. Não faltaram autores que apontaram para esse fato, como Câmara Cascudo. Para este autor, a culinária portuguesa deu novas formas a esta iguaria com a intromissão do "leite de coco ou de gado, e açúcar, enfeitada de canela em pó. Mereceu várias modificações, partindo do milho em grão cozido, com leite (de coco ou de gado) chamado pelo africano mungunzá, até o creme de milho, 'canjiquinha', ao curau de milho grosso, pilado, quase 'canjicão'".[34]

Assim, ao longo dos anos, observa-se que a canjica foi sofrendo empréstimos culturais com a introdução de novos ingredientes na receita apreendida dos indígenas, ao lado de sensíveis mudanças no seu modo de preparo. Mas, não temos dúvidas de que as modificações se processaram conforme os colonos foram tendo acesso a uma maior diversidade de produtos, pelo menos, os seus antigos conhecidos, como o sal, o açúcar, além de uma infinidade de outros 'temperos' que chegaram a esta parte da América nas frotas procedentes do Reino ou foram aclimatados deste lado do Atlântico. A bem da verdade é que algumas formas de consumo dadas ao milho ficariam restritas a alguns segmentos sociais mais privilegiados, na medida em que teríamos uma hierarquia social no seu consumo. Sobre esta questão, a historiadora Leila Algranti, em sua análise sobre a cozinha dos paulistas, apontou que os alimentos:

> consumidos em uma refeição, eram considerados pelos europeus, como elementos de diferenciação social, já que o modo de consumi-los, prepará-los e, especialmente, os hábitos à mesa alcançavam um valor profundo e intenso em termos de distinção de classe. Os cuidados na preparação da comida, na forma de apresentar e de servir os pratos adquirem, assim, significados diferentes de acordo com o local e a condição social de quem os consome.[35]

---

33   Jean Louis Flandrin. "A alimentação camponesa na economia de subsistência". In: Jean Flandrin e Massimo Montanari (org.). *Op. cit.*, p. 593.
34   Luis da Câmara Cascudo. *Op. cit.*, p. 137.
35   Leila Mezan Algranti. *Op. cit.*, 2011, p. 9.

Ao aplicarmos a problemática da divisão social pelo alimento ao estudo das duas principais formas de consumo da canjica entre as gentes de São Paulo, observamos a ocorrência de diferenças na destinação social deste prato. A canjica grossa, mais rústica e sem tempero, era servida aos mais pobres e escravos, enquanto a fina era privilégio dos colonos mais abastados:

> O milho era único remédio e regalo destas Minas; porque dele se faz farinha, que supre o pão, a canjica fina para os Brancos, a grossa para os negros.[36]

Embora o milho assumisse a tarefa de alimentar a heterogeneidade social dos bandeirantes que enveredavam pelo sertão, é possível perceber, no trecho em questão, a existência de diferenças no modo como ele era consumido nos comboios. Mesmo nas lonjuras do sertão, os colonos buscavam reproduzir os hábitos alimentares que tinham na vila, principalmente aqueles trazidos do Velho Mundo, onde a segregação social, devido ao tipo de alimento que se comia, era muito usual. Mas se o sertão era o espaço da sobrevivência, podemos imaginar a dificuldade para os colonos manterem uma clara separação entre seu alimento e o de seus escravos. O que, em contrapartida, não evitou que as diferenças existissem, especialmente, no modo como certas comidas eram consumidas.

Outro exemplo da existência de diferenças na destinação dada aos vários tipos de produtos preparados do milho diz respeito ao angu, prato que, a partir do século XVIII, tornaria-se básico entre os paulistas e que, à época, ficara muito conhecido nas áreas mineratórias como comida de escravo. Confeccionado com a farinha de milho moída, hoje mais conhecida como fubá, este prato não requeria para o seu preparo *nada além* desta farinha e água. Como se encontra registrado no Códice Costa Matoso, o angu para negros era feito da seguinte forma: "cozido em um tacho de água até secar; só se diferenciava da broa em ser esta cozida no forno e levar sal".[37]

O angu foi destinado ao regime alimentar dos escravos por ser um prato substancial e indispensável no trabalho pesado. Embora, tal como a canjica, este acepipe fosse muito rústico e prescindisse do sal em seu preparo, às vezes, ele

---

36 "Notícia da 6ª prática e relação verdadeira da derrota e viagem que fez da cidade de São Paulo para as Minas do Cuiabá o Exmo Sr. Rodrigo César de Meneses". In: *Relatos monçoeiros, op. cit.*, p. 117.

37 "Notícia de muitas comidas que se fazem de milho". In: *Códice Costa Matoso, op. cit.*, p. 785.

podia ser incrementado com a mistura de algumas ervas e feijão.[38] Pela simplicidade no preparo, o angu foi um prato que desde sempre ficou estigmatizado como comida de fome. De acordo com Nelson Omegna, tal estigma ficaria tão associado ao angu, durante o período colonial, que mesmo os homens pobres e livres se recusavam a consumi-lo por considerarem uma comida típica de escravos. Dizia o autor que "a sociedade dos homens livres, mesmo paupérrima, nunca admitia o angu em sua mesa. (...) não obstante as virtudes nutrícias do angu serem superiores às da farinha de mandioca, o homem pobre preferia ficar sendo *mandioqueiro* a comer o prato típico dos servos na senzala".[39]

E essa resistência ocorria a despeito de ser o angu um prato muito próximo ao 'paladar molhado' dos portugueses. Mas se ele ficou relegado a segundo plano na predileção dos colonos por estar associado à comida de escravos, ao que tudo indica, outros pratos que se faziam do milho parecem ter caído mais no gosto daqueles indivíduos, como as papas, feitas do caldo do milho socado no pilão. Era uma comida também de fácil preparo, como nos dá a entender novamente o Códice Costa Matoso: "cozido em um tacho se fazem umas papas que imitam o manjar branco; é muito substancial".[40]

Pelas semelhanças que mantinha com o manjar-branco, prato muito estimado pelos portugueses desde o período medieval, não é difícil imaginar o porquê de as papas, apreendidas dos indígenas, encherem os olhos dos viajantes europeus, entrando rapidamente no cardápio ordinário da cozinha brasileira desde o início da colonização. Confeccionado tanto de milho como de goma de mandioca, a julgar por mais de uma indicação encontrada nos relatos de época, tal prato parece ter constituído parte do cardápio dos colonos. No relato de frei Vicente de Salvador, por exemplo, encontramos um ótimo exemplo de como o consumo das papas foi um costume que logo se impôs na dieta dos europeus e de seus descendentes. O viajante observou o gosto dos colonos por este acepipe que, "faziam para os doentes com açúcar e as tem por melhores que tisanas, e para os são as fazem de caldo de peixe, ou de carne ou só de água, e esta é a melhor triaga que há contra toda peçonha".[41]

---

38 "Farinha de milho feita em pilões". In: *Códice Costa Matoso, op. cit.*, p. 776.
39 Nélson Omegna *apud* Eduardo Frieiro. *Op. cit.*, p. 158.
40 "Notícia de muitas comidas que se fazem do milho". In: *Códice Costa Matoso, op. cit.*, p. 785.
41 Frei Vicente de Salvador. *História do Brasil. (1500-1627)*. 4ª ed. São Paulo: Melhoramentos, 1954, p. 61.

Embora este registro reforce a evidência de que pratos como estes ganharam prontamente a simpatia das cozinheiras lusitanas, tudo faz supor, entretanto, que *não* demorou muito tempo para que elas começassem a empreender adaptações no modo de confeccioná-los, ajustando-os aos sabores aos quais estavam mais acostumadas, com a introdução de leite, açúcar, canela, ovos, carnes ou mesmo as verduras.[42]

Cabe-nos dizer que, mesmo antes de os portugueses aportarem no continente americano, as papas constituíam a principal base da alimentação de muitas regiões da Europa. De acordo com Jean Louis-Flandrin:

> muitos historiadores sustentaram que na Idade Média e até na época moderna se comiam com mais frequência as papas de cereais triturados ou moídos do que o pão. (...) possivelmente porque o seu uso era mais fácil e econômico em todos os aspectos, poupando muito tempo, assim como os custos da moagem e do forno. Além disso, elas podiam ser feitas com grãos não panificáveis ou de difícil panificação.[43]

O historiador francês, ao mostrar que na Europa nem sempre o pão foi a forma predominante de se consumir muitas plantas alimentícias, abriu espaço para pensarmos uma evidência interessante, que emergiu em nossa pesquisa documental: a preferência dos colonos de São Paulo pelo consumo do milho sob a forma de alimentos líquidos. Muito se falou, no capítulo anterior, sobre a dificuldade desses indivíduos em obter acesso ao pão branco, feito de trigo, e também de como, para suprir essa falta, eles tiveram que lançar mão dos mantimentos locais para a confecção do binômio farinha e pão, tão próprio da culinária europeia. A despeito de o trigo estar fora do alcance da massa geral da população paulista, o milho esteve sempre à mão. Assim, em épocas de necessidade, ele tornava-se a única fonte de subsistência para muitos indivíduos.

---

42 Sobre negociações que se empreenderam no consumo deste alimento Paulo Pinto e Silva escreveu: "portadores de uma tradição europeia, nascida e fortificada à base de papas e líquidos misturados aos cereais, os colonos lusitanos acrescentaram a uma cuia de caldo quente, fosse de verduras, de peixe, de carne ou de tartaruga, farinha de mandioca em quantidade suficiente para que a mistura ficasse granulada, com aparência pegajosa, grudenta e viscosa, tal qual um legítimo mingau tupi ou pirão brasileiro (Paula Pinto e Silva. *Op. cit.*, p. 99-100).

43 Jean Louis Flandrin. "A alimentação camponesa na economia de subsistência". In: Jean Flandrin e Massimo Montanari (org.). *Op. cit.*, p. 590.

Alimento corriqueiro na dieta paulista, é digno de nota que praticamente não encontramos menção ao milho sendo consumido sob a forma de pão na região de São Paulo. De fato, do conjunto de fontes documentais por nós trabalhadas, tivemos informações sobre a presença de pão de milho somente no relato de Gabriel Soares de Sousa. Segundo ele, a partir do milho mole, os portugueses podiam fazer "muito bom pão e bolos com ovos e açúcar".[44]

O que se pode pensar a respeito disso é que, embora os colonos conhecessem o preparo do pão de milho, talvez não fizessem uso dele com muita frequência, já que nos registros de outros viajantes quase não achamos referência à confecção deste gênero alimentício. Esse silenciamento, em um sentido *mais* amplo, estava relacionado a *uma tendência geral observada* neste corpo documental e que diz respeito a pouca atenção dada pelos cronistas ao milho em seus relatos. Sheila Moura Hue também observou este fato em seu estudo sobre a gastronomia 'brasileira' do XVI: "ao escreverem sobre o milho, nossos cronistas são muito menos entusiastas que ao tratarem da mandioca".[45]

Tudo leva a crer que, na falta de trigo, os paulistas, bem como os demais habitantes da colônia americana, deram preferência à mandioca como seu principal substituto na fabricação do pão.[46] É possível que a mandioca se apresentasse como mais panificável aos olhos europeus, principalmente devido à cultura alimentar "mais desenvolvida" que ela envolvia, especialmente com relação às técnicas utilizadas em seu processamento.[47] Isto nos leva a perceber que havia escolhas nas apropriações que os portugueses faziam dos gêneros nativos. Como mostrou muito bem Leila Algranti, em seu estudo sobre a doçaria luso-brasileira, os colonos se aproveitavam dos produtos locais a fim de incrementar suas refeições cotidianas:

---

44 Gabriel Soares de Sousa. *Tratado descritivo do Brasil em 1587, op. cit.*, p. 140.

45 Sheila Moura Hue. *Delícias do descobrimento: a gastronomia brasileira no século XVI*. Rio de Janeiro: Zahar, 2008, p. 86.

46 Como observamos no capítulo anterior, o consumo do pão era um hábito muito arraigado entre os colonizadores portugueses. Neste sentido, Salvador Dias Arnaut lembrou bem que embora eles confeccionassem pão de quase todos os cereais disponíveis, por pão, "entende-se, sobretudo o feito de trigo" (Salvador Dias Arnaut. *Op. cit.*, p. 8).

47 E, ao lançarmos esta hipótese, encontramos respaldo nos próprios textos de época que, são unânimes em afirmar que na confecção do pão os europeus e seus descendentes prefeririam a mandioca. Há evidências disso, por exemplo, na crônica escrita por Pero de Magalhães Gandavo. *História da província de Santa Cruz, op. cit.*, p. 87-88).

procurando na diferença dos ingredientes elaborar pratos semelhantes aos que costumavam consumir em sua terra natal. Nessa cozinha transformada em laboratório de experiências, há uma intenção de busca de formas, consistências e sabores conhecidos, reveladora da permanência das estruturas alimentares e da forma de cozinhar lusitana.[48]

Se por conta de seu aspecto cromático (mais amarelado) ou mesmo pelo sabor, o pão de milho em quase nada lembrava o pão de trigo, para a confecção de pratos líquidos, como caldos e papas, por exemplo, à base de leite ou água, não havia ingrediente melhor. Contudo, o aproveitamento que os portugueses fizeram do milho na confecção de pratos que lhe remetessem àqueles consumidos no Reino, não ficou restrito às comidas úmidas. O milho também foi utilizado para a confecção de bolos e outros doces e quitutes, dos quais os colonos sempre foram grandes devotos. A doçaria os acompanhou na colonização e povoamento da América Portuguesa, onde se constituiu, nas palavras de Leila Algranti, "enquanto um elemento participante e importante da alimentação luso-brasileira".[49] Contudo, a própria autora chama atenção para o fato de que as receitas, ao chegarem à colônia portuguesa, sofreram um longo processo de adaptação e transformação. A falta de ingredientes utilizados em Portugal ou a vontade de experimentar novos produtos fizeram com que os colonos lançassem mão daqueles encontrados por aqui. No caso específico da confecção dos bolos, a introdução de um produto americano como o milho, acabou dando novos sabores a uma receita tão conhecida. O bolo de milho constituía exemplo claro da associação dos saberes e técnicas culinárias portuguesas com um produto local. Neste sentido, são muito significativas as palavras de Câmara Cascudo, quando diz: "o milho dava bolos, havendo ovos, leite, açúcar e a *mão da mulher portuguesa* para a invenção".[50]

A julgar pelos escritos dos viajantes que estiveram nas minas descobertas pelos paulistas, observamos que, a partir do milho, poderia ser confeccionada uma variedade de bolos, broas e doces que lembravam de perto os existentes no

---

48 Leila Mezan Algranti. "Os doces na culinária luso-brasileira: da cozinha dos conventos à cozinha da casa *brasileira* séculos XVII a XIX". *Anais de História de Além-Mar*, v. 6, 2005, p. 142.

49 *Ibidem*, p. 140.

50 Luis da Câmara Cascudo. *Op. cit.*, p. 108. Grifo nosso.

Reino. Brandonio destaca que os bolos que se faziam do milho eram "muito gostosos, sobretudo quando estão quentes".[51]

Referindo-se ao rol extenso das comidas que eram feitas de milho, o já citado anônimo do Códice Costa Matoso enumerava alguns doces consumidos pelos colonos na região das Minas, como por exemplo, o de alcamonia ou pé-de-moleque que, segundo suas palavras, "se fazia da seguinte forma: farinha de milho misturada com melado e amendoim (de que se criam na terra, a casca como pinhões grandes e a vianda como milho grosso e o gosto de nozes) se fazem uns bolos".[52]

Além do Códice Costa Matoso, encontramos referências às diversas receitas feitas com o milho em relatos contemporâneos a ele, como no escrito pelo secretário do governador Rodrigo Cesar de Meneses a respeito da viagem feita às minas do Cuiabá, onde enumera além dos bolos, uma infinidade de outros pratos feitos a partir do cereal nativo, tais como:

> os cuscuz, arroz, bolos, biscoitos, pastéis de carne e peixe, pipocas *catimpoeira, aloja*, angu, farinha de cachorro, água ardente, vinagre e outras muito mais equipações que tem inventado a necessidade e necessitam de momento.[53]

A partir da leitura deste trecho, chamou-nos atenção que muitas aplicações culinárias dadas ao milho extrapolavam as que foram ensinadas pelos autóctones. Tal fato é importante para pensarmos como a tradição culinária portuguesa foi transferida para sua colônia americana, claro que convenientemente adaptada e modificada aos produtos aqui existentes. Mas, se por um lado, as fontes nos indicaram que as comidas que se faziam do milho compunham a alimentação dos mais diversos segmentos da sociedade colonial, por outro, elas igualmente

---

51 Ambrósio Fernandes Brandão. *Diálogos das grandezas do Brasil (1618)*. São Paulo: Melhoramentos, 1977, p. 216.

52 "Notícia de muitas comidas que se fazem de milho". In: *Códice Costa Matoso, op. cit.*, p. 785.

53 "Notícia da 6ª prática e relação verdadeira da derrota e viagem que fez da cidade de São Paulo para as Minas do Cuiabá" In: *Relatos monçoeiros, op. cit.*, p. 117. Grifo nosso. Como veremos mais adiante, tanto aloja (ou aluá) quanto a catimpuera consistiam em bebidas fermentadas à base de milho. A diferença básica entre elas era que a catimpuera se fabricava apenas da fermentação dos grãos cozidos do cereal, enquanto o aluá podia ser fabricado da fermentação tanto dos grãos quanto da farinha de milho propriamente dita.

nos permitiram perceber que algumas formas de consumo do cereal ficaram mais restritas a grupos específicos, ou seja, é possível entrever uma hierarquia social no consumo deste alimento. Neste sentido, não só em Portugal, mas nas sociedades que se desenvolveram nas suas colônias, os indivíduos "procuravam explicitar as diferenças sociais através de vários meios, os alimentos, a forma de prepará-los e também de consumi-los sempre foram elementos de distinção social aliados à carestia e à dificuldade econômica em adquirir certos produtos".[54]

Assim, tão logo os portugueses se estabeleceram na região de Piratininga, já buscaram recriar os costumes e valores aos quais estavam acostumados no além-mar. No que diz respeito aos hábitos alimentares, temos que levar em consideração que, tal como ocorria na Europa, na América Colonial, a comida da elite colonial quase sempre se opunha àquela consumida pela gente pobre. Como quer que seja, não temos dúvida quanto ao fato de que a alimentação foi utilizada pelos recém-chegados do Reino como um marcador identitário e social não só frente aos povos culturalmente distintos, africanos e indígenas, como também entre eles mesmos. Basta lembrar que entre os colonos podiam existir homens das mais diferentes condições sociais, desde grandes agricultores até indivíduos mais pobres.[55]

Mas nem sempre os colonos tinham como variar o seu repertório alimentar cotidiano.[56] A saída encontrada, portanto, foi reinventar ou reelaborar as comidas que tinham disponíveis, introduzindo, por exemplo, sensíveis mudanças no seu modo de preparo com a substituição ou a introdução de um ingrediente novo. A propósito disso, observamos que, desde os primeiros anos, após a chegada dos portugueses à sua colônia americana, o modo como o milho foi consumido por tais indivíduos com frequência se diferenciava das formas pelas quais os indígenas comumente o faziam. Gabriel Soares de Sousa nos traz um ótimo testemunho desta situação. Segundo suas palavras, "este milho come

---

54 Leila Mezan Algranti. "A hierarquia social e a doçaria luso-brasileira (séculos XVII ao XIX)". *Revista da Sociedade Brasileira de Pesquisa Histórica*, Curitiba, n° 22, p. 27-47, 2003.

55 No que diz respeito a diferença existente na alimentação dos habitantes da Colônia ver Leila Mezan Algranti. *Op. cit.*, 2005, p. 19-20.

56 E quando dizemos isso incluímos além da dieta praticada em São Paulo, também aquela desenvolvida nas cozinhas das casas grandes nas regiões litorâneas. As refeições do dia a dia, em tais localidades, seriam muito mais simples e monótonas do que os cronistas dos séculos XVI e XVII nos informaram.

o gentio assado por fruto, e fazem seus vinhos com ele cozido, com o qual se embebedam, e os portugueses que comunicam com o gentio, e os mestiços não se desprezam dele, e bebem-no mui valentemente".[57]

Ao traçarmos um paralelo entre o testemunho de Gabriel Soares de Sousa com outros contemporâneos a ele, como o de Ambrósio Brandão, observamos que havia três principais formas de consumo do milho entre os indígenas, assado em espiga, cozido, ou em bebida fermentada.[58] E é lícito pensar que, por esse mesmo motivo, tais formas eram dificilmente consumidas pelos colonos mais abastados.

De fato, na sociedade colonial, tais maneiras de preparo tiveram um uso mais disseminado entre os escravos, sejam estes indígenas ou africanos. Para semelhante constatação, nos apoiamos em certa passagem dos *Diálogos* de Ambrósio Fernandes Brandão: "é mantimento mui proveitoso para a sustentação dos escravos da guiné e índios, porque se come assado e cozido".[59]

Os cronistas coloniais também demonstraram que o milho, sem nenhum trato culinário, era empregado no sustento de galinhas, porcos e muares como observamos a partir do seguinte trecho extraído do relato de Gabriel Soares de Sousa: "Plantam os portugueses este milho para mantença dos cavalos e criações de galinhas e cabras, ovelhas e porcos".[60] Cabe destacar que, para o sustento das criações domésticas, era destinado o grão puro e seco. Assim, conforme mostra Capistrano de Abreu, o fato de os grãos de milho serem exclusivamente reservados aos cavalos, fez com que colonos evitassem seu consumo a não ser quando torrado ou feito pipoca.[61] Quanto a este último mantimento, por exemplo, tivemos informações que ele era um acepipe de muito uso pelos paulistas,

---

57 Gabriel Soares de Sousa. *Op. cit.*, p. 140.

58 Deve-se destacar que esse fato, não nega a existência de outras formas de consumo do milho entre os indígenas, tais como a farinha e o mingau. Sobre a presença do milho na alimentação indígena ver o capítulo "Verde milho, doce milho" de Luis da Câmara Cascudo. *Op. cit.*, p. 107-112.

59 Ambrósio Fernandes Brandão. *Op. cit.*, p. 216.

60 Gabriel Soares de Sousa. *Op. cit.*, p. 140. Em *Diálogos sobre as grandezas do Brasil*, do mesmo modo, encontramos referências ao uso do milho na alimentação de animais domésticos. Conforme registra seu autor: "Para sustentação de cavalos é mantimento de grande importância, e para criação de aves" (Ambrósio Fernandes Brandão. *Op. cit.*, p. 216).

61 Capistrano de Abreu. *Capítulos de história colonial (1500-1800)*. Rio de Janeiro: Livraria Briguiet, 1954, p. 311.

especialmente nas regiões interiorizadas do território luso-brasileiro, onde o consumo do milho foi de uso corrente:

> do mesmo milho se fazem as viandas chamadas pipocas que é pondo-se algumas espigas ao fumo e metidos os grãos em um cestinho. Com algumas brasas e abanando-se como turíbulo rebenta o milho e assim ficam as pipocas chamadas escolhido-das-brasas.[62]

Logo, a leitura de correspondências e dos relatos de viagens trouxe indícios sobre as práticas alimentares envolvidas em torno da cultura do milho, os quais, por sua vez, nos permitiram compreender melhor porque alguns usos dados ao milho parecem ter caído mais no gosto dos portugueses recém chegados. Neste sentido, não se trata de mera coincidência o fato de que as formas de consumo, que ficaram em segundo plano no repertório culinário da elite colonial, fossem aquelas mais utilizadas pelos indígenas (assado, cozido e cauim).

Ao trazer embutido em *si uma carga* identitária indígena muito forte, essas formas de consumo tiveram pouco valor entre os paulistas e, quiçá, pouco uso entre eles. E para aumentar a resistência dos colonos, não há como negligenciar o fato de o milho também ser utilizado para alimentar porcos, cavalos e galináceos.

Mas, como não há tabu alimentar que resista à fome, o milho foi incorporado ao repertório culinário dos paulistas, a despeito das possíveis imagens negativas associadas a tal alimento. Tal situação não era novidade para os colonos de ascendência europeia que, mesmo antes de atravessarem o Atlântico, vivenciaram situações análogas no velho continente, onde, como elucidou Massimo Montanari, o regime alimentar da maioria dos habitantes baseava-se em larga medida em cereais inferiores e legumes.[63] Mesmo os cereais, que eram utilizados no sustento de animais, frequentemente entravam na dieta de uma parte considerável da população.[64]

---

62 "Notícia de muitas comidas que se fazem de milho". In: *Códice Costa Matoso, op. cit.*, p. 785.
63 Massimo Montanari. *Op. cit.*, 2003, p. 69.
64 Esse fenômeno é brilhantemente representado por Pierro Camporesi. Para o autor, "as fronteiras alimentares entre homens e animais eram muito tênues na sociedade europeia, no período em questão: o sorgo, por exemplo,– o diálogo entre aqueles dois rurais esfomeados vai ao encontro da dura realidade –, passava do porco para o homem e, se ele faltava, era o farelo que se tornava 'bebida boa para os homens' dissolvida em água quente, transformado em beberragem para os

Assim, se por todos os fatores levantados ao longo deste trabalho, o milho era um alimento do qual os paulistas não podiam prescindir, é provável que eles buscassem evitar ao máximo os modos mais corriqueiros de consumo utilizado pelos indígenas. Desse ponto de vista, parece mais do que provável que as diferenças nas formas de preparo ou consumo também podem ter sido empregadas como elementos de distinção social.[65]

Sobre as diferenças sociais existentes no consumo do milho, Paula Pinto e Silva argumenta que isto ajudou a criar hierarquias e reproduzir formas sociais específicas, já que, sob o seu ponto de vista,

> não obstante o uso do milho ter sido generalizado no planalto paulista e no interior do território, suas múltiplas maneiras de uso continuavam criando e reproduziram formas de hierarquias sociais: o milho moído pelos monjolos, conhecido por fubá, continuava a ser tratado como 'quirera', uma comida ordinária própria para engordar escravos e também destinada aos animais.[66]

Embora seja notório que as fronteiras alimentares eram e, ainda são, muito difíceis de transpor, não cabe a menor dúvida que, em situações de penúria alimentar, como aquelas vividas pelos paulistas nos primeiros tempos de colonização das áreas mineratórias, manter qualquer tipo de restrição alimentar era impossível. Assim, se na estabilidade das práticas domésticas, algumas formas de consumo deste alimento talvez fossem consideradas secundárias, nas expedições, elas apresentavam-se como as mais corriqueiras. Assim, nos deu a entender Antonil, ao mostrar que o milho verde frequentemente foi a única opção de sustento dos homens que se dirigiam para as zonas de mineração: "não se pode crer o que padeceram ao princípio os mineiros por falta de mantimentos, achando-se não poucos mortos com uma espiga de milho na mão, sem terem outro sustento".[67]

---

homens-porcos reduzidos a chafurdar como animais" (Pierro Camporesi. *O pão selvagem*. Lisboa: Editorial Estampa, 1980, p. 37).

65   Como nos diz Massimo Montanari, "o modo de se alimentar deriva de determinado pertencimento social e ao mesmo tempo o revela" (*Op. cit.*, 2008, p. 125).
66   Paula Pinto e Silva. *Op. cit.*, p. 107.
67   Andre João Antonil. *Op. cit.*, p. 266-267.

Como foi possível observar, a partir da documentação que trata do repertório alimentar paulista na mobilidade, o consumo do milho assado parece ter sido muito mais frequente nesta ocasião. Segundo a documentação do Códice Costa Matoso: "enquanto verde, muito se come assado e da sua espiga, ainda em leite, se tira o grão; e socado e pilão, do caldo cozido e um tacho, se fazem umas papas".[68] Além da presença das culturas nativas portáteis, como o milho e o feijão, percebemos, através do exame dessas fontes, que o modos de preparo desses alimentos nestas circunstâncias eram predominantemente nativos, o que pode ser exemplificado pelas referências aos fornos de tucuruva nos relatos sertanistas dos séculos XVII e XVIII.[69] A presença quase obrigatória deste apetrecho nestas fontes indica a importância da técnica do assado na vida andeja dos paulistas.

Tal técnica, além de não requerer quase nenhum utensílio ou mesmo tecnologia mais desenvolvida, atendia à constante mobilidade exigida nas andanças pelo interior e as necessidades dos 'incursionistas' que, de maneira rápida, tinham que preparar sua vianda para não comprometer a duração da jornada.

No sertão, os paulistas estavam subordinados pela força da sobrevivência às contribuições das populações nativas, tais como produtos, utensílios e técnicas. Paula Pinto e Silva nos lembra que a "necessidade de sobrevivência desta gente, estava, sobretudo, pautada na itinerância, na flexibilidade e na adoção de certos hábitos indígenas".[70] Embora, como se observou, no sertão, os hábitos estivessem mais pautados em práticas e alimentos locais, isso não evitou que o repertório indígena fosse reelaborado e reinventado pelos portugueses que não deixaram de acrescentar aos produtos americanos, suas próprias referências.

Aguardente de milho e outras bebidas

Além dos acepipes acima mencionados, devemos destacar que o milho também foi incorporado pelos paulistas sob a forma de bebidas. Tais produtos marcaram presença no cotidiano da sociedade colonial paulista desde os seus

---

68 "Notícia de muitas comidas que se fazem de milho". In: *Códice Costa Matoso, op. cit.*, p. 785.
69 De acordo com Paula Pinto e Silva, este fogão se caracterizava "pela disposição triangular de três pedras ao chão, serviu de base para a cozinha do mameluco paulista em suas caminhadas de exploração e povoamento" (Paula Pinto e Silva. *Op. cit.*, p. 82).
70 *Ibidem*, p. 83.

primeiros tempos. Em relação ao consumo das bebidas de milho, a julgar pela quantidade de indícios encontrados nas fontes documentais, propomos que elas tiveram um espaço considerável na dieta dos colonos da região. E como não poderia deixar de ser, a incorporação do milho com esta finalidade processou-se mediante combinações de conhecimentos culturalmente distintos. Exemplo bem característico diz respeito à aguardente de milho, cujo fabrico é considerado por Sérgio Buarque de Holanda como um ótimo exemplo, de "adaptação de técnicas europeias à elaboração de um produto genuinamente nativo".[71]

Embora os colonos utilizassem para sua fabricação um produto genuinamente americano, o fizeram a partir da introdução de técnicas sensivelmente estranhas às formas como os indígenas preparavam suas bebidas a partir deste cereal. A saber, a fermentação e a posterior destilação dos grãos do dito cereal. Cumpre notar que esta última técnica foi introduzida pelos portugueses na América ainda no século XVI. Os indígenas não a conheciam e produziam suas bebidas inebriantes através de um processo próprio de fermentação que consistia no cozimento e na mastigação de frutas ou raízes que iriam compor a bebida.[72]

Tais bebidas, denominadas genericamente por cauim, eram de uso corrente e cotidiano entre a população tupi-guarani que habitava além do Planalto paulista, grande parte do território "brasileiro", antes da chegada dos europeus. Por ocupar um papel central na vida social e ritualística dos ameríndios, a produção dessas bebidas mereceu destaque nas crônicas europeias do primeiro século. De acordo com João Azevedo Fernandes, o que mais chamara atenção dos cronistas e, que diferenciava o regime etílico dos indígenas dos europeus, era a existência entre os primeiros de "uma cerimônia dedicada à obtenção da embriaguês, a *cauinagem*, realizada em eventos como o sacrifício canibal, os rituais de passagem dos jovens à idade adulta, em casamentos e funerais, entre outros".[73]

Cabe dizer que a confecção das bebidas com este propósito, demandava o cumprimento de algumas regras, como, por exemplo, as que foram expostas por Jean de Lery: "São as mulheres como já disse, que tudo fazem nesta preparação,

---

71 Sérgio Buarque de Holanda. *Op. cit.*, 1994, p. 185.

72 Sobre a presença das bebidas alcoólicas nas sociedades indígenas ver João Azevedo Fernandes. *Selvagens bebedeiras: álcool, embriaguês e contatos culturais no Brasil colonial (séculos XVI-XVII)*. São Paulo: Alameda, 2011.

73 *Ibidem*, p. 162.

tendo os homens a firme opinião de que se eles mastigarem as raízes ou o milho, a bebida não saíra boa".[74]

Embora os cronistas chegassem a afirmar, às vezes, que esta bebida fosse substanciosa e saborosa, como fez Hans Staden, ela parece não ter caído muito no gosto da maioria deles.[75] Em parte, isso tinha a ver com sua forma de preparo que se apresentava como repulsiva ao paladar europeu, como bem observou Câmara Cascudo, havia a "repugnância instintiva por saber algumas sofrer mastigação prévia para ativar a fermentação".[76] Sob este ponto de vista, torna-se elucidativo que, tão logo tiveram oportunidade, os colonos empreenderam modificações na forma de preparo do cauim, a julgar pela descrição de Jean de Lery:

> ao chegarmos a esse país procuramos evitar a mastigação no preparo do cauim e fazê-lo de modo mais limpo. Por isso pilamos raízes de aipim e mandioca com o milho, mas para dizer a verdade, a experiência não provou bem. Pouco a pouco nos habituamos a beber o cauim da outra espécie embora não o fizéssemos comumente, pois tendo cana à vontade púnhamo-la de infusão por alguns dias na água depois de refrescá-las um pouco por causa do grande calor. E assim açucarada bebíamos a água com grande prazer.[77]

Mesmo que o relato de Jean de Lery demonstre que nos primeiros tempos os europeus consumiam o cauim, o fato é que eles introduziram sensíveis modificações em seu preparo, empreendendo a fermentação não pela mastigação, mas pelo esmagamento manual ou mecânico das frutas e posterior fervura.

De qualquer forma, com o passar dos anos, seu consumo parece não ter se generalizado entre os colonos de ascendência europeia que, pelo contrário, passaram a evitá-lo. Acreditamos que a grande razão por trás disso era não consumir um gênero que, além de apresentar sua confecção como intragável ao paladar europeu, estava associado a hábitos e práticas veementemente condenadas pelos europeus. O calvinista Jean de Lery, que teve o ensejo de observar estas práticas de perto, relatou que os indígenas consumiam o cauim quando queriam divertir-se

---

74 Jean de Lery. *Viagem à terra do Brasil* (1578). Rio de Janeiro: Biblioteca do Exército, 1961, p. 118.
75 Hans Staden. *Viagem ao Brasil*. Salvador: Livraria Progresso Editora, 1955, p. 165.
76 Luis da Câmara Cascudo. *Op. cit.*, p. 129.
77 Jean de Lery. *Op. cit.*, p. 121.

e, principalmente, nos rituais antropofágicos.[78] Assim, as "cauinagens" estavam relacionadas a um conjunto de "maus-hábitos indígenas" como as danças e as pinturas corporais. Atividades estas intimamente associadas a dois pólos fundamentais das sociedades nativas: a vingança e a guerra. A presença marcante do milho na vida ritualística das aldeias tupis é sugerida pela crônica escrita por Hans Staden. Lembremos que o viajante alemão, por ser confundido com um português, permaneceu prisioneiro por nove meses em uma aldeia tupinambá, no litoral paulista. Durante este período, Staden manteve uma convivência estreita com estes indígenas, presenciando muito de seu cotidiano referente à alimentação, inclusive os rituais antropofágicos, sobre o qual nos legou informações detalhadas e minuciosas.

Segundo ele, o calendário da guerra e, consequentemente dos rituais antropofágicos, era regido pelos ciclos da natureza, relacionados ao tempo de caça e colheita, os quais se concentravam mais especificamente em duas épocas do ano: agosto e novembro. Em agosto ocorria a migração dos peixes de água salgada para doce, onde desovavam: "Neste tempo costumavam sair para o combate, com o fim de ter também mais abundância de comida".[79] Já no mês de novembro, acontecia o amadurecimento do milho, principal fruto, juntamente com a mandioca, do qual era extraído o cauim. Por isso, os nativos "quando voltam da guerra querem os milhos para fabricar essa bebida que é para quando comem os inimigos se tiverem capturado algum e durante o ano inteiro esperam com impaciência o tempo dos milhos".[80] Já Eduardo Viveiros de Castro, no trabalho *A Inscontância da Alma Selvagem*, chama a atenção para o fato de que o cauim só podia começar a ser consumido por homens e mulheres que haviam passado pelo ritual da puberdade e, no caso específico dos homens, por aqueles que já tinham matado um inimigo.[81] Desta forma, a ingestão da bebida entre os nativos estava revestida de um intenso caráter simbólico e identitário.

---

78 Segundo as palavras do cronista, "quando querem divertir-se e principalmente quando matam com solenidade um prisioneiro de guerra para comer, é seu costume (ao contrário do que fazemos com o vinho que desejamos fresco e límpido) beber o cauim amornado" (Jean de Lery. *Op. cit.*, p. 118).

79 Hans Staden. *Op. cit.*, p. 83.

80 *Ibidem*, p. 82.

81 Eduardo Viveiros de Castro. *A inscontância da alma selvagem e outros ensaios de antropologia*. São Paulo: Cosac Naify, 2002, p. 251.

Pode-se supor, portanto, que em razão da centralidade do cauim na cultura tupi, ele não ganhou muito a simpatia dos europeus, os quais preferiram utilizar os produtos nativos segundo suas velhas fórmulas, a partir das quais produziam não apenas as aguardentes, mas também os vinhos e licores mais próximos dos modelos europeus deixados no além-mar.

No caso específico da aguardente de milho, o uso disseminado que ela teve entre os paulistas, especialmente no final do século XVII, pode ser inferido, a partir da leitura da documentação das *Atas da Câmara Municipal*, onde encontramos indícios significativos da presença desta bebida no hábito cotidiano da população. Podemos tomar como exemplo, a reunião feita nas dependências do Senado, no dia 25/01/1688, ocasião em que os camaristas discutem uma maneira de revogar a proibição imposta pelos *Capítulos da Correição* à venda de aguardente de milho na vila de São Paulo. Tendo em vista o dano que isto causaria à população, os oficias discutem tornar a proibição sem efeito:

> Porquanto no capítulo 18 dos provimentos antecedentes se proibiu venda de aguardente de milho, muitas pessoas vivem de sua fabricação, porquanto as pode prejudicar, deixo na eleição dos oficiais da Câmara para que achando que é útil, executar-se os capítulos assim o façam e, quando virem que não é conveniente, que eles não tenham efeito.[82]

Embora o requerimento acima mencionado demonstre que se proibiu a venda de aguardente de milho na vila de São Paulo, ele não deixa de ser um ótimo exemplo da centralidade deste produto entre os seus habitantes. A partir dele, vemos claramente que a proibição de sua venda no mercado interno acarretaria sérios prejuízos à população, já que, como foi sublinhado pelo procurador do Conselho, muitas pessoas tiravam o seu sustento da confecção e venda desta bebida. Tudo faz supor, no entanto, que se muitas pessoas viviam de sua comercialização, a aguardente de milho não poderia deixar de ocupar uma posição de destaque no mercado interno.

Cabe lembrar que a restrição da venda de aguardentes não foi algo exclusivo da vila de São Paulo, já que fazia parte de uma política maior envolvendo a Coroa Portuguesa, cujo objetivo era proibir, em quase todas as partes de suas possessões

---

82 *Actas da Câmara da Vila de São Paulo*, v. 7, *op. cit.*, p. 343.

americanas, a produção, comercialização e consumo das aguardentes locais.[83] O que estava no cerne desta proibição era a apreensão de que o consumo generalizado das aguardentes confeccionadas com as frutas da terra prejudicaria o comércio de vinhos e aguardentes trazidos de Portugal, acarretando, consequentemente, a diminuição das altas taxas de subsídios cobrados sobre a venda dos gêneros molhados do Reino. Como esclareceu Leila Algranti, "preocupada com a concorrência que a bebida poderia causar ao comércio de vinhos portugueses, a Coroa portuguesa limitou a produção em seus domínios americanos".[84]

Embora a lei que restringia o consumo da aguardente datasse de 1649, ela não conseguiu evitar que este gênero continuasse sendo fabricado ou mesmo vendido ocultamente pelas tavernas e vendagens espalhadas ao longo de todo território Luso-Americano. Fato que explica o porquê de ela ser revogada algumas vezes durante o período contemplado por nossa pesquisa, até que, com as descobertas auríferas e a necessidade pungente de mão-de-obra escrava, a proibição "caiu em abandono, a produção se generalizou e o consumo interno e externo da bebida se expandiu".[85]

No caso específico da vila de São Paulo, a despeito das proibições impostas pelas autoridades coloniais, as aguardentes locais (tanto a de cana, quanto a de milho) igualmente continuaram sendo vendidas e consumidas por indivíduos dos mais diferentes segmentos da sociedade. Mas se compararmos as regulamentações da Câmara em relação às duas bebidas, é possível ver que o consumo da aguardente de milho foi mais condenado pelas autoridades coloniais em São Paulo, em comparação com aquela feita de cana-de-açúcar.

Isto por si só já é revelador de que seu consumo era muito disseminado na dieta dos moradores da região. Mas talvez o que elucide melhor o uso corrente da aguardente de milho em São Paulo são as informações fornecidas pela documentação da Câmara Municipal a respeito da resistência da população às medidas proibitivas das autoridades coloniais. Conforme demonstrou Sérgio

---

83 A exceção teria sido de acordo com Carlos Magno Guimarães, a capitânia de Pernambuco e a população escrava ("Os quilombos, a noite e a aguardente nas Minas coloniais". In: Renato Pinto Venâncio e Henrique Soares Carneiro (org.). *Álcool e drogas na história do Brasil*. São Paulo/Belo Horizonte: Alameda/PUCMinas, 2005, p. 95.

84 Leila Mezan Algranti. "Aguardente de cana e outras aguardentes". In: Renato Pinto Venâncio e Henrique Soares Carneiro (org.). *Op. cit.*, p. 88.

85 *Loc. cit.*

Buarque de Holanda, a carestia maior da aguardente de milho, se comparada à cachaça, em São Paulo e a circunstância de ter longamente resistido, apesar disso, às medidas adversas das autoridades, leva a supor que a bebida de milho teria seus devotos especiais e exclusivistas.⁸⁶

Um exemplo bem característico de como, na prática, as autoridades nunca conseguiram acabar com o consumo dessa aguardente em São Paulo, pode ser visto na seção ocorrida no 21/04/1688, três meses após os oficiais discutirem sobre a revogação dos Capítulos da Correição. Como nenhuma ação parece ter sido de fato realizada, novamente o tema foi discutido em secção, onde em se 'tratando do bem comum da população' apareceu José Dias Pais, em nome do povo, como seu procurador e requereu que se levantassem o bando que as autoridades tinham colocado em cumprimento aos capítulos da correção, o qual

> pedia que se não vendesse aguardente de milho, o que tudo visto concordarão os oficiais da câmara em conjunto com o ouvidor da capitania conforme a comissão que deixou o ouvidor geral da eleição dos ditos oficiais. E o requerimento era, para pagar o pedido real se vendesse pelas tavernas aguardente de milho a 4 vinténs assim consertada como por consertar para baixo, fica a eleição dos almotacéis e quem a vender por mais de 4 vinténs pagará 6 mil réis de condenação e de tudo mandarão fazer este termo.⁸⁷

Antes que encaremos tais petições como demonstrativas da importância dessa bebida nos hábitos alimentares dos paulistas, temos que compreendê-las em um contexto maior de estratégias dos comerciantes que, muitas vezes, em acordo com os próprios vereadores objetivavam revogar as medidas proibitivas do comércio da aguardente. No caso em questão, é possível que eles tenham lançado mão do subterfúgio de que a falta de aguardente de milho estava gerando reclamações e prejuízos à população. De qualquer forma, isso de nenhum modo invalida a importância da aguardente de milho como item importante no consumo em São Paulo, já que tais tensões registram as potencialidades do mercado paulista para esta bebida.

---

86   Sérgio Buarque de Holanda. *Op. cit.*, 1994, p. 185.
87   *Actas da Câmara da Vila de São Paulo*, v. 7, *op. cit.*, p. 358.

Independente do motivo que levara a feitura do requerimento acima, seja pelos os prejuízos que a medida causaria ao comércio local ou à população, é possível perceber que os comerciantes obtiveram êxito no mesmo, já que na mesma secção acordou-se que o interdito fosse suspenso e que a venda da aguardente fosse liberada, sob a condição de que deveria ser feita mediante a taxação.

Sobre este ponto, chamou atenção que a aguardente de milho parece ter sido a única que de fato foi alvo das posturas proibitivas postas em prática pela Câmara Municipal. E isso se sucedeu, a despeito do consumo da aguardente de cana também ser um hábito comum na São Paulo de então.[88] Se voltarmos nossa atenção ao capítulo 18 da Correção, feito em 30/12/1685 pelo ouvidor geral da vila de São Paulo, vemos que as proibições recaíram apenas sobre a bebida feita de milho:

> Capítulo 18 – Proveu que não se consinta por nenhum modo que se venda na vila, aguardente de milho nem consertada nem por consertar e o taverneiro que se lhe achar em casa com esta bebida pagará 2 mil réis para o Conselho e um mês de cadeia por assim convir ao bem do povo e haver mantimentos.[89]

Ora, é lícito dizer que tais fatos, bem documentados nas secções da Câmara, são reveladores do predomínio da aguardente de milho nos hábitos alimentares dos paulistas, especialmente dos indígenas, cuja população no período ainda continuava significativa e para os quais acreditamos que grande parte da produção local era destinada.

De uma forma mais geral, o que nos parece é que as medidas proibitivas sobre aguardente de milho relacionavam-se à preocupação das autoridades com o consumo exagerado que esta bebida teria entre a população escrava, especialmente os indígenas. Carlos Magno Guimarães nos lembra que as aguardentes, bem como bebidas alcoólicas, tinham um papel de relevo nas sociedades escravistas espalhadas ao longo da América Colonial, integrando, em suas palavras, "a dinâmica dessas sociedades como hábito cotidiano de parte da população

---

88 Em várias secções tivemos indícios das duas bebidas sendo vendidas concomitantemente na vila de São Paulo, como a ocorrida em 05/06/1706, quando em razão das queixas dos moradores, os oficiais da Câmara decidem pela almotaçaria tanto da aguardente de milho, quanto a de cana (*Actas da Câmara da Vila de São Paulo*, v. 8, *op. cit.*, p. 125).

89 *Actas da Câmara da Vila de São Paulo*, v. 7, *op. cit.*, p. 343.

escrava".⁹⁰ A despeito disso, a aguardente era vista como um problema pelas autoridades coloniais que mantinham uma postura contraditória para com esta bebida: se por um lado seu consumo podia ser estimulado por servir como amortecedor à rebeldia dos escravos ou como complemento alimentar para a dieta deles,⁹¹ por outro, ela foi combatia, especialmente seu excesso, por servir como propulsor de desordens e tantos outros maus-hábitos.⁹² Pode-se supor que tal postura contraditória com relação à aguardente igualmente se fazia presente em terras paulistas, onde apesar de sua produção e comércio terem uma importância central para a vida econômica da vila, temia-se as consequências da embriaguês excessiva dos escravos.

No que diz respeito à aguardente de milho, seu consumo parece ter sido mais acentuado na região do Planalto devido à grande presença indígena advinda das atividades apresadoras. Não podemos perder de vista que estes indígenas estavam mais do que acostumados a consumir bebidas à base de milho. E, sobre este ponto, é importante salientar, conforme nos mostrou João Azevedo Fernandes, que eles se recusavam a consumir o vinho dos adventícios, não apenas por uma questão de resistência ou gosto, mas especialmente porque "os portugueses jamais conseguiram garantir um fornecimento suficiente para que o vinho assumisse o lugar dos cauins enquanto veículo eficiente para as suas festas e, enquanto um bem que pudesse circular pelas extensas redes de trocas simbólicas das sociedades indígenas".⁹³ Tal situação se diferenciava do que se sucedia com a aguardente, muito mais acessível aos indígenas por ser uma bebida fácil de preparar e barata e que inclusive teve seu consumo incentivado pelos próprios portugueses. É de se notar que as aguardentes foram inseridas até mesmo nos aldeamentos indígenas, onde os europeus visavam acabar não com o uso das bebidas alcoólicas entre os indígenas, mas sim com o consumo do cauim nativo,

---

90   Carlos Magno Guimarães. *Op. cit.*, p. 93.
91   Leila Mezan Algranti. *Op. cit.*, 2005, p. 86.
92   Nas crônicas de época, "a figura do índio bêbado, com frequência, acabou por se unir a do índio 'fraco' e 'pusilânime'' na construção de um paradigma de inferioridade racial. O ato de beber, entendido não como uma doença, mas como imoralidade e signo de debilidade, tornou-se uma parte fundamental dos discursos e imagens construídos pelos europeus a respeito dos índios" (João Azevedo Fernandes. *Op. cit.*, p. 33).
93   *Ibidem*, p. 209.

ou melhor, com as cerimônias ritualísticas que estavam associadas a ele.[94] Com efeito, ao passo que a colonização avançava e que os portugueses foram combatendo as bebidas fermentadas, as destiladas acabaram entrando no regime etílico dos indígenas que estavam em contato com os europeus já há algum tempo.

Sabemos que, desde o início da ocupação lusitana em terras americanas, os colonizadores buscaram coibir os regimes etílicos dos indígenas.[95] Como afirmou João Azevedo Fernandes, os europeus, ao pisarem no solo que se tornaria o território brasileiro, encontraram:

> sociedades nativas que tinham, em suas bebidas alcoólicas e em formas específicas de embriaguês, em espaço crucial para a expressão de suas visões de mundo e para realização de eventos e práticas centrais em suas culturas. Essas formas nativas de experiência etílica estavam, muitas vezes, em flagrante contradição com aquilo que os europeus consideravam como a forma correta de relacionamento com álcool e com a ebriedade.[96]

Com se vê, o historiador nos sugere que as cauinagens representavam um desafio ao domínio luso-brasileiro, na medida em que eram vistas como um dos maiores empecilhos à colonização dos povos nativos.[97] Assim, os destilados só tiveram espaço entre os indígenas, na medida em que o consumo das bebidas fermentadas nativas foi sendo desvalorizado e solapado. Foi esse *vácuo etílico* que "abriu espaço para a introdução de uma bebida muitíssimo mais potente, e para a criação de um espaço de ebriedade que superava em muito os limites da antiga embriaguez cerimonial, lançando os índios no mundo do etilismo moderno".[98]

---

94 Neste sentido, deve-se ressaltar que muitos indígenas se recusavam a consumir as aguardentes e/ou cachaças, já que temiam o grande impacto que estas bebidas poderiam causar ao seu sistema de vida.

95 Cabe dizer que a luta contra os cauins foi tarefa de ordem no projeto dos missionários jesuítas, uma vez que eles condenavam a embriaguez cerimonial e consideravam que as cauinagens seriam o palco onde as gentilidades encontrariam espaço para se manifestar (antropofagia, nudez, pinturas corporais). No entanto, esta não foi uma tarefa fácil e não temos dúvidas que os cauins continuaram sendo produzidos e consumidos entre muitos grupos indígenas, sobretudo entre aqueles que habitavam os inóspitos sertões da América Portuguesa.

96 *Ibidem*, p. 14.

97 *Ibidem*, p. 14-15.

98 *Ibidem*, p. 205.

No caso da sociedade que então se desenvolvia na região do Piratininga, não resta dúvida de que esse destilado seria a aguardente de milho. Vale notar que, nas demais localidades da Colônia, a aguardente de milho jamais chegaria a concorrer em pé de igualdade com aquela confeccionada a partir da cana-de-açúcar.

Seja como for, o consumo de ambas as aguardentes foram hábitos disseminados entre os paulistas de um modo geral, especialmente entre os de baixo poder aquisitivo. Essa teria sido a razão de ser uma prática difícil de erradicar. Ainda com relação à restrição imposta pelo governo metropolitano, se levarmos em consideração que ela objetivava evitar uma possível concorrência entre a aguardente local e o vinho do reino, entenderemos o motivo pelo qual, na prática, essa lei não surtiu o efeito esperado, posto que os produtos podiam ser consumidos por segmentos sociais distintos no mundo colonial. A historiadora Virginia Valadares, ao analisar a tentativa do Ministro de Ultramar – Martinho de Melo e Castro – de proibir o consumo da cachaça em Minas Gerais, demonstra que o uso mais popularizado das bebidas produzidas localmente jamais acarretaria uma diminuição do consumo daquelas procedentes do Reino, já que a "concorrência entre ambas era muito pouco provável, na medida em que, na visão do próprio ministro, consumiam aguardente, bebida vã e ruim, os negros que eram dados à baderna e à confusão social".[99]

Sobre este ponto, convém esclarecer que a própria exceção presente na lei de 1649, de que seu uso fosse liberado apenas para a população escrava, já demonstra o porquê desta bebida ter ficado associada às classes subalternas. Essa vinculação parece ter ganhado maior fôlego na medida em que o século XVII caminhava para o seu fim. Desse modo, não foi por acaso que nas regiões povoadas pelos paulistas, a partir do século XVIII, a ingestão de aguardente de milho e, principalmente, de cana tenha ficado mais restrita aos escravos africanos e indígenas.[100]

É interessante notar que não foram apenas as bebidas destiladas que tiveram espaço nos hábitos cotidianos da população escrava. Depois da aguardente de cana, as bebidas mais difundidas neste segmento social foram as fermentadas

---

99 Virgínia Valadares. "O consumo da aguardente em minas gerais". In: Renato Pinto Venâncio e Henrique Soares Carneiro (org.). *Op. cit.*, p. 131.

100 Sobre a relação entre aguardente e escravidão na região das Minas ver Carlos Magno Guimarães. "Os quilombos, a noite e a aguardente nas Minas coloniais". In: Renato Pinto Venâncio e Henrique Soares Carneiro (org.). *Op. cit.*, p. 93-122.

de milho, a saber, o aluá e a catimpuera. Sobre o consumo da primeira, o Códice Costa Matoso, nos fornece uma rica descrição:

> Do mesmo milho se faz uma bebida melhor para os Pretos da Costa da Mina que é o milho molhado (e botado?) em umas folhas de bananeiras, depois que tiver nascido o grelho seca-se ao sol, e depois de seco vai ao pilão e peneira-se e o fubá que sai bota-se em um tacho com água a ferver, e depois de cozido côa-se e botam num barril até tomar seu azedume para melhor gostarem, este vinho na sua língua se chama aluá.[101]

Se centrarmos nossa atenção neste trecho, veremos que o modo de preparo do aluá era bem semelhante ao utilizado pelos indígenas na confecção de suas bebidas inebriantes, prescindindo apenas do processo de mastigação. Embora a documentação nos sugira que os saberes envolvidos no preparo desta iguaria tenham se mantido indígenas, eles se assemelhavam ao modo como os africanos fabricavam suas bebidas alcoólicas em seu continente de origem. Segundo Câmara Cascudo, a técnica de preparo das bebidas americanas coincide com aquelas postas em prática pelos:

> demais dos povos nessa fase primária de utilização das frutas para bebidas, sementes, raízes. Equivalia à cerveja dos ambundos, ualua, quibombo, capata, pombe, garapa, ou lua dos haussás da Costa da Mina, todas de milho cozido, provável fonte denominadora. Trouxeram os africanos o nome que aplicaram a uma bebida já fabricada pelos brasilienses.[102]

Ainda no que diz respeito à persistência da tradição indígena no segmento das bebidas consumidas nas regiões mineradoras, destacamos a presença da catimpuera que era fabricada a partir da fermentação dos grãos cozidos do cereal americano, mas apenas deles, já que o aluá, como observamos, podia ser feito também a partir da farinha de milho cozida. Além disso, a diferença entre as ditas bebidas residia no fato de que a técnica de preparação da catimpuera era a mesma utilizada no preparo do cauim. Recorremos novamente ao tão citado

---

101 "Notícia de muitas comidas que se faziam de milho". In: *Códice Costa Matoso, op. cit.*, p. 786.
102 Luis da Câmara Cascudo. *Op. cit.*, p. 136.

anônimo do Códice Costa Matoso para vislumbrarmos a receita desta iguaria. De acordo com o autor, a iguaria era feita a partir dos grãos cozidos, que:

> mascados na boca e lançados no caldo da mesma canjica, e no dia seguinte já tem seu azedo e está perfeita, e para ser mais saborosa há de ser mascada por alguma velha, e quanto mais velha melhor, isto por lhe aproveitar a baba; e assim dela gostam os de bom estomago, que os nojentos a levam e socam ao pilão e acrescentam-na com água, está é medicinal para as febres, por fresca, para o que sempre se escolhe o milho que seja branco, mas nunca é tão saborosa nem medicinal como a mascada aos dentes.[103]

De fato, não apenas nas localidades ocupadas pelos paulistas, como no restante da América colonial, o consumo de tais bebidas tornou-se rotineiro entre as pessoas de baixo *status* social, como escravos e colonos pobres, sobretudo devido às facilidades encontradas para a sua fabricação. As aguardentes da terra, por exemplo, não envolviam técnicas muito elaboradas, muito menos um alto investimento de capital, somente a presença de alambiques, os quais geralmente eram aparelhos rústicos que podiam ser confeccionados até mesmo de barro. Segundo Leila Algranti, a simplicidade do processo de fabricação explica em grande parte o uso generalizado que esta bebida teve durante o período colonial, quando "com poucos escravos, uma engenhoca e um alambique se podia obter a bebida, quer para consumo doméstico quer para o comércio local ou externo".[104]

Nos inventários por nós trabalhados encontramos referências consideráveis aos alambiques "de estilar aguardentes" nos domicílios paulistas. Num total de 134 inventários, estes utensílios estiveram presentes em 30 deles. Nas propriedades analisadas, foram encontrados desde apetrechos mais singelos, confeccionados a partir de barro ou chumbo, até os mais sofisticados, feitos de cobre. Como exemplo do primeiro caso, temos no inventário de Inês Dias, datado de 1655, um alambique feito

---

103 "Notícia de muitas comidas que se faziam de milho". In: *Códice Costa Matoso, op. cit.*, p. 785.
104 Leila Mezan Algranti. "Aguardente de cana e outras aguardentes". In: Renato Pinto Venâncio e Henrique Soares Carneiro (org.). *Op. cit.*, p. 77.

de chumbo, avaliado por 640 réis. Já no inventário de Isabel Ribeiro (1661), por sua vez, encontramos um alambique de cobre, no valor de 24.000 réis.[105]

O fato de as aguardentes serem consumidas especialmente pelas classes inferiores, não evitou que elas integrassem parte do cardápio das pessoas com mais recursos, especialmente a aguardente de cana. Claro que a ingestão de tal bebida adquiria significados diferentes nesse último grupo. Se para os mais humildes, ela serviria de um complemento alimentar, conforme demonstra Leila Algranti, "os mais abastados consumiam a aguardente de cana como aperitivo ou nos momentos de relaxamento e convívio social após o jantar".[106]

De qualquer forma, tanto a aguardente de cana, quanto a de milho podem ser consideradas gêneros básicos entre os colonos de São Paulo colonial. Segundo Leila Algranti, elas cumpriram, muitas vezes,

> o papel do vinho nas refeições, embora se importasse da Metrópole muito vinho e houvesse o cultivo de vinhas em São Paulo já no século XVII. Seu consumo era privilégio das classes mais abastadas, levando-se em conta, entretanto, que os alimentos possuíam sua própria hierarquia e que não é possível generalizações.[107]

No trecho em questão, a historiadora aponta que a aguardente era utilizada como a principal substituta do vinho nas refeições do dia a dia. Esse ponto merece, todavia, alguma reflexão, devido, principalmente, ao papel estratégico ocupado por esta última bebida na alimentação dos paulistas. O vinho, embora nem sempre estivesse presente no cotidiano alimentar do povo paulista, foi sem sombra de dúvida, a bebida mais desejada entre aqueles homens.

Tal como o pão, tratava-se de um produto investido de intensa carga simbólica e acompanhou o europeu em sua conquista pelo Novo Mundo. Além de proporcionar força, alegria e entorpecente para as mazelas da vida, o vinho, como afirmou Montanari, ao lado novamente do pão, permitia, na concepção dos europeus,

---

105 Inventário de Inês Dias, v. 43, p. 107; Inventário de Isabel Ribeiro, v. 16. p. 178. In: *Inventários e Testamentos, op. cit.*

106 Leila Mezan Algranti. *Op. cit.*, 2005, p. 85.

107 Ainda de acordo com a historiadora, "no caso do vinho, mesmo na Europa, sua disponibilidade geral pode soar como democrática, mas havia diferenças de qualidade significativas que chegavam até ao vinagre" (Leila Mezan Algranti. *Op. cit.*, 2011, p. 9).

"desde os tempos antigos, na concepção ocidental, tornar o homem civilizado".[108] Em Portugal, à época dos descobrimentos, de acordo com Salvador Dias Arnaut, o vinho era largamente consumido, tanto entre os ricos quanto entre os pobres.[109]

O consumo generalizado desta bebida entre os portugueses seria a principal razão de já termos notícias da importação de carregamentos de produtos do Reino, nos primeiros anos de existência da sociedade paulista. Apesar das dificuldades iniciais encontradas, o abastecimento de vinho e aguardente do Reino seguiu uma crescente ao longo do século XVII, como as regulamentações, que recaiam sobre o abastecimento desses produtos, não nos deixam mentir. Em 08/02/1653, por exemplo, em reunião nas dependências da Câmara, onde o procurador do conselho Lázaro Machado requereu que:

> era vindo notícia de como traziam vinho à esta vila e não o vendiam às medidas como era uso e costume, antes excediam dos valores impostos por esta câmara que era uma medida por 6 vinténs e os vendiam os peroleiros por preço excessivo, pelo que mandassem passar um quartel que quem trouxesse vinho a esta vila o não vendesse senão conforme as medidas estipuladas, para o que mandassem passar quartel com pena de 6 mil réis pelas obras do conselho.[110]

Ainda que a importação desse gênero integrasse parte dos esforços dos lusitanos para a translocação do seu repertório culinário, tal como atesta a leitura de sessões como a descrita acima, pôde-se perceber que o alto preço pelo qual o vinho do Reino era vendido em São Paulo, fez com que parte considerável da população não tivesse acesso a ele. Tal carestia acirrava os ânimos dos moradores, acarretando uma série de litígios entre eles e os camaristas. Da mesma forma, como ocorreu com a aguardente, a dificuldade em consegui-lo fez com que os paulistas, desde cedo, procurassem alternativas para sua substituição. E estas foram buscadas nas frutas da terra, dentre as quais o milho também estaria incluso. Já no ano de 1554, José de Anchieta,

---

108 Massimo Montanari. *Op. cit.*, 2003, p. 22-23.
109 Salvador Dias Arnaut. *Op. cit.*, p. 25.
110 *Actas da Câmara da Vila de São Paulo*, v. 6, *op. cit.*, p. 10.

estando na vila de Piratininga, escreveu ao padre Inácio de Loyola que lá "em vez de vinho, bebemos água cozida com milho, ao qual se mistura mel, se o há".[111]

Embora, pode-se dizer a partir do relato do jesuíta que, desde os primeiros tempos, os portugueses se apropriaram do milho para fabricar a bebida que mais apreciavam, a verdade é que essa prática ficou bastante restrita, pois não tivemos mais notícias do milho sendo utilizado com esse propósito nos documentos coloniais.

O fato de o milho ser considerado pelos lusitanos como uma cultura alimentar hierarquicamente inferior, pode explicar o porquê dos portugueses, radicados em terras americanas, evitarem fabricar o vinho a partir dele. Dado o intenso significado religioso que era investido no vinho, o colono esteve diante de uma difícil tarefa, na medida em que, como observou Rubens Panegassi, "deparou-se com a necessidade de alçar algum gênero do mesmo nível de alimentos como o pão e o vinho, produtos sacralizados pela religião cristã".[112]

Tendo em vista o que até agora foi exposto, não é de se estranhar que este gênero não fosse o milho. Ele até serviria para a produção de aguardente de milho, mas não seria adequado para a fabricação do vinho. Por detrás disso, entrevemos uma questão de identidade social. O vinho de milho, além de ser produzido com um alimento pouco valorizado, estava associado à embriaguez e aos excessos condenados pelos europeus nos rituais indígenas. Sobre este último ponto, lembremos que ele mantinha semelhanças com o cauim inebriante, confeccionado também a partir da fermentação do milho. A associação entre a ingestão desse tipo de bebida e os maus costumes indígenas pode ser percebida nas palavras escritas pelo jesuíta Pero Correia

> há entre eles grandíssima gentilidade e muitos horrores, e de tempos em tempos se levantam entre eles alguns que se fazem santos. (...) E à honra desses seus ídolos inventam muitos cantares, que cantam diante deles bebendo muitos vinhos, assim homens como mulheres, todos juntos de dia e de noite, fazendo harmonias diabólicas.[113]

---

111 "Carta do ir. José de Anchieta ao padre Inácio de Loyola", *op. cit.*, p. 112. O consumo de mel de abelhas junto com as bebidas foi um hábito disseminado entre os indígenas e logo cedo foi usado pelos colonos em substituição ao açúcar refinado, na confecção de bebidas e na doçaria luso-brasileira.

112 Rubens Panegassi. *Op. cit.*, p. 67.

113 "Carta do ir. Pero Correia ao P. João Nunes Barreto. São Vicente, 20 de junho de 1551". In: *Cartas dos primeiros jesuítas do Brasil*, v. 1, *op. cit.*, p. 225.

De um modo geral, suprir a falta do vinho português não foi tarefa fácil, o que levou os cronistas coloniais a se embrenharem em calorosas discussões acerca dos critérios de substituição desta bebida. O ponto central do debate girava em torno da questão sobre qual postura tomar diante de sua ausência: a abstenção ou a substituição pelo licor de outras frutas?

Mas, se no plano intelectual os escritores coloniais não chegavam a um consenso, na prática cotidiana, tais discussões tornavam-se irrelevantes, uma vez que as informações levantadas pelos inventários demonstram que, enquanto os produtos europeus não se tornavam abundantes, os colonos adotaram as frutas locais para a fabricação dos vinhos da terra. A despeito de nos primórdios da fundação da vila de Piratininga, haver vinho de diferentes espécies de frutas, sabe-se que era difícil encontrar, no conjunto da flora brasileira, um substituto à altura das vinhas. Isto porque era delas que se fabricava, tradicionalmente, o vinho usado nas celebrações religiosas, o qual tinha um importante papel frente à eucaristia por representar o sangue de Cristo.

Por esse mesmo motivo, ainda nas últimas décadas do XVI, vislumbramos os recém-chegados tentando empreender a transferência das vinhas ou parreiras para os campos de São Paulo. Neste caso, é sobejamente conhecido que a produção de vinho à moda do Reino encontrava no Planalto condições propícias ao seu desenvolvimento. Tal como acontecia com outras espécies europeias, como o trigo e o marmelo, as vinhas se davam muito bem no clima ameno da região. Sobre tal ponto, vários testemunhos aludem à abundância das vinhas no Planalto, entre os quais destacamos o depoimento de Jácome Monteiro, datado de 1640:

> Tem mais muitas e mui boas vinhas, com os outros frutos do Reino, que só esta parte cria por nela haver a mesma têmpera de ano que há em Europa, porque no Inverno se cobre de geada, neve, caranelo; e o Verão é bem temperado; as águas são muitas, assim de rios como de fontes sem conto, as melhores que imaginar se podem.[114]

Numerosas informações acerca da presença das plantações de vinhas nos quintais das propriedades paulistas foram encontradas nos *Inventários e Testamentos*.

---

114 Padre Jacome Monteiro "Relação da província do Brasil". In: Serafim Leite. *História da companhia de Jesus no Brasil*, v. 8. Rio de Janeiro: Civilização Brasileira, 1949, p. 95.

Veja-se, por exemplo, o inventário de Matias Lopes, no qual observamos discriminadas, junto ao sítio da roça, várias árvores de espinho e algumas parreiras. Podemos também encontrar tal planta no sítio de Manuel Peres, visto que ela aparece mencionada como "1 pedaço de vinha".[115]

Que o consumo do vinho era habitual entre os paulistas pode-se inferir também pela presença disseminada nos inventários de equipamentos ligados ao seu armazenamento e/ou consumo, como a botija, usada para guardar a bebida e a tamboladeira, utensílio que servia para apreciar a cor ou o cheiro do vinho ou mesmo para avaliar sua grossura. Este utensílio, em especial, chamou nossa atenção, pois além de não ser mais encontrado em nosso uso cotidiano, apareceu em grande profusão nas fontes trabalhadas. Ao todo foram 48, num total de 134 documentos, um indício significativo de que o consumo desta bebida foi um hábito disseminado entre a população do Planalto.

Embora a presença das tamboladeiras seja reveladora do consumo doméstico do vinho pelos paulistas, ao analisarmos o alto valor que elas assumiam, o qual variava entre 1.200 e 10.000 réis, temos outra evidência que esclarece o motivo pelo qual o vinho foi um produto ingerido sobremaneira pela elite colonial. Tudo faz supor, portanto, que nem sempre os moradores tivessem recursos para incorporar o vinho às suas refeições diárias, tendo, com frequência, que aderir às bebidas destiladas, cujo preço era inferior.

Deve-se ressaltar que as tamboladeiras apareciam, na maioria das vezes, nos inventários opulentos, possivelmente devido ao alto valor que possuíam.[116] Objetos assim, como notou Milena Maranho, além da funcionalidade no cotidiano doméstico, garantiam certo padrão de ostentação para quem os possuía, devido à raridade ou mesmo ao material com o qual eram fabricados, como, por exemplo, a prata.[117]

---

115 Inventário de Manuel Peres Calhamares (1663), v. 16. In: *Inventários e Testamentos, op. cit.*, p. 375.

116 Para se ter uma ideia de como o valor das tamboladeiras podia ser alto, podemos compará-lo com o valor de algumas vestimentas como um vestido de seda de mulher que foi arrolado no inventário de André Lopes por 10.000 réis. Temos no inventário de Fernando de Oliveira, por exemplo, um vestido arrolado junto com um calção, uma *roupeta* e um gibão, no valor de 6.000 réis (Inventário de André Lopes (1701), v. 24 e Inventário de Fernando de Oliveira (1653), v. 45. In: *Inventários e Testamentos, op. cit.*, p. 246 e 140. Importa notar que, com frequência, as vestimentas e rouparias constituíam os bens mais valiosos de um inventário.

117 Milena Fernandes Maranho. *Op. cit.*, 2002, p. 113.

O quadro acima esboçado, sobre os usos que os paulistas faziam do milho sob a forma de bebida, nos permitiu dimensionar, com maior profundidade, a maneira pela qual se imbricaram no plano alimentar, hábitos e saberes europeus com aqueles utilizados e transmitidos pelos indígenas. Ou seja, através da análise de certas práticas alimentares foi possível perceber algumas manobras conscientes e inconscientes que os colonos faziam no sentido de manter a memória gustativa do paladar português. A presença disseminada nos inventários de utensílios de produção e consumo, como os alambiques e as tamboladeiras, ao lado das plantações de cana e vinha, foi indicativa dos esforços dos colonos em manter certos comportamentos alimentares. Isso sem falar nas informações que ora dispomos sobre a importação de vinhos e aguardentes de Portugal, bebidas encontradas em bastante profusão nas fontes trabalhadas. Apesar dos colonos recém-chegados do Reino preferirem utilizar a vinha à mandioca ou ao milho na fabricação de suas bebidas, quando isso não era possível, eles ajustavam o seu paladar às possibilidades que a terra oferecia. Selecionaram dentre as opções disponíveis, as espécies que mais se assemelhassem às que eram empregadas nas beberagens europeias, seja na aparência, no gosto, ou nos valores que estavam associadas a elas. As adaptações e negociações empreendidas entre saberes e produtos indígenas com aqueles conhecidos e utilizados pelos europeus não evitou que as técnicas desses últimos prevalecessem no segmento das bebidas coloniais. E, por falar em técnicas, aprofundaremos nossa compreensão em torno das técnicas alimentares referentes ao milho, a partir do estudo dos principais equipamentos que estiveram associados a este gênero alimentar no período colonial, a saber: o pilão e o monjolo.

Do pilão ao monjolo: as transformações nas técnicas de processamento do milho

Ao voltarmos nossa atenção para o estudo das técnicas associadas ao milho em São Paulo colonial, nos deparamos, nas fontes por nós trabalhadas, com a existência de um considerável silenciamento sobre o pilão e o monjolo, equipamentos comumente associados ao beneficiamento do milho no período colonial. Sobre este ponto, é extremamente significativo o fato de praticamente não encontrarmos menção a estes apetrechos nos *Inventários e Testamentos*, as fontes por excelência da vida material dos paulistas trabalhadas neste estudo.

Na leitura deste corpo documental, quase não verificamos indícios da presença de tais equipamentos dentro dos domicílios paulistas. Dos 134 inventários lidos, apenas dois deles fizeram referências ao pilão.[118] Já no que diz respeito ao monjolo, não tivemos indícios de sua presença dentro das propriedades paulistas. Embora tais dados sejam praticamente ínfimos, não podemos inferir, a partir deles, que o milho não fosse consumido pelos moradores de São Paulo. Longe de estar relacionado à ausência do consumo deste alimento, a carência de informações disponíveis nos documentos coloniais sobre as técnicas de processamento do milho deve ser entendida como um indicativo de que os paulistas mantiveram, neste campo, por muito tempo, os conhecimentos e apetrechos fornecidos pelos indígenas.

Ora, talvez isto se explique pelo fato de que o milho assumisse um papel secundário na dieta dos colonos da elite paulista, já que é provável que eles privilegiavam a mandioca para substituir o trigo na fabricação do binômio farinha e pão que, em geral, era a principal forma de consumo das plantas alimentícias entre as elites da Colônia. Na verdade, o pouco uso da farinha de milho entre a população branca do Planalto seria, portanto, a principal razão de não termos quase nenhuma referência à presença de equipamentos relacionados ao milho nos inventários paulistas e, muito menos, notícias da transposição de técnicas lusitanas às antigas formas de preparo deste alimento durante os dois primeiros séculos de existência de São Paulo.[119]

Embora no estudo das práticas culturais referentes ao milho, percebamos que os paulistas deram preferência a algumas formas de consumo, em detrimento de outras, por exemplo, a canjica em comparação ao milho verde, não há como negar que a preparação deste cereal para fins alimentares tenha se mantido nativa e, diga-se de passagem, por muito tempo. Isso, tanto no que diz respeito aos processos, quanto aos utensílios usados. Pode-se explicar a partir daí o descompasso, vislumbrado nos documentos coloniais no período contemplado por nosso recorte temporal, entre a presença do milho na subsistência cotidiana dos paulistas e a pouca presença de equipamentos relacionados ao seu beneficiamento na região.

---

118 Inventário de Mathias Rodrigues da Silva (1710), v. 25. In: *Inventários e Testamentos, op. cit.*, p. 229 e Inventário manuscrito de Gaspar de Matos, ord. 528, cx. 51, Arquivo Público do Estado de São Paulo.

119 Uma visão geral sobre as técnicas do milho pode ser conferida na dissertação de mestrado de Francisco de Carvalho Andrade (*op. cit.*, p. 131).

Neste sentido, parece plausível que o milho pilado tenha sido a forma dominante de consumo da gramínea indígena entre os colonos descendentes de portugueses. Para a sua elaboração, não havia necessidade de se promover adaptações nos processos técnicos já praticados pelos indígenas, que o faziam a partir da utilização do pilão manual.

Mas, caso partíssemos da hipótese de que os moradores de São Paulo mantiveram no preparo do milho os processos e utensílios utilizados pelos indígenas, como explicar sua ausência na documentação dos *Inventários e Testamentos*? Podemos elencar duas razões principais para esta situação. A primeira possibilidade é que os utensílios de origem nativa foram sendo gradativamente substituídos pelos de origem europeia. Já a segunda, com a qual simpatizamos mais, pode ser buscada no valor irrisório pelo qual estes utensílios eram avaliados na época. Neste sentido, é importante lembrarmos que os bens e objetos ordinários foram desaparecendo gradativamente dos inventários, ao passo em que se desenrolava o processo de mercantilização e consequente monetarização da economia de São Paulo. Se esta era uma realidade para os utensílios de mesa e cozinha de uso corrente entre as senhoras portuguesas imaginemos o que não sucedia com aqueles de procedência indígena. Presentes em abundância, em muitos domicílios paulistas, parece mais do que provável que eles não eram arrolados devido a pouca importância que assumiam frente a outros objetos mais valiosos. Novamente, o valor irrisório que alcançavam nas avaliações poderia ter ligação com sua origem indígena, o que explicaria, por outro lado, o fato de serem utilizados largamente pela 'arraia miúda', ou seja, por aqueles que não tinham cabedal para obter utensílios fabricados com materiais mais sofisticados.

Porém, se nos *Inventários e Testamentos* são parcas as menções aos utensílios indígenas, como os pilões, este não é o mesmo quadro fornecido pelos cronistas, como o padre Jacóme Monteiro e Fernão Cardim, que passaram pela vila de Piratininga desde as primeiras décadas de sua história. Em relatos como estes, abundavam descrições sobre os pilões e outros artefatos autóctones como botijas, potes, panelas, fornos de barro, além de uma sorte de outros recipientes como as cuias feitas deste material ou de palha. Além disso, mencionam as colheres de pau, os machados de pedra e o pau de cavar. Parece pouco provável que este conjunto de artefatos descrito pelos cronistas tenha simplesmente desaparecido dos domicílios paulistas de uma hora para outra. Assim, a mesma relação outrora estabelecida entre o pouco destaque dado ao milho nos *Inventários e Testamentos* com a banalidade de sua presença na alimentação cotidiana ajuda a explicar as parcas, para não dizer nulas, informações fornecidas pelos inventários sobre as técnicas e utensílios associados ao milho.

Partindo desse pressuposto, parece não haver problema lançarmos mão do argumento de que a ausência de menções às técnicas do milho é indicativa de que ele continuou sendo preparado pelas gentes de Piratininga com as mesmas técnicas e os mesmos utensílios usados pelos indígenas. De resto, seria somente no limiar do século XVII que este quadro sofreria alterações significativas, com o aumento da importância da farinha de milho, não apenas em São Paulo, mas especialmente nas áreas de penetração de seus moradores. Só então haveria necessidade de se transpor novas técnicas para o tratamento e a moagem do cereal americano. Antes disso, raros foram os indícios do milho sendo consumido sob a forma de farinha, nem entre os indígenas, muito menos entre os colonos. Vale ressaltar que a pouca difusão que a farinha de milho teve entre os moradores da região, não implica, necessariamente, que os indígenas não conhecessem ou mesmo não consumissem o milho sob tal forma.[120] Quando eles faziam uso desta farinha, preparavam-na no pilão, socada e torrada. Testemunhos desse uso podem ser conferidos, por exemplo, na crônica de Jean de Lery. Informava o cronista que, com o milho, os indígenas "fazem farinha, que se coze e se come como as outras".[121]

Podemos supor que, por de trás de tal afirmação, Jean de Lery demonstra como o processo de fabricação da farinha de milho mantinha muitas semelhanças com aquele utilizado pelos indígenas no preparo da farinha de mandioca.[122] Tal processo era bem simples. Consistia em deitar-se o milho desgerminado e sem película em cochos, onde permanecia de molho durante alguns dias até que ficasse mole. De acordo com Juvenal Mendes Godoi, durante esse tempo ocorria um processo de fermentação que concedia um odor desagradável ao produto. Depois disso, o milho era levado ao pilão para ser triturado, até ser transformado em uma pasta bem socada. Segundo esse mesmo autor, depois de

---

120 Segundo Eduardo Galvão vários grupos faziam uso da farinha de milho. Ela era empregada, de acordo com o autor, para fazer vários tipos de mingaus. Os Kaiuás, por exemplo, "fazem largo uso da farinha de milho, para misturá-la com água, cozinhar e deixá-la fermentar em grandes cochos" (Eduardo Galvão. *Op. cit.*, p. 246).

121 Jean de Lery. *Op. cit.*, p. 115.

122 Carlos Borges Schmidt também chama atenção para o fato de que a técnica utilizada pelos paulistas no preparo da farinha de milho ser uma herança indígena (Carlos Borges Schmidt. *Op. cit.*, 1967, p. 122).

pulverizado, procedia-se à peneiração e à torração da farinha que era feita ao forno, ou melhor, em uma lâmina de pedra ou placa de barro cozido.[123]

Apesar de os relatos de viagens nos sugerirem que o pilão era utilizado pelos indígenas, essencialmente, para pilar ou limpar os grãos de milho grosso, isso não excluía a possibilidade dele ser usado na confecção da farinha de milho. Inclusive, tal prática pôde muito bem ter sido transferida aos paulistas que lançavam mão dela quando houvesse necessidade.[124] Tal farinha, confeccionada à maneira indígena, podia dar sustentação e incrementava sopas, papas e uma sorte de guisados, característicos da tradição camponesa europeia e que foram transpostos à dieta dos colonos.

Mas, a despeito disso, cabe dizer que até o início do século XVIII, salvo em casos isolados, quase não encontramos referências ao consumo do milho sob a forma de farinha. Em diferente situação estava o milho pilado que, segundo os textos coloniais, parece ter se constituído como a matéria-prima básica da maioria dos pratos característicos dos habitantes de São Paulo seiscentista. Esta forma de preparo não exigia nem técnicas, nem instrumentais muito elaborados, necessitando apenas do pilão nativo que poderia ser confeccionado de materiais rústicos como pau ou pedra. Parece ponto consensual entre os etnólogos, que ele era utilizado pelos indígenas americanos desde tempos imemoriais, sendo também, um velho conhecido dos europeus, os quais, conforme explica Carlos Borges Schmidt, faziam uso dele para pilar cereal desde a Antiguidade.[125]

O fato dos europeus e seus descendentes continuarem usando o pilão indígena para o beneficiamento do milho, pela familiaridade que já tinham com este utensílio há séculos no Velho continente, não descarta a hipótese de que

---

123 Juvenal Mendes de Godoy *apud* Carlos Borges Schmidt. *Op. cit.*, 1967, p. 127.

124 Neste contexto, não podemos esquecer que havia diferenças entre o milho pilado e a farinha de milho propriamente dita. Na primeira preparação, o milho cru é quebrado e pisado no pilão e, logo está pronto para o consumo humano. Já na segunda, o grão de milho é macerado, pilado e torrado. O que não exclui a possibilidade de a farinha de milho poder ser preparada – quando houvesse necessidade, sobretudo na mobilidade –, socando o milho mole no pilão, de forma a transformá-lo em um fubá grosseiro, para então ser peneirado. Todavia Carlos Borges Schmidt afirmou que tal processo não podia ser aplicado ao milho duro, já que este requeria muito mais cuidado para ser transformado em farinha, uma vez que dependia "da lenta maceração, até oito ou dez dias, às vezes; reclama um monjolo, de construção e assentamento aparentemente fáceis, porém trabalhosa e difícil. Ou um socamento manual em pilões de grande porte, cansativo e pouco rendoso" (*ibidem*, p. 124).

125 *Ibidem*, p. 33.

alguns paulistas pudessem substituí-lo pelo gral ou pelo almofariz que, segundo consta nos antigos dicionários, tinham a mesma função do pilão.[126] Ambos eram recipientes onde se trituravam e homogeneízam substâncias sólidas, como os grãos, e diferiam muito pouco um do outro. Às vezes, essa diferença se fazia presente somente no material com o qual eram fabricados, sendo o primeiro feito geralmente de metal e marfim e o segundo de bronze e cobre.

Embora esta seja uma hipótese a ser considerada, ela nos parece pouco provável devido a pouca quantidade de gral e almofarizes encontrados na documentação dos *Inventários e Testamentos*. Além disso, temos que levar em conta que na sociedade colonial, como já foi dito, a importância de alguns utensílios de mesa e cozinha iam além de sua mera funcionalidade, garantindo pelo alto valor ou dificuldade em adquiri-los, certo padrão de ostentação para quem os possuía.[127] Parece-nos plausível que eles pudessem reservar equipamentos como estes para alguma ocasião em especial ou mesmo os utilizassem apenas no preparo de alguns produtos em específico, basilares da culinária portuguesa, destinando ao processamento do milho, utensílios que lhes seriam próprios: os de procedência indígena.

Dessa forma, a conjunção entre a utilização de equipamentos de procedência indígena e o pouco uso que teve o processo de farinação do milho entre os habitantes de São Paulo, em seus primeiros anos, explica o porquê não tivemos praticamente nenhum rastro de transposição de técnicas europeias para o tratamento deste alimento na documentação analisada até início do Setecentismo. Entretanto, mesmo quando a farinha passou a assumir uma importância maior entre os paulistas, com toda a certeza, tais homens conseguiam suprir suas necessidades domésticas apenas com a utilização do pilão nativo. Isto porque o aumento das evidências de consumo da farinha por parte dos colonos paulistas não correspondeu a um aumento das quase raras menções aos pilões ou ao aparecimento de novos recursos técnicos inventariados nas propriedades paulistas.

---

126 Raphael Bluteau. *Vocabulário Portuguez e Latino* (1712-1728). Coimbra. Disponível em: <http://www.ieb.usp.br/online/index.asp>. Acesso em 23 jun. 2008; Antonio Moraes Silva. *Diccionário de língua portugueza*. Lisboa: Literatura Fluminense, 1889.

127 O valor que estes utensílios podiam alcançar pode ser vislumbrado na leitura do inventário de Diogo Bueno, datado de 1729, onde encontramos um almofariz com sua mão avaliado em 2560 réis e um gral de marfim com sua mão avaliado no valor de 640 réis.

Tal quadro só viria a sofrer mudanças significativas com a descoberta das minas de ouro e a expansão da sociedade paulista para novas regiões, onde a farinha de milho desfrutaria de uma maior importância frente à alimentação dos paulistas.[128] Além disso, a difusão do moinho e do monjolo nestas localidades estaria relacionada à maior viabilidade que estas máquinas possuíam nas extensas áreas interiorizadas do continente, onde elas encontrariam condições propícias para sua difusão: uma paisagem "cujo pano de fundo é um terreno acidentado, com a presença do córrego ou ribeirão, e as habitações nos fundos dos vales ou deles pouco retiradas".[129]

A difusão desses aparelhos nas áreas povoadas pelos paulistas não passou despercebida aos olhos dos cronistas que tiveram o ensejo de observar o aparelho em funcionamento nos sítios situados nos fundos dos vales próximos aos rios nas paragens e caminhos tomados pelos sertanistas rumo às minas. Essa seria a razão de Capistrano de Abreu dizer que a distribuição dos monjolos neste tipo de paisagem geográfica seria uma distinção peculiar das gentes de São Paulo. Para o autor, a "predileção pelas terras baixas para as casas de vivenda, frequência de monjolo para pilar o milho seco, milho como alimentação habitual, (...) indicam a presença de paulistas e seus descendentes".[130]

Entretanto, mesmo nestas novas localidades, de acordo com Sérgio Buarque de Holanda, a introdução destes novos equipamentos não alterou substancialmente as técnicas apreendidas com os indígenas. Da mesma maneira, os relatos dos viajantes que estiveram nas zonas mineradoras ao longo do século XVIII nos forneceram dados que permitem confirmar a assertiva buarqueana. Sobre o funcionamento do monjolo, no relato de Caetano de Costa Matoso temos:

> Lança-se o milho aos pilões a quebrar, e quebrado, que é o mesmo que tirar-lhe o cascabulho de fora, limpo dele, se deita de molho, por cinco ou seis dias em água fria, aonde azeda alguma coisa. Passados estes dias, se tira e deita nos pilões, segunda vez, onde se soca, mói e desfaz, e dali se tira e lança e uns fornos de cobre ou tachos, onde se torra e fica servido de alimento como pão e de mais uso nestas Minas que da mandioca.[131]

---

128 Essa questão também foi trabalhada por Francisco Dias de Andrade em sua dissertação de mestrado. Ver Francisco Dias de Andrade. *Op. cit.*
129 Carlos Borges Schmidt. *Op. cit.*, 1967, p. 45.
130 Capistrano de Abreu. *Op. cit.*, p. 313-314.
131 "Farinha de milho feita em pilões". In: *Códice Costa Matoso, op. cit.*, p. 776.

A leitura do relato torna plausível a ideia de que o aperfeiçoamento de recursos técnicos não trouxe mudanças significativas nas maneiras como os indígenas procediam ao tratamento deste cereal. A despeito de no trecho em questão, o monjolo não aparecer sob esta denominação, a análise do processo de funcionamento descrito acima, não deixa dúvida de que se tratava deste equipamento. Além disso, em outros documentos similares a este, o monjolo *apareceu sob a denominação* de engenho de pilões. Voltemos ao Códice Costa Matoso, nele foi possível vislumbrar a descrição de um monjolo na freguesia de Catas Altas da seguinte forma: "18 engenho de pilões, em que se fazem as farinhas de milho, que é o pão do país".[132]

Diferentemente do silêncio que tínhamos encontrado nos inventariados paulistas sobre os objetos relacionados ao milho, no contexto das expedições e na ocupação de novos territórios foram abundantes as referências aos utensílios ligados à sua cultura. Isto é algo a ser considerado, pois além de apontar para a ascensão de uma nova forma de consumo do milho, estaria associado ao novo papel ocupado por este produto na economia de abastecimento nas áreas de expansão paulista, a partir do final do XVII.[133] Mas, se em São Paulo a farinha de milho nem sempre era o alimento que mais usualmente substituía o pão de trigo, nas áreas surgidas da expansão bandeirante esse papel lhe coube quase que inteiramente:

> Da mesma farinha, enquanto não é torrada se faz cuscuz que nas minas supre a falta do pão do trigo, que desfabricados e levados ao forno a torrar fica biscoito gostoso e serve para jornadas pela sua duração.[134]

Menções como estas foram encontradas em grande profusão neste tipo de documentação e revelaram como a farinha de milho foi fundamental para a sobrevivência das expedições que se dirigiam para as zonas de mineração.[135] Assim

---

132 "Informação das antiguidades da freguesia de Catas Altas". In: *Códice Costa Matoso, op. cit.*, p. 267.
133 Desta maneira, o fato de a farinha de milho ter o seu consumo disseminado, primeiramente, nas áreas de ocupação dos homens de São Paulo explica o porquê ela ficou tão associada a alimentação paulista, chegando mesmo a ser um marcador identitário de sua cozinha local.
134 "Notícia de muitas comidas que se fazem de milho". In: *Códice Costa Matoso, op. cit.*, p. 785.
135 São muitos os relatos que trazem referência ao consumo da farinha de milho na mobilidade. Entre eles podemos citar como exemplo o de Rodrigo Cesar de Meneses: "Notícia da 6ª prática e a relação verdadeira da derrota e viagem, que fez da cidade de São Paulo para as minas do Cuiabá". In: *Relatos monçoeiros, op. cit.*, p. 107 e o feito pelo sargento-mor Theotônio José Juzarte: "Diário da

também vemos no diário da jornada que fez o Caetano da Costa Matoso para as Gerias, em 1749. Pelos caminhos que o conduzia aos distritos mineratórios, o ouvidor teve a oportunidade de observar o consumo disseminado que a farinha de milho teve entre os paulistas. De acordo com as palavras do próprio autor, tal mantimento servia "para se comer como pão".[136] Mas, como o depoimento de Caetano Costa Matoso já nos deixa entrever, para que este mantimento cumprisse com êxito a tarefa que lhe cabia, houve a necessidade de forjar novos recursos técnicos que garantissem sua produção em larga escala. Isto porque, até então, os portugueses conheciam a farinha de milho grossa e usavam, para a sua elaboração, o pilão indígena. Contudo, no processo de ocupação de novos territórios, tal equipamento não daria conta de produzir a quantidade de farinha necessária para o sustento do grande número de expedicionários, indígenas e muares. Carlos Borges Schmidt demonstra os diferentes papéis ocupados tanto pelos monjolos quanto pelo pilão nas incursões de exploração e povoamento dos paulistas: "este nas primeiras paradas de recomposição da tropa e dos meios de sustento, aqueles, mais tarde, nas paragens frequentadas constantemente pelas expedições em caminho e, nos locais já habitados pelo povaréu entregue à faina da mineração".[137]

A transposição de técnicas estrangeiras para o milho objetivava, portanto, aumentar a produtividade de seu beneficiamento, tornando-o mais eficaz. Daí a introdução dos monjolos e moinhos não apenas em São Paulo, mas, especialmente, nas áreas de penetração de seus moradores.[138] Ora, não se trata de mera coincidência que o aumento das referências à farinha de milho nos registros documentais que lidam com a mobilidade esteja acompanhado da difusão das técnicas relacionadas à sua confecção. Por esses documentos, por exemplo, ficamos sabendo que não só os monjolos de água, como também os moinhos de milho, estavam difundidos nas propriedades situadas no caminho das Gerais:

> Assim, perto do meio dia cheguei a um baixo, bem que há um sítio chamado a Borda do Campo, por nele se acabar o caminho

---

navegação do rio Tietê, rio Grande, Paraná e o rio Iguatemi pelo sargento-mor Theotônio José Juzarte". In: *Relatos monçoeiros, op. cit.*, p. 276.

136 "Diário da jornada que fez o ouvidor Caetano Costa Matoso para as Minas Gerais". In: *Códice Costa Matoso, op. cit.*, p. 895.

137 Carlos Borges Schmidt. *Op. cit.*, 1967, p. 43.

138 Sérgio Buarque de Holanda. *Op. cit.*, 1994, p. 191.

no mato (...) É com bastante choupanas (...) suficientes e de melhor acomodação e trato que achei, tem sua ermida e moinho de milho ordinário como os do Reino e outro maior quase pelo feitio dos de engenho de papel em que se faz farinha.[139]

Neste excerto, escrito pelo próprio Caetano Costa Matoso, percebemos que o autor descrimina a presença de duas máquinas utilizadas na preparação da farinha de milho nos caminhos trilhados rumo às Gerais. Sobre este ponto, devemos esclarecer que, embora os dois equipamentos fossem responsáveis por empreender a moagem do milho, havia diferenças no modo como ambos realizavam tal processo.

Não obstante haver controvérsias quanto à data em que os primeiros monjolos foram introduzidos pelos europeus em território luso-americano, como sublinhou Sérgio Buarque de Holanda, o que se sabe é que seu uso só passou a ser disseminado na sociedade colonial a partir do século XVIII.[140] Desse período em diante, numerosas menções a este equipamento são encontradas na documentação que reúne informações a respeito das áreas de expansão paulista.[141] As duas principais tarefas do monjolo estavam em, conforme Carlos Borges Schmidt, "socar o cereal, apenas umedecido para tirar-lhe a película e o coração, preparando assim a canjica, ou então socar o milho, já fermentado e amolecido na fabricação da farinha de milho propriamente dita".[142]

O moinho, por sua vez, era um velho conhecido dos habitantes de São Paulo, já que as primeiras referências a este equipamento em suas propriedades remontam ao início do século XVII, época em que começou o desenvolvimento da indústria triticultora paulista. Embora a presença desses equipamentos estivesse relacionada à produção mercantil da farinha de trigo, mesmo quando esta entrou em declínio, segundo Carlos Borges Schmidt, os moinhos "continuaram trabalhando em outro sentido. No sentido de tornar o cereal americano, o milho de forma mais pronta e aproveitável na alimentação humana".[143]

---

139 "Diário da jornada que fez o ouvidor Caetano Costa Matoso para as Minas Gerais". In: *Códice Costa Matoso, op. cit.*, p. 895.

140 Sobre as controvérsias a respeito das datas de instalação dos monjolos no Brasil, ver capítulo de Sérgio Buarque de Holanda. "Monjolo", *op. cit.*, 1994, p. 190 e Carlos Borges Schmidt. *Op. cit.*, 1967, p. 41-52.

141 Sérgio Buarque de Holanda. *Op. cit.*, 1994, p. 190.

142 Carlos Borges Schmidt. *Op. cit.*, 1967, p. 51.

143 *Ibidem*, p. 74.

Isto é, eles passaram a ser empregados com o propósito de elaborar a farinha de milho moída, mais conhecida como fubá. Um relato anônimo, datado de 1750, nos traz informações que elucidam o seu modo de preparo. Depois dos grãos serem moídos no moinho o fubá era lançado:

> em um tacho ou forno de cobre, que é o mesmo é ter as bordas pequenas e este está assentado em uma fornalha, e com bastante fogo se vai torrando, mas com uma pá curta se mexe muito bem para que não queime. E torrada ela se guarda para se comer e dura oito dias e com bom gosto.[144]

Porém, a melhor forma para esclarecer a diferença estabelecida entre esses equipamentos é nos voltarmos para a análise de seus produtos finais, isto é, as farinhas obtidas no processo de moagem. Não obstante qualquer uma destas farinhas, tanto a produzida no monjolo, quanto a no moinho, pudesse ser utilizada na confecção de pratos doces e salgados das mais variadas espécies e fosse muito comum confundir o fubá com a farinha de milho, havia diferenças significativas entre as duas.[145] E é novamente Carlos Borges Schmidt quem esclarece essa diferença:

> Em São Paulo distingue-se o fubá da farinha de milho, propriamente dita, porque esta é preparada deixando o milho de molho, depois socando-o no monjolo, depois torrando-o no forno raso: è a farinha de milho paulista. Farinha de milho aqui, é isso. A outra aquela resultante da moagem do milho no moinho de pedra, é que é, o fubá. Quando o fubá é feito de milho já sob a forma de canjica, então é o fubá mimoso.[146]

Na verdade, a análise das duas formas de farinação do milho permite que se entreveja uma diferença na destinação social que era dada a elas. A farinha de milho, propriamente dita, era o verdadeiro pão das minas e a base do sustento dos colonos provenientes dos diferentes segmentos sociais. O fubá, por sua vez, já não teve seu uso tão generalizado entre os moradores de São Paulo e por uma

---

144 "Farinha de mandioca ou de pau". In: *Códice Costa Matoso, op. cit.*, p. 778.
145 Segundo Caetano Costa Matoso, com qualquer uma destas farinhas, seja a dos moinhos, seja a dos pilões pode-se fazer broas como as do Reino. "Farinha de milho feita em pilões". In: *Códice Costa Matoso, op. cit.*, p. 777.
146 Carlos Borges Schmidt. *Op. cit.*, 1967, p. 110.

razão simples: ele era o maior responsável por garantir o sustento de um grande contingente de escravos nas regiões recém descobertas pelos paulistas. Como bem nota Caetano Costa Matoso, naquela época, a partir do fubá se confeccionava o angu, a comida por excelência dos escravos africanos:

> Também há moinhos que moem milho como os de Portugal, cuja farinha serve para mantimento dos escravos, deitando-a estes em panelas ou tachos, onde ferve alguma coisa com água e ficando a massa dura a que chamam angu, comem este assim quente e frio.[147]

Todavia, o fubá não esteve só relacionado ao regime alimentar dos escravos, como também, de acordo com Sérgio Buarque de Holanda, ao sustento e a engorda de muares, galinhas e porcos, para os quais se destinava uma forma específica deste alimento, mais grosseira, chamada de quirera.[148] Por conta da dupla utilidade exercida pelo fubá, não é de se estranhar que, entre os usos culinários do milho, ele foi tido como o mais inferior. Por se prestar, ao mesmo tempo, ao sustento dos escravos e das criações domésticas, não raro o fubá ficou conhecido como farinha de cachorro. Sob esta denominação, ele aparece no relato da viagem que fez Rodrigo Cesar de Meneses para as Minas do Cuiabá.[149] Segundo Eduardo Frieiro, esta farinha podia receber diferentes nomes como farinha de *munho*, farinha de cachorro e piche.[150]

Ao voltarmos nossa atenção para este ponto, fica mais fácil entender o motivo pelo qual os colonos, mesmos aqueles que não pertenciam à elite paulista, reagiam de forma discriminatória em relação a um alimento que, além de se voltar ao sustento dos escravos, também era utilizado como ração animal. A recusa em consumir uma comida que se prestava, exclusivamente, ao papel de "encher barriga", já foi bastante explorada ao longo desse capítulo e, se encaixa perfeitamente, na explicação fornecida Sérgio Buarque de Holanda. Segundo este autor, o desapreço que os paulistas tinham pela farinha de milho moída prendia-se "muito possivelmente ao fato de se achar associado, desde tempos remotos, à alimentação

---

147 "Farinha de milho feita em pilões". In: *Códice Costa Matoso, op. cit.*, p. 776.
148 Carlos Borges Schmidt. *Op. cit.*, 1967, p. 75.
149 "Notícia da 6ª prática e relação verdadeira da derrota e viagem que fez da cidade de São Paulo para as Minas do Cuiabá". In: *Relatos monçoeiros, op. cit.*, p. 117.
150 Eduardo Frieiro. *Op. cit.*, p. 166.

dos animais caseiros e à dieta dos pretos escravos".[151] Isso justificaria a preferência deles em comer a farinha de milho pilada ao invés da moída (fubá).[152]

De igual modo é lícito dizer que na estabilidade da vila de São Paulo, mesmo depois que houve a transferência dos moinhos para o tratamento do milho, ainda demorou para que esta técnica de preparação do milho se estabelecesse entre os hábitos alimentares dos colonos. E não apenas daqueles que residiam no Planalto do Piratininga. Isto porque os documentos que dispomos não forneceram nenhum vestígio sobre o consumo do milho sob a forma de fubá. Ele não é sequer mencionado nos textos por nós utilizados, para descortinar o sistema alimentar dentro dos domínios da vila de São Paulo. Neste ponto, é digno de nota, o fato de termos encontrado informações sobre esta forma de consumo somente na mobilidade. Entretanto, nada autoriza a crer que o milho moído não pudesse ser consumido na vila esporadicamente, já que tecnologia para a sua produção, seus moradores tinham. Mas, se por ventura isso acontecesse, tampouco teríamos menção, devido ao baixo valor que esse alimento assumia. Todavia, parece mais provável que os paulistas tenham empregado o fubá para alimentar seus escravos e, isso, por muito tempo.

Em suma, a análise empreendida ao longo deste capítulo sobre as práticas alimentares envolvidas em torno da cultura do milho – formas de preparo e consumo, técnicas e utensílios utilizados – nos permitiu visualizar como diferentes formas culturais, presentes em São Paulo, se entrecruzaram neste domínio. Ao realizar tal tarefa, pretendemos seguir a proposta teórica de Michel de Certeau e Luce Giard em *A Invenção do Cotidiano*, colocando o sujeito e sua ação no centro da nossa análise. O trabalho de ambos os autores foi uma referência para pensarmos os significados de algumas práticas culturais, sobretudo, as alimentares em nossa pesquisa. Ao recorrermos às análises destes dois autores, observamos a importância de se colocar em evidência nos estudos históricos sobre o cotidiano, as práticas culturais dos indivíduos comuns:

> No invisível cotidiano, sob o sistema silencioso e repetitivo das tarefas cotidianas feitas por hábito, o espírito alheio, numa série de operações executadas maquinalmente cujo encadeamento segue um esboço tradicional dissimulado sob a máscara da evidência primeira, empilha-se de fato uma montagem

---

151 Sérgio Buarque de Holanda. *Op. cit.*, 1994, p. 182.
152 *Ibidem*, p. 181.

sutil de gestos, de ritos e de códigos, de ritmos e de opções, de hábitos herdados e de costumes repetidos.[153]

Com tal contribuição em nosso horizonte teórico foi possível perceber como, dentro dos domínios paulistas, os colonos empreenderam apropriações, ressignificações e transformações múltiplas de saberes e técnicas e não simplesmente se "aculturaram" passivamente em favor da adoção dos hábitos nativos. Temos razões para crer que neste espaço de troca que se estabeleceu no âmbito alimentar, no caso do milho, a apropriação de elementos locais feita pelos paulistas não esconde uma tentativa em manter aqueles provenientes da cultura europeia. Tal postura pôde ser notada, por exemplo, ao analisarmos as receitas que os colonos preparavam, combinando o milho com as técnicas culinárias europeias, como os bolos, as papas e o angu. O mesmo ocorria com as bebidas, onde, a partir da aguardente de milho, é possível entrever a combinação de conhecimentos e práticas alimentares dos europeus com os dos indígenas. Em todos esses casos, o que se nota, conforme já apontado em outros estudos, são as ações destes indivíduos com o objetivo de manterem-se fiéis à sua herança gustativa europeia.[154]

Mas, uma coisa era o desejo e outra o consumo de fato. E, mesmo levando em consideração as escolhas que os europeus faziam ao se apropriarem de alguns elementos da alimentação local, acreditamos na existência de certo grau de "indigenização" do repertório culinário advertício. E, o que justifica nossa afirmação é o consumo disseminado, por exemplo, que a canjica, confeccionada a partir dos grãos de milho pilado, teve entre os paulistas durante todo o período colonial.

---

153 Luce Giard. "O prato do dia". In: Michel de Certeau, Luce Giard, Pierre Mayol. *A invenção do cotidiano: morar, cozinhar*, v. 2. Trad. Ephraim F. Alves e Lúcia Endlich Orth. Petrópolis: Vozes, 1996, p. 234.

154 Entre tais trabalhos podemos elencar além dos já citados de Leila Mezan Algranti, "À mesa com os paulistas" e "História e historiografia da alimentação no Brasil (séculos XVI-XIX)" o de Laura de Mello e Souza, "Formas provisórias de existência" e, por fim, o livro de Evaldo Cabral de Mello, *Olinda restaurada*. Nele, o autor ao buscar compreender as guerras holandesas que assolaram o nordeste nos Seiscentos, dedica um capítulo em especial à alimentação dos soldados, denominado "Munição de Boca", no qual defende a importância da alimentação para a manutenção de um conflito tão longo. O que chama atenção em seu trabalho é a ideia defendida pelo historiador de que o português em momento algum abandonou seus hábitos alimentares, mantendo-os sempre que possível.

Considerações finais

Ao adentrarmos os domicílios paulistas, entre o meio-dia e uma hora da tarde, podemos encontrar os seus moradores em pleno horário do jantar, como era conhecida esta refeição nos idos do século XVII. Na esteira no chão, nossos protagonistas comiam com as mãos, rodeados pela presença de poucos artefatos de mesa e cozinha, apenas alguns utensílios de barro, utilizados para armazenar os alimentos. No cardápio do dia, o trivial: canjica de milho, carne de porco e feijão. Alimentos estes adquiridos nos próprios quintais que eram os principais fornecedores de produtos para as refeições cotidianas.

A descrição acima, longe de retratar como seria uma refeição em um domicílio tipicamente "paulista", propõe chamar a atenção para algumas imagens que se consagraram nos estudos históricos que abordaram o tema da alimentação em São Paulo no período colonial: a presença de produtos indígenas associados com os de origem europeia, a parcimônia de alimentos e utensílios, e por fim, a presença do milho. A utilização de tais elementos para compor nossa ambientação não foi arbitrária e, de uma forma ou de outra, eles estiveram presentes no estudo desenvolvido nas páginas precedentes, pois embora a proposta central desse trabalho tenha sido entender o papel ocupado pelo milho em São Paulo colonial, acabamos contemplando em nossa análise o sistema alimentar dos paulistas como um todo.

Mas por ora, retomemos o tema principal do livro, que foi o milho, e mais precisamente a tese de Sérgio Buarque de Holanda a respeito do predomínio desse produto na alimentação paulista. Nem é preciso que se diga, o quanto nossa pesquisa mantém uma imensa dívida com os trabalhos desse autor, uma vez que o ponto de partida para a elaboração desta pesquisa surgiu da necessidade de aprofundarmos nossa compreensão a respeito dos significados econômicos e culturais da chamada *civilização do milho* que Sérgio Buarque de Holanda, em *Caminhos e Fronteiras*, apregoou ter existido em terras paulistas.

Tendo isso em vista, nossa pesquisa manteve um intenso diálogo com a visão formulada por este autor a respeito da alimentação dos moradores de São Paulo e se propôs responder a seguinte indagação: Será que o milho tinha um papel tão fundamental, a ponto de ser visto como uma particularidade da cozinha paulista, ou melhor, a ponto de podermos considerar São Paulo como uma *civilização do milho*?

Embora tal indagação tenha impulsionado definitivamente nossa investigação, as respostas que encontramos para ela não são de maneira alguma definitivas. Seja como for, o melhor ponto de partida a que podemos recorrer para esclarecer as respostas aqui apresentadas é nos reportarmos ao conceito de civilização alimentar, melhor dizendo, a noção de plantas de civilização criada por Fernand Braudel na obra *Civilização material, economia e capitalismo (séculos XVI-XVIII)*. Para este autor, as plantas de civilização seriam aquelas que possuem uma importância incomparavelmente superior a qualquer outra espécie vegetal na agricultura e na dieta de uma dada sociedade. Ou seja, além de ser considerada indispensável no cardápio dos moradores, tal planta organizaria em torno de si, nas palavras do autor, "a vida material e por vezes a vida psíquica dos homens com grande profundidade, ao ponto de se tornarem estruturas quase irreversíveis".[1]

À luz da contribuição de Fernand Braudel, se pensarmos no caso dos habitantes do Planalto, entenderemos que a preponderância de determinado alimento em seu sistema alimentar não deve ser reduzida apenas a determinantes físicos. Além de assumir uma posição estratégica na agricultura, na economia e na subsistência, tal alimento deveria exercer um papel de destaque no universo cultural dos moradores de São Paulo, onde exerceria um valor importante frente à existência de tais indivíduos.

Tendo isso em vista, primeiramente, buscamos nos aproximar dos significados econômicos que a cultura do milho envolvia. A ideia foi fazer um estudo comparativo sobre a importância ocupada pelo trigo, mandioca e milho na economia de abastecimento da vila, o que nos ajudou a pensar a posição que o milho assumiria neste âmbito. Tal estudo além de ser esclarecedor da relação íntima entre alimentação e vida social também serviu como porta de entrada para nos aproximarmos da sociedade paulista no período em questão.

---

1 Fernand Braudel. *Op. cit.*, p. 84.

Por meio de um trabalho cruzado com os *Inventários* e *Testamentos* e as *Atas da Câmara Municipal*, vimos que até o último quartel do século XVII, o milho não ocupava uma posição de destaque na economia de abastecimento da vila, diferentemente do que ocorria com a mandioca e, especialmente, com o trigo que, durante grande parte do Seiscentismo, apresentou-se como carro chefe das atividades produtivas desenvolvidas na região. Tal quadro só sofreria mudanças a partir da década de 1670, quando começamos a ter evidências mais significativas da presença do milho nas atividades produtivas e comerciais desenvolvidas no planalto de Piratininga. Vimos, ao longo das páginas precedentes, que esta presença esteve diretamente vinculada ao papel que o cereal americano assumiria no abastecimento das expedições que, a partir daquela época, se dirigiram cada vez mais para os sertões inóspitos em busca de pedras e metais preciosos, como também no suprimento das áreas que surgiram em razão dos descobrimentos auríferos.

O trabalho com a documentação colonial da Câmara Municipal de São Paulo foi fundamental para chegarmos a esta conclusão, já que, diferentemente do silêncio encontrado para o período compreendido entre os anos de 1650-1670, nas décadas que se prosseguiram, este quadro lacônico começou a sofrer alterações expressivas com o surgimento de vestígios que estavam intimamente relacionados com os pedidos de envio de mantimentos para acudir às demais partes da Colônia ou para o socorro das expedições e regiões recém descobertas.

Uma vez constatado, no capítulo 1, que a maior importância econômica do milho estaria ligada ao abastecimento das expedições sertanistas e das regiões recém-descobertas, restou-nos entender o porquê deste maior destaque ter ocorrido apenas nos anos finais do XVII, já que desde o início deste mesmo século, os paulistas se embrenhavam pelos sertões em busca de cativos indígenas ou mesmo pedras preciosas. Partimos do pressuposto de que a causa para tal fato estaria nas mudanças que se abateram sobre o sertanismo, o qual, a partir daquele período, direcionou-se cada vez mais para regiões longínquas do território luso-americano. Não podemos esquecer que muitas destas expedições demoravam meses e até anos sertão adentro, sem nenhum acesso a mercado abastecedor de alimentos. Assim, foi necessária, mais do que nunca, uma alimentação que se adequasse à mobilidade que tais atividades requeriam e que fosse, ao mesmo tempo, substanciosa.

Além disso, as expedições acarretaram a expansão da sociedade paulista para as regiões mais interiorizadas do continente, pois, frequentemente, os participantes das jornadas não retornavam mais ao planalto, fixando-se por lá e fundando novos povoados. E, neste novo capítulo da história da ocupação lusitana, o milho desempenharia, como nenhum outro alimento, a tarefa de alimentar o contingente populacional que, em velocidade espantosa, se dirigia para as regiões mineradoras.

Ao nos reportarmos, no capítulo 2, aos hábitos desenvolvidos neste contexto, acabamos nos deparando com uma situação até então inédita na documentação colonial analisada: indícios mais contundentes sobre o consumo da farinha de milho. Tal produto, tão raro na avaliação dos inventários paulistas no século XVII ou nas crônicas dos viajantes que discorreram sobre a São Paulo de então, passou a ser presença constante nas correspondências e nos relatos de viagens referentes à centúria seguinte. Em tais documentos encontramos indícios de como este alimento foi o maior responsável por manter a sobrevivência dos paulistas em situação de deslocamento e vida provisória.

A explicação para o maior destaque que esta forma de preparação do milho passou a ter entre as gentes de Piratininga pode ser encontrada na nova demanda exigida pelo povoamento das regiões auríferas, onde foi necessário engendrar uma forma de subsistência abundante, rápida e barata que só a farinação deste cereal poderia proporcionar. Mas, para que a farinha de milho cumprisse com êxito a tarefa que lhe coube neste contexto, houve a necessidade de forjar novos recursos técnicos que garantissem sua produção em larga escala. Isto porque, até então, se usava para a elaboração da farinha de milho, as técnicas aprendidas com os indígenas, através da utilização do pilão nativo. Mas, para manter viva a grande quantidade de indivíduos que se debandaram para as regiões mineratórias, foi necessária a transposição de técnicas usadas no tratamento e na moagem dos cereais adventícios para o milho. Tratava-se de aumentar a produtividade de seu beneficiamento, tornando-o mais eficaz. Daí, a introdução dos monjolos, não apenas em São Paulo, mas especialmente nas áreas de penetração de seus moradores, onde este equipamento exerceria a mesma função do pilão nativo: preparar a farinha de milho.

Mas, se nas idas e vindas dos sertanistas paulistas, o milho teria tido uma preponderância sobre outros gêneros alimentares, marcando sua presença na maioria dos relatos, muitas vezes como o único mantenedor da sobrevivência daqueles indivíduos, acreditamos que este não era o mesmo papel ocupado por ele na estabilidade das práticas domésticas, onde estaria longe de ser considerado a lavoura exclusiva, podendo mesmo ser tratado por alguns integrantes da elite paulista como um recurso alimentar ocasional, consumido somente em momentos de extrema necessidade.

Através do trabalho desenvolvido com uma diversidade de fontes históricas, sobretudo os *Inventários e Testamentos* – fontes por excelência para o estudo da vida material –, analisamos a importância ocupada pelo milho no âmbito da subsistência doméstica dos moradores de São Paulo. Este corpo documental nos forneceu dados interessantes para (re) pensarmos a presença do milho na dieta cotidiana dos moradores daquela região. Vale ressaltar que o resultado mais importante da pesquisa desenvolvida com esta fonte foi que ela nos permitiu relativizar a tese de Sérgio Buarque de Holanda a respeito do predomínio do milho na alimentação dos paulistas, já que uma análise sistemática e serial da documentação nos mostrou que o produto jamais reinou sozinho no cardápio dos paulistas, sendo acompanhado pelo trigo e pela mandioca.

O primeiro indício que nos permitiu relativizar o predomínio do milho na alimentação do período foi a frequência com que este alimento apareceu nos *Inventários* do século XVII. Dos 134 documentos analisados, nos deparamos com menções ao produto em 23 inventários. Para piorar tal quadro lacônico, os ditos inventários não forneceram detalhes pormenorizados de sua presença. Embora o silenciamento seja fundamental para repensarmos a imprescindibilidade da produção e do consumo deste cereal na cozinha paulista, a ponto de podermos pensar em uma civilização do milho, não devemos nos precipitar frente à brevidade de informações disponíveis nesta fonte e supormos que o mencionado silenciamento significasse que o milho não fizesse parte do repertório culinário paulista. Esta suposição logo cairia por terra, se procedêssemos a uma leitura mais atenta dos inventários que, não raro, nos fornecem pistas que explicam a causa de o milho não ser, muitas vezes, incluído nas avaliações dos bens. Ao que tudo indica, isto tinha relação com a presença deste gênero na alimentação cotidiana dos moradores, os quais possuíam fácil acesso ao alimento em suas próprias roças ou quintais para a subsistência e, sobretudo, de seus índios.

Algumas referências, encontradas nos inventários, nos permitiram ver que as roças de milho ficavam fora do processo da partilha de bens por estarem sendo utilizadas no consumo da unidade doméstica, para manter a sobrevivência dos órfãos. Isto porque podia se passar algum tempo entre a data da morte do inventariante e o início do processo da partilha, não restando outra saída ao cônjuge ou ao procurador dos herdeiros, senão solicitar que o milho não entrasse nas avaliações, de forma que eles não ficassem sem sustento. Além disso, temos que levar em consideração as roças que eram deixadas de fora do inventário para serem usadas na alimentação dos escravos.

Sobre este último ponto, o fato de o milho ser a base da dieta dos planteis de cativos, ao lado de sua pouca importância comercial e da facilidade de acesso no cotidiano, explicaria o motivo pelo qual ele não tinha um papel de destaque nos inventários e, quem sabe assumisse uma posição marginal na predileção alimentar dos colonos que habitavam a região de São Paulo.

Outro aspecto a ser destacado em nosso trabalho documental que nos permite afirmar com mais embasamento que, embora o milho fosse consumido, não chegava a adquirir um caráter de predominância sobre outros cultivos, foi a grande quantidade de referências às roças de mandioca avaliadas nos inventários das casas da vila ou em seus arredores, onde os detalhes das descrições nos evidenciam que a mandioca constituía também parte importante do sustento dos colonos paulistas.[2] Além disso, contribuiu para visualizarmos tal quadro alimentar, a frequência com que os utensílios ligados à sua lavoura ou beneficiamento apareceram nesta documentação, como por exemplo, a prensa de lagar que se fez presente em 30 dos 134 inventários analisados. O trabalho com as crônicas de viagens, conforme foi visto no capítulo 2 também forneceu algumas indicações que parecem corroborar a convivência dessas duas plantas nativas no cardápio dos moradores do Planalto de Piratininga.

Vimos ao longo do capítulo 2 que a mandioca parece nunca ter deixado de ser consumida entre os paulistas, o que nos permitiu concluir que não havia tanta diferença entre as bases alimentares dos paulistas e o restante dos moradores das demais partes da América Portuguesa. Outro aspecto que emergiu do exame das fontes históricas e que nos permite afirmar que a dieta básica dos paulistas pouco diferia daquela das demais regiões, foram os vestígios que apontaram para o consumo de trigo entre a população paulista. Através da análise das transações comerciais, no âmbito interno da vila, inferimos que até os menos abastados, em certas ocasiões, podiam fugir de sua dieta ordinária, consumindo o trigo, alimento que eles nem sempre tinham condições de comer cotidianamente. Assim, diferentemente do que apregoam os principais representantes da historiografia econômica sobre São Paulo

---

2   Leila Mezan Algranti. *Op. cit.*, 2011, p. 5.

colonial, os quais defendem que a produção dos trigais se destinava apenas para as áreas litorâneas, acreditamos que o trigo nunca tenha deixado de marcar sua presença, se não nas mesas, pelos menos nos desejos dos moradores daquela região.

Ao propormos que a alimentação paulista estaria bem próxima das demais existentes no restante da América Portuguesa, estamos querendo dizer que quando os colonos tinham oportunidade, mantinham-se fieis à herança do paladar português, preferindo comer o trigo ao milho.[3] Mas nem sempre isso era possível. E, diante da falta dos alimentos aos quais estavam acostumados, os paulistas, bem como os demais habitantes da América Lusa, viram-se obrigados a transformar seus hábitos alimentares. Não esquecendo que eles se apropriaram dos produtos presentes no repertório alimentar nativo, a partir da matriz cultural europeia, aplicando sentidos diferentes aos que os indígenas atribuíam a eles.

No caso do milho, isso era igualmente válido. A despeito de qualquer ressalva que os europeus de São Paulo pudessem ter tido com relação a este alimento, devido à sua banalidade e fácil acesso no cotidiano, o cereal nativo foi estratégico para o modo de vida dos paulistas em suas múltiplas facetas, sobretudo na mobilidade, onde lhe coube o papel de acompanhar os colonizadores na árdua tarefa de desbravar e povoar as regiões situadas no interior do território americano. Mas, como ficou evidente na análise empreendida no terceiro capítulo, sobre as práticas envolvidas em torno da cultura deste alimento: as formas de preparo e consumo, as técnicas e utensílios utilizados, o milho integrou parte da comida cotidiana dos portugueses de São Paulo, *sobrepujando* os tempos de penúria e os espaços improvisados. Assim, percebeu-se que a incorporação desse alimento ao cardápio das gentes de São Paulo se deu através da combinação de conhecimentos e hábitos alimentares europeus com aqueles utilizados e transmitidos pelos naturais da terra.

Sendo assim, o aproveitamento que os paulistas empreenderam da cultura alimentar do milho deve ser inserido numa perspectiva de reapropriação e de resistência. Essa seria a razão pela qual a maioria das formas de consumo do milho que caíram na predileção dos portugueses de São Paulo, foram as que remetiam, antes de mais nada, à Europa. E o mesmo ocorreria no caso contrário: as formas de consumo que ficaram em segundo plano no repertório culinário da elite colonial, parecem ter sido aquelas mais utilizadas pelos indígenas (assado, cozido e cauim).

---

3   Evaldo Cabral de Mello. *Op. cit.*, p. 269 e Leila Mezan Algranti. *Op. cit.*, 2010, p. 143.

Uma vez explicado o lugar ocupado pelo milho na alimentação dos moradores de São Paulo colonial, já podemos voltar para a questão levantada no início desta conclusão. Embora o milho aparentasse ter sido algo corriqueiro entre os paulistas, seja do ponto de vista econômico, seja do ponto de vista cultural, vimos que ele não exercia uma preponderância exclusiva sobre outros gêneros alimentícios, a ponto de poder generalizar sua produção e consumo como uma particularidade de sua alimentação. Mas, então, como explicar o papel que lhe foi atribuído pela historiografia, a ponto de Sérgio Buarque de Holanda denominar São Paulo como uma "civilização do milho"?

Acreditamos que a resposta para esta indagação deva ser buscada em um contexto específico da vida dos paulistas: na rotina rústica e na mobilidade, às quais aqueles habitantes estavam constantemente sujeitos, devido às permanentes andanças pelo interior da América colonial entre os séculos XVII e XVIII. Ou seja, se houve uma predominância do milho, ela deve ser buscada, parafraseando Sergio Buarque de Holanda, "no caminho que convida ao movimento" e não na estabilidade das práticas domésticas, onde a dieta dos paulistas pouco diferia daquela presente nas demais regiões do território luso-brasileiro.

Embora, ao afirmarmos isso, estejamos endossando em certo sentido a tese de Sérgio Buarque de Holanda, para o qual o milho teria se firmado como base da alimentação dos paulistas, sobretudo, por se adequar com mais facilidade à mobilidade advinda das atividades bandeirantes, passamos a refletir que talvez este autor tivesse lançado mão, para fundamentar sua hipótese, de informações referentes ao início do Setecentismo, as quais, por conta do laconismo dos dados fornecidos pela documentação seiscentista, especialmente os *Inventários e Testamentos*, acabou por levar à generalização para o período colonial. O que nos fez, por outro lado, contestar o caráter generalizante de sua argumentação, pois acreditamos que isso teria acontecido também em um momento específico da mobilidade dos paulistas, a partir das últimas décadas do século XVII, e estaria relacionado com as mudanças que se abateram sobre as expedições sertanistas que, daquele momento em diante, intensificaram a procura por pedras e metais preciosos.

O fato de seguirmos os passos outrora trilhados por Sérgio Buarque de Holanda, não nos impediu de relativizar a validade e a abrangência de sua tese. Assim pretendeu-se ao longo das páginas precedentes demonstrar quando e como o milho passou a adquirir um papel de maior relevo entre os paulistas.

Se recorrermos novamente ao conceito de 'plantas de civilização' de Braudel, veremos que para que um alimento assuma a prerrogativa de ser considerado como um alimento de civilização, ele deve ter uma preponderância absoluta sobre todos os gêneros alimentares de qualquer sociedade. No caso específico do milho, como isso se deu em um contexto específico da vida dos paulistas, cabe pensarmos na viabilidade deste termo para retratar a importância do milho para a alimentação daquela população. Assim, ao invés de pensarmos na existência de uma *civilização do milho*, em São Paulo, poderíamos propor a existência de uma *cultura paulista do milho*, que nasceu do confronto de diferentes modos de fazer, onde se imbricaram hábitos e saberes europeus com aqueles utilizados e transmitidos pelos indígenas. Além disso, de acordo com Norbert Elias, o conceito de cultura, em oposição ao de civilização, se aplicaria exclusivamente às criações e práticas de um determinado grupo, o que permite delimitar com melhor propriedade a especificidade identitária do objeto a qual ele se aplica e do próprio povo que faz uso dele, no nosso caso, respectivamente, o milho e os paulistas.[4]

Embora simples, não podemos negligenciar que em torno do uso desse alimento havia uma série de saberes que eram utilizados no preparo, na conservação e no modo de consumo do milho pelos paulistas. O que justificaria, portanto, a existência de uma cultura alimentar.

Por fim, o uso de tal termo, se por um lado nos permite lançar luz sobre a convivência que houve, no repertório culinário paulista, entre o milho e outras espécies alimentares, como o trigo e a mandioca, por outro, não deixa de indicar a importância do cereal indígena enquanto produto básico e indispensável para a cozinha de São Paulo, especialmente para as áreas povoadas por seus moradores.

---

4 Norbert Elias, ao fazer uma sociogênese da diferença entre os conceitos de cultura e civilização em *O processo civilizador*, demonstra como ambos assumem diferentes significações na sociedade ocidental. Tais significações relacionam-se ao emprego dado a eles nas sociedades a que pertencem. O conceito de civilização, por exemplo, é utilizado pelos ingleses e franceses para representar os fatos políticos, econômicos e sociais. Ele minimizaria as diferenças nacionais entre os povos, valorizando o que é comum a todos. Já o de cultura, *kultur*, é o conceito pelo qual os alemães se interpretam e expressam o orgulho de suas próprias realizações. Este conceito enfatizaria as diferenças nacionais e a identidade particular dos homens. Cf. Norbert Elias. *O processo civilizador*. Trad. Ruy Jungmann. Rio de Janeiro: Zahar, 1994, p. 24-25.

Fontes e Bibliografia

Fontes manuscritas

Arquivo Público do Estado de São Paulo

Inventários e Testamentos não publicados

Ordem 528, caixa 51 – Manuel Veloso

Ordem 532, caixa 55 – Manuel Mendes de Almeida

Ordem 550, caixa 73 – Domingo Francisco do Monte

Ordem 651, caixa 39 – Manuel José da Cunha

Ordem 651, caixa 39 – João de Siqueira Preto

Ordem 677, caixa 65 – Gaspar de Matos

Ordem 667, caixa 55 – João Francisco Lustosa

Ordem 707, caixa 95 - Bartolomeu Correa Bueno

Fontes impressas

Atas da Câmara Municipal da villa de S. Paulo (1650-1750). V. 6-13. São Paulo: Typographia Piratininga; Publicação Official do Archivo Municipal de São Paulo, 1916-1917.

Inventários e Testamentos: Papéis que pertencem ao 1º cartório de órfãos da capital. Vols. 13 a 45 referentes aos séculos XVII e XVIII. São Paulo: Secretaria do Estado de São Paulo; Arquivo do Estado de São Paulo, 1920-1999.

Documentos Interessantes a História e Costume de São Paulo. Vols. 18 a 32. São Paulo: Typographia Aurora; Publicação Official do Archivo do Estado de S. Paulo, 1896-1901.

Correspondências, crônicas, roteiros e notícias de viagens

ANÔNIMO. "Roteiro do Maranhão a Goiás pela capitania do Piahuí". *Revista do Instituto Histórico e Geographico Brasileiro*, Rio de Janeiro, tomo LXII parte I, 1900.

ANTONIL, André João. *Cultura e opulência do Brasil por suas drogas e minas (1711)*. São Paulo: Companhia Editora Nacional, 1967.

BRANDÃO, Ambrósio Fernandes. *Diálogos das grandezas do Brasil (1618)*. São Paulo: Melhoramentos, 1977.

CAMPOS, Maria Verônica; FIGUEIREDO, Luciano Raposo de Almeida (orgs.). *Códice Costa Matoso: coleção das noticias dos primeiros descobrimentos das minas na América que fez o doutor Caetano da Costa Matoso e vários papéis*. Belo Horizonte: Fundação João Pinheiro, Centro de Estudos Históricos e Culturais, 1999.

CARDIM, Fernão. *Tratados da terra e gente do Brasil*. Lisboa: Comissão Nacional para as Comemorações dos Descobrimentos Portugueses, 1997.

FONSECA, Manuel da. *Vida do Venerável padre Belchior de Pontes da Companhia de Jesus.* São Paulo. Melhoramentos, s/d. [1752].

GANDAVO, Pero de Magalhães. *História da província de Santa Cruz.* São Paulo: Hedra, 2008 [1576].

LEITE, Serafim (org.). *Cartas dos primeiros jesuítas do Brasil.* São Paulo: Comissão do IV Centenário da Cidade de São Paulo, 1954-1958 [1538-1558].

LEME, Pedro Taques de Almeida Paes. *Informação sobre as minas de São Paulo.* São Paulo: Melhoramentos, (19 -?) [1772].

LERY, Jean de. *Viagem à terra do Brasil.* Rio de Janeiro: Biblioteca do Exército, 1961 [1578].

PITA. Sebastião Rocha. *História da América Portuguesa.* Belo Horizonte: Itatiaia; São Paulo: Edusp, 1976 [1730].

Relatos monçoeiros. Introdução, coletânea e notas de Afonso E. Taunay. Belo Horizonte: Itatiaia; São Paulo: Edusp, 1981.

Relatos sertanistas. Introdução, coletânea e notas de Afonso E. Taunay. Belo Horizonte: Itatiaia; São Paulo: Edusp, 1981.

SALVADOR, Frei Vicente do. *História do Brasil (1500-1627).* 6ª ed. São Paulo: Melhoramentos, 1975.

SOUSA, Gabriel Soares de. *Tratado descritivo do Brasil em 1587.* São Paulo: Editora Nacional/Edusp, 1971.

STADEN, Hans. *Viagem ao Brasil.* Salvador: Livraria Progresso Editora, 1955 [1557].

Obras de referência

BLUTEAU, Raphael. *Vocabulário Portuguez e Latino* (1712-1728). Coimbra. Disponível em: <http://www.ieb.usp.br/online/index.asp>.

SILVA, Antonio Moraes. *Diccionário de Língua Portugueza*. Lisboa: Literatura Fluminense, 1889.

SILVA, Maria Beatriz Nizza (coord.). *Dicionário da colonização portuguesa no Brasil*. Lisboa: Verbo, 1994.

VAINFAS, Ronaldo (dir.). *Dicionário do Brasil colonial (1500-1808)*. Rio de Janeiro: Objetiva, 2000.

Bibliografia: livros, teses e artigos

ABDALA, Mônica Chaves. *Receita de mineiridade: a cozinha e a construção da imagem do mineiro*. Uberlândia: Edufu, 1997.

ABRAHÃO, Eliane Morelli. *Mobiliário e utensílios domésticos dos lares campineiros (1850-1900)*. Dissertação de mestrado – IFCH-Unicamp, Campinas, 2008.

ABREU, João de Capistrano. *Capítulos de história colonial (1500-1800)*. Rio de Janeiro: Livraria Briguiet, 1954.

AGNOLIN, Adone. *O apetite da antropologia, o saber antropofágico do saber antropológico: alteridade e identidade no caso Tupinambá*. São Paulo: Humanitas, 2005.

ALGRANTI, Leila Mezan. "À mesa com os paulistas: saberes e práticas culinárias (séculos XVI-XIX)". In: *Anais do XXVI Simpósio Nacional de História – ANPUH: 50 anos*, Universidade de São Paulo, São Paulo, jul. 2011.

_____. "Doces de ovos, doces de freiras: a doçaria dos conventos portugueses no Livro de Receitas da irmã Maria Leocádia do Monte do Carmo (1729)". *Cadernos Pagu*, Unicamp, Campinas, v. 17/18, p. 397-408, 2002.

_____. "Famílias e vida doméstica". In: Laura de Mello e Souza (org.). *Cotidiano e vida privada na América Portuguesa*. São Paulo: Companhia das Letras, 1997 (Coleção *História da Vida Privada no Brasil*, v. 1).

_____. "História e historiografia da alimentação no Brasil (séculos XVI-XIX)". In: CAMPOS, Adriana Pereira *et al* (org.). *A cidade à prova do tempo: vida cotidiana e relações de poder nos ambientes urbanos*. Vitória: GM Editora; Paris: Université de Paris-Est, 2010.

_____. "Os doces na culinária luso-brasileira: da cozinha dos conventos à cozinha da casa 'brasileira' séculos XVII a XIX". *Anais de História de Além-Mar*, v. VI, p. 139-158, 2005.

_____. "Os livros de receitas e a transmissão da arte luso-brasileira de fazer doces (séculos XVII XIX)". In: *Actas do II Seminário Internacional sobre a História do Açúcar – O açúcar e o cotidiano*, v. 1, Funchal, 2004, p. 127-147.

_____. "História e cultura da alimentação na América Portuguesa – tradição e mudanças (uma análise historiográfica)". *I Colóquio de história e cultura da alimentação: saber e sabor – história, comida, identidade*, Universidade Federal do Paraná, ago. 2007. Texto cedido pela autora.

_____. "A hierarquia social e a doçaria luso-brasileira (séculos XVII ao XIX)". *Revista da Sociedade Brasileira de Pesquisa Histórica*, Curitiba, n° 22, 2003.

ANDRADE, Francisco de Carvalho Dias de. *A memória das máquinas: um estudo da história da técnica em São Paulo*. Dissertação de mestrado. IFCH-Unicamp, Campinas, 2011.

ARNAUT, Salvador Dias. *A arte de comer em Portugal na Idade Média*. Lisboa: Imprensa Nacional/Casa da Moeda, 1986.

BASSO, Rafaela. "A cultura alimentar tupinambá". In: *Anais do XXVI Simpósio Nacional de História – ANPUH: 50 anos*, Universidade de São Paulo, São Paulo, jul. 2011.

_____. "Alimentação e sociedade: a vila de São Paulo no século XVII". In: Jornadas de Jóvenes Investigadores, 27-29 out. 2008, Montevidéu. *La investigación en la universidad latinoamericana a los 90 años de la Reforma de Córdoba*, 2008. CD-ROM.

_____. "O milho e a cultura alimentar paulista (1650-1680)". In: *I Encontro de Pesquisa de Graduação em História*, 4-5 nov. 2008, Campinas, Caderno de Resumos/Setor de Publicações IFCH, 2008.

BELTRAN, Gonzalo Aguirre. *El processo de aculturación: y el cambio sócio-cultural en Mexico*. Cidade do México: Fondo Del Cult. Económica, 1992.

BLAJ, Ilana. *A trama das tensões: o processo de mercantilização de São Paulo colonial*. Tese de doutorado – FFLCH–USP, São Paulo, 1995.

_____."Agricultores e comerciantes em São Paulo no início do século XVIII". *Revista Brasileira de História*, v. 18, n° 36, p. 281-296, 1998.

BORREGO, Maria Aparecida. *A teia mercantil: negócios e poder em São Paulo colonial (1711-1765)*. São Paulo: Alameda/Fapesp, 2010.

BRAUDEL, Fernand. *Civilização material, economia e capitalismo (séculos XV-XVIII)*. Trad. Telma Costa. São Paulo: Martins Fontes, 1995.

BRUEGEL, Martin e LAURIOUX, Bruno (org.). *Histoire et identités alimentares em Europe*. Paris: Editions Hachette, 2002.

BRUNO, Ernani Silva. *História e tradições da cidade de São Paulo: arraial dos sertanistas (1554-1828)*. 3ª ed. São Paulo: Hucitec, 1984.

_____. *Roteiros e notícias de São Paulo colonial*. São Paulo: Governo do Estado de São Paulo, 1977.

_____. *O equipamento da casa bandeirista segundo os antigos inventários e testamentos*. São Paulo: DPH da Prefeitura de São Paulo, 1977.

BURKE, Peter. *Variedades de história cultural*. Trad. Alda Porto. Rio de Janeiro: Civilização Brasileira, 2000.

CAMARA CASCUDO, Luís da. *História da alimentação no Brasil*. 3ª ed. São Paulo: Global, 2004.

CAMPORESI, Piero. *Hedonismo e exotismo: a arte de viver na época das Luzes*. Trad. Gilson César Cardoso de Souza. São Paulo: Editora da Unesp, 1996.

_____. *O pão selvagem*. Lisboa: Editorial Estampa, 1980.

CANDIDO, Antonio. *Os parceiros de Rio Bonito: estudo sobre o caipira paulista e a transformação dos seus meios de vida*. 3ª ed. São Paulo: Livraria Duas Cidades, 1975.

CARNEIRO, Henrique Soares. *Comida e sociedade: uma história da alimentação*. Rio de Janeiro: Campus, 2003.

_____. "As fontes para os estudos históricos sobre a história da alimentação". Disponível em: <http://www.mcb.sp.gov.br/docs/ernani/pdf/As_Fontes_para_Estudos_Hist%C3%B3ricos_sobre_a_Alimenta%C3%A7%C3%A3o.pdf>. Acesso em: 23 ago. 2007.

CASTRO, Eduardo Viveiros de. *A inconstância da alma selvagem e outros ensaios de antropologia*. São Paulo: Cosac Naify, 2002.

CERTEAU, Michel de. *A invenção do cotidiano: artes de fazer,* v. 1. Trad. Ephraim F. Alves e Lúcia Endlich Orth. Petrópolis: Vozes, 1996.

_____; GIARD Luce; MAYOL, Pierre. *A invenção do cotidiano: morar, cozinhar,* v. 2. Trad. Ephraim F. Alves e Lúcia Endlich Orth Petrópolis: Vozes, 1996.

CHARTIER, Roger. *A história cultural: entre práticas e representações.* Trad. Maria Manuela Galhardo. Rio de Janeiro: Bertrand Brasil; Lisboa: Difel, 1990.

_____. "O mundo como representação". *Revista de Estudos Avançados,* São Paulo, v. 5, n° 11, jan./abr. 1991. Disponível em: <http://www.scielo.br/scielo.php?pid=S0103-40141991000100010&script=sci_arttext&tlng=en>. Acesso em: 12 set. 2009.

CHAVES, Cláudia Maria das Graças. *Perfeitos negociantes: mercadores das minas setecentistas.* São Paulo: Annablume, 1999.

COUTO, Cristiana. *A arte de cozinha: alimentação e dietética em Portugal e no Brasil (séculos XVII-XIX).* São Paulo: Editora Senac, 2007.

DÓRIA, Carlos Alberto. *A formação da culinária brasileira.* São Paulo: Publifolha, 2009.

DOUGLAS, Mary e ISHERWOOD, Baron. *O mundo dos bens: para uma antropologia do consumo.* Trad. Plínio Dentizien. Rio de Janeiro: Editora UFRJ, 2004.

ELIAS, Norbert. *O processo civilizador.* Trad. Ruy Jungmann. Rio de Janeiro: Zahar, 1994. 2 v.

FAUSTO, Carlos. *Os índios antes do Brasil.* 3ª ed. Rio de Janeiro: Zahar, 2005.

FERNANDES, João Azevedo. *Selvagens bebedeiras: álcool, embriaguez e contatos culturais no Brasil colonial (séculos XVI-XVII).* São Paulo: Alameda, 2011.

FISCHLER, Claude. "Pensée magique et alimentation ajourd'hui". Trad. Nina Horta. Revisão: Carlos A. Dória. *Les Cahiers de L'OCHAT,* Paris, n° 5, 1996.

FLANDRIN Jean Louis. "A distinção pelo gosto". In: CHARTIER, Roger. (org.). *Da renascença ao século das luzes*. Trad. Hildegard Feist. São Paulo: Companhia das Letras, 1999 (Coleção *História da vida privada*, v. 3).

_____; MONTANARI, Massimo. *História da alimentação*. Trad. Luciano Vieira Machado e Guilherme Teixeira. São Paulo: Estação Liberdade, 1998.

FREYRE, Gilberto. *Açúcar: uma sociologia do doce, com receitas de bolos e doces do Nordeste do Brasil*. São Paulo: Companhia das Letras, 1997.

_____. *Casa grande e senzala*. 21ª ed. Rio de Janeiro/Brasília: Livraria José Olympio Editora, 1981.

FRIEIRO, Eduardo. *Feijão, angu e couve: ensaio sobre a comida dos mineiros*. Belo Horizonte: Itatiaia; São Paulo: Edusp, 1982.

GALVÃO, Eduardo. *Índios do Brasil: áreas culturais e áreas de subsistência*. Salvador: Universidade Federal da Bahia/Centro Editorial Didático, 1973.

_____. *Encontro de sociedades: índios e brancos no Brasil*. Rio de Janeiro: Paz e Terra, 1979.

GONÇALVES, José Reginaldo dos Santos. "A fome e o paladar: a antropologia nativa de Luis da Câmara Cascudo". *Revista de Estudos Históricos*, CPDOC/FGV, São Paulo, v. 1, n° 33, p. 40-55, 2004.

GOODY, Jack. *Cocina, cuisine y clase: estúdio de sociologia comparada*. Trad. Patrícia Willson. Barcelona: Editorial Gedisa, 1995.

HOLANDA, Sérgio Buarque. *Caminhos e fronteiras*. 3ª ed. São Paulo: Companhia das Letras, 1994.

_____. *Monções*. 3ª ed. São Paulo: Brasiliense, 2000.

_____."Movimentos da população em São Paulo no século XVIII". *Revista do Instituto de Estudos Brasileiros*, São Paulo, n° 1, p. 54-111, 1966.

HUE, Sheila Moura. *Delícias do descobrimento: a gastronomia brasileira no século XVI*. Rio de Janeiro: Zahar, 2008.

JÚNIOR, Alfredo Ellis. *Raça de gigantes: a civilização paulista no planalto*. São Paulo: Hélios, 1926.

JUNIOR, Caio Prado. *Formação do Brasil contemporâneo*. 18ª ed. São Paulo: Brasiliense, 1983.

LE GOFF, Jacques e NORA, Pierre. *História: novos problemas, novas abordagens, novos objetos*. Trad. Pierre Santiago. Rio de Janeiro: Francisco Alves, 1976 (coleção).

LEITE, Serafim. *História da companhia de Jesus no Brasil*, v. 8 Rio de Janeiro: Civilização Brasileira, 1949.

MACHADO, Alcântara. *Vida e morte do bandeirante*. São Paulo: Livraria Martins Editora, 1943.

MARANHO, Milena Fernandes. *Vivendas paulistas: padrões econômicos e sociais de vida em São Paulo de meados do século XVII (1648-1658)*. Monografia (Bacharelado em História) – Unicamp, Campinas, 1997. Publicado pela Gráfica do IFCH/Unicamp, 2003

_____. *O Moinho e o engenho: São Paulo e Pernambuco em diferentes contextos e atribuições no império colonial português (1580-1720)*. Tese de doutorado – FFLCH-USP, São Paulo, 2006.

_____. *A opulência relativizada: níveis de vida em São Paulo do século XVII (1648-1682)*. Bauru: Edusc, 2010.

MELLO, Evaldo Cabral de. *Olinda restaurada: Guerra e açúcar no Nordeste, 1630-1654*. Rio de Janeiro: Topbooks, 1998.

MENESES, Ulpiano Bezerra e CARNEIRO, Henrique. "A história da alimentação: balizas historiográficas". In: *Anais do Museu Paulista: História e Cultura Material*, Nova Série, v. 5, jan./dez. 1997.

MONTANARI, Massimo. *A fome a abundância: história da alimentação na Europa*. Trad. André Doré. Bauru: Edusc, 2003.

_____. *Comida como cultura*. Trad. Letícia Martins de Andrade. São Paulo: Editora Senac, 2008.

MONTEIRO, John Manuel. *Negros da terra: índios e bandeirantes nas origens de São Paulo*. São Paulo: Companhia das Letras, 1994a.

_____. "Bartolomeu Fernandes de Faria e seus índios: Sal, Justiça Social e Autoridade Régia no início do século XVIII". In: *Tupis, tapuias e historiadores: estudos de história indígena e indigenismo*. Tese de Livre Docência – Unicamp, Campinas, 2001. Disponível em: <http://www.ifch.unicamp.br/ihb/estudos/TupiTapuia.pdf>. Acesso em: 25 jun. 2011.

_____. "Caçando com gato: raça e mestiçagem na obra de Alfredo Ellis Jr". *Novos Estudos Cebrap*, São Paulo, nº 38, 1994b.

_____. "O guarani e a história do Brasil meridional séculos XVI-XVII". In: CUNHA, Manuela Carneiro da (org.). *História dos índios no Brasil*. São Paulo: Companhia das Letras/Secretaria Municipal da Cultura, 1992.

PANEGASSI, Rubens Leonardo. *O mundo universal: alimentação e aproximações culturais no Novo Mundo do século XVI*. Dissertação de mestrado – FFLCH-USP, São Paulo, 2008.

PINTO, Virgílio Noya. *O ouro brasileiro e o comércio anglo-português: uma contribuição aos estudos de economia atlântica no século XVIII*. São Paulo: Editora Nacional, 1979.

POULAIN, Jean-Pierre. *Sociologias da alimentação: os comedores e o espaço alimentar.* Trad. Rossana Pacheco Proença, Carmen Rial e Jaimir Conte. Florianópolis: Editora da UFSC, 2004.

PRADO, Paulo. *Paulística etc.* 4ª ed. São Paulo: Companhia das Letras, 2004.

PRATT, Mary Louise. *Os olhos do Império: relatos de viagem e transculturação.* Trad. J. Gutierre. Bauru: Edusc, 1999.

PREZIA, Benedito. *Os indígenas do planalto paulista nas crônicas quinhentistas e seiscentistas.* São Paulo: Humanitas/FFLCH-USP, 2000.

_____. "Os indígenas do Planalto Paulista". In: BUENO, Eduardo (org.). *Os nascimentos de São Paulo.* Rio de Janeiro: Ediouro, 2004.

PUNTONI, Pedro. *A guerra dos bárbaros: povos indígenas e a colonização do sertão nordeste do Brasil (1650-1720).* São Paulo: Edusp/Fapesp, 2002.

KOK, Glória Porto. *O sertão itinerante: expedições da capitania de São Paulo no século XVIII.* São Paulo: Hucitec/Fapesp, 2004.

RIBEIRO, Joaquim. *Folkore dos bandeirantes.* Rio de Janeiro: José Olympio, 1946.

SANTOS, Carlos Roberto Antunes dos. "A alimentação e seu lugar na história: os tempos de memória gustativa". *Revista História, Questões e Debates – dossiê História da Alimentação,* Curitiba, n°42, jan./jun. 2005.

SCARATO, Luciane Cristina. *Caminhos e descaminhos do ouro nas Minas Gerais: administração, territorialidade e cotidiano.* Dissertação de mestrado – IFCH-Unicamp, Campinas, 2009.

SCHMIDT, Carlos Borges. *Lavoura caiçara.* Rio de Janeiro: Ministério da Agricultura/Serviço de Informação Agrícola, 1958.

_____. *O milho e o monjolo.* Rio de Janeiro: Ministério da Agricultura, 1967.

SHADEN, Egon. *Aspectos fundamentais da cultura guarani*. São Paulo: Edusp, 1974.

SILVA, Paula Pinto. *Entre tampas e panelas: por uma etnografia da cozinha do Brasil*. Dissertação de mestrado – Departamento de Antropologia-USP, São Paulo, 2001.

SOUZA, Laura de Mello. "Formas provisórias de existência: a vida cotidiana nos caminhos, nas fronteiras e nas fortificações". In: SOUZA, Laura de Mello (org.). *Cotidiano e vida privada na América Portuguesa*. São Paulo: Companhia das Letras, 1997 (Coleção *História da Vida Privada no Brasil*, v. 1).

STRONG, Roy. *Banquete: uma história ilustrada da culinária, dos costumes e da fartura à mesa*. Trad. Sérgio Goes de Paula. Rio de Janeiro: Zahar, 2004.

THIS, Hervé. "A nova fisiologia do gosto". *Scientific American Brasil: A Ciência na Cozinha, v. 2; Hervé This e os fundamentos da gastronomia molecular: corpo máquina de comer*. São Paulo: Duetto Editorial, 2007

VENÂNCIO, Renato Pinto e CARNEIRO, Henrique (org.). *Álcool e drogas na história do Brasil*. Belo Horizonte: PucMinas; São Paulo: Alameda, 2005.

WARMAN, Arturo. *La historia de un bastardo: maíz y capitalismo*. Cidade do México: Instituto de Investigaciones Sociales/Fondo de Cultura Economica, 1988.

WESTON, Rosario Olivas. *La cocina el Virreinato del Peru*. Peru: Escuela Profesional de Turismo y Hotelaria/Universidad de San Martín de Pontes, 2003.

ZEMELLA, Mafalda. *O abastecimento da capitania das Minas Gerais no século XVIII*. São Paulo: [s.n.], 1951.

Anexo

Tabela de conversão de medidas e valores

Valores monetários

1 vintém: 20 réis
1 tostão: 100 réis
1 pataca: 320 réis
1 peso: 320 réis
1 cruzado: 480 réis
1 oitava: 1.500 réis
1 moeda de ouro: 2.400 réis
1 livra: 4.160 réis

Medidas de superfície

1 alqueire: 27.225 metros quadrados
1 légua: 6.170 metros

Pesos

1 arroba: 15 quilos
1 libra: 459 gramas
1 oitava: 3, 58 quilos
1 onça: 28,69 quilos
1 quintal: 58,75 quilos

1 arratel: 0,459 quilos
1 mão*: 24 arráteis, ou seja, 11 quilos.

*unidade usada para medir o milho não debulhado, equivalente, a aproximadamente 60 espigas de milho.

Fontes: *Inventários e Testamentos: Papéis que pertencem ao 1º cartório de órfãos da capital*. São Paulo: Secretaria do Estado de São Paulo; Arquivo do Estado de São Paulo, 1920-1999 / Milena Fernandes Maranho. *A opulência relativizada: níveis de vida em São Paulo do século XVII (1648-1682)*. Bauru: EDUSC, 2010 / Virgílio Noya Pinto. *O ouro brasileiro e o comércio anglo-português: uma contribuição aos estudos de economia atlântica no século XVIII*. São Paulo: Editora Nacional, 1979.

Agradecimentos

A comida e a história sempre foram duas paixões na minha vida. Pela falta de talento na cozinha, cedo abandonei a gastronomia e segui os percursos do ofício de historiador. No entanto, ao longo de minha formação acadêmica, descobri que podia me reconciliar com minha velha paixão, mas de um modo novo e até então inédito para mim: utilizar a comida como uma porta de entrada para o passado, pois o que comemos, como comemos e com quem comemos conta muito sobre a sociedade em que vivemos e sobre nossa própria identidade. Por despertar minha atenção para essas questões e me mostrar como a alimentação é um campo fértil e promissor para a pesquisa histórica, gostaria de expressar minha profunda gratidão à minha orientadora do Mestrado Profª Leila Mezan Algranti que tem me acompanhando nesta longa trajetória de pesquisa acadêmica desde 2005, quando tive meu primeiro contato com a pesquisa em História. Gostaria de agradecer pela atenção, cuidado e pela leitura sempre iluminadora dos meus trabalhos.

A realização deste trabalho não seria possível sem a presença de Vinicius França, meu amor e companheiro de vida, com quem compartilhei ideias, projetos, medos e dúvidas nesta longa trajetória de amadurecimento pessoal e intelectual. Nenhuma palavra escrita aqui estará à altura da sua contribuição e presença. Seja pela leitura atenciosa de todas as páginas redigidas, seja pelas atividades dividas no dia a dia de nossa vivência enquanto casal, muito obrigada.

Gostaria de agradecer aos meus pais, Sonia e Wladimir pelo amor, pelo apoio incondicional e pelo respeito. Por estarem sempre de prontidão, para o quer que seja. Sem vocês essa pesquisa jamais teria sido possível.

Aos amigos Adriana Salay Leme, Amanda Ribeiro Mafra Andrade, Andrea Caricilli, Cássia da Silveira, Daniel Moretto Martini, Geisa Aguiari, Natália Zanella, Renata Amaral Xavier e Valdir Bertoldi Júnior que estiveram sempre ao meu lado, amigos com que pude contar nessa longa jornada de pesquisa, compartilhando as alegrias e angústias de nossa profissão, ouvindo meus desabafos e dúvidas existenciais, sempre me encorajando a seguir em frente.

Agradeço a Aires e Norma, pela confiança depositada em mim sempre, o interesse e o carinho com que me acompanharam foi um grande incentivo à minha pesquisa.

Muito devo ao John Manuel Monteiro pelas ideias compartilhadas desde a graduação, por estar sempre disposto a ajudar. Suas aulas e sugestões certamente foram essenciais para minha pesquisa. Sua ausência deixará uma lacuna irreparável no campo da História Indígena.

Agradeço também a Carlos Alberto Dória pelos textos, pelo interesse e pela atenção dispensada a este trabalho. Sua presença questionadora e generosa tem sido muito importante nos caminhos que venho trilhando no campo da alimentação.

Aproveito para agradecer as historiadoras Alessandra Zorzetto Moreno e Milena Fernandes Maranho e ao professor Henrique Carneiro por aceitarem o convite para integrar a comissão julgadora da dissertação que ora se apresenta em livro, pela leitura atenta e minuciosa que fizeram da presente pesquisa.

A Fapesp, agradeço não só pela concessão da Bolsa de Pesquisa, que contribuiu efetivamente para a realização deste estudo, mas também pelo auxílio finaceiro para a sua publicação em livro. A Alameda Casa Editorial, meu agradecimento pelo interesse em publicar a presente pesquisa.

Esta obra foi impressa em São Paulo pela Imagem Difgital no inverno de 2016. No texto foi utilizada a fonte Bembo em corpo 11 e entrelinha de 15,5 pontos.